SIX MOIS

d'Occupation Militaire

EN BLÉSOIS

XAVIER DE PÉTIGNY

SIX MOIS

d'Occupation Militaire

EN BLÉSOIS

SEPTEMBRE 1870 — FÉVRIER 1871

BLOIS

IMPRIMERIE C. MIGAULT & Cie

14, rue Pierre-de-Blois, 14

1904

 AVANT-PROPOS

En étudiant l'importance stratégique, pendant la guerre franco-allemande, du pont de Blois, dont la possession eut, à un moment donné, une grande influence sur les opérations de l'Armée de la Loire, j'ai recueilli de nombreux documents intéressant le département de Loir-et-Cher.

Les tentatives de renforcement de l'armée après les grands désastres de l'Est, la levée de la Garde mobile et de la Garde nationale sédentaire, les efforts d'organisation de la défense locale, et aussi les malheureuses dissensions, les conflits entre les pouvoirs civils et militaires, tout, jusqu'au langage de la presse et des simples particuliers, révèle le plus singulier mélange de dévouements et de défaillances, d'illusions et de déceptions.

Ceux qui ont vécu les jours terribles de l'invasion retrouveront dans le récit des événements qui se sont déroulés autour de Blois, de Vendôme et de Romorantin, et dans la publication de nombreuses pièces authentiques, le souvenir des vives émotions qu'ils ressentaient à la lecture des dépêches et des proclamations de ce temps. Ceux qui n'ont pas connu ces jours néfastes apprendront ce qui se passait alors aux rives de la Loire, et ce que leurs pères ont vu.

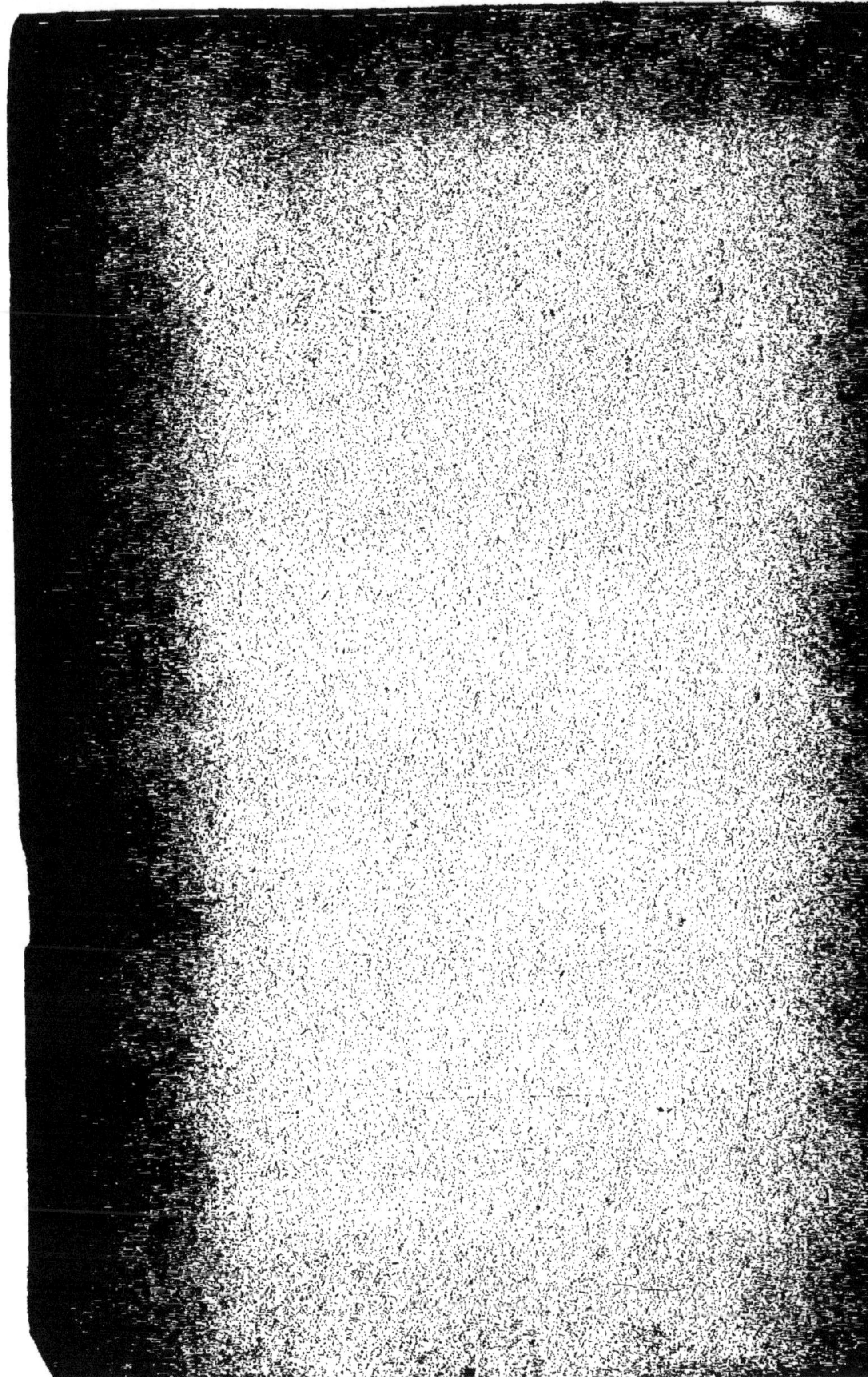

PREMIÈRE PARTIE

Organisation Militaire

La Défense Nationale

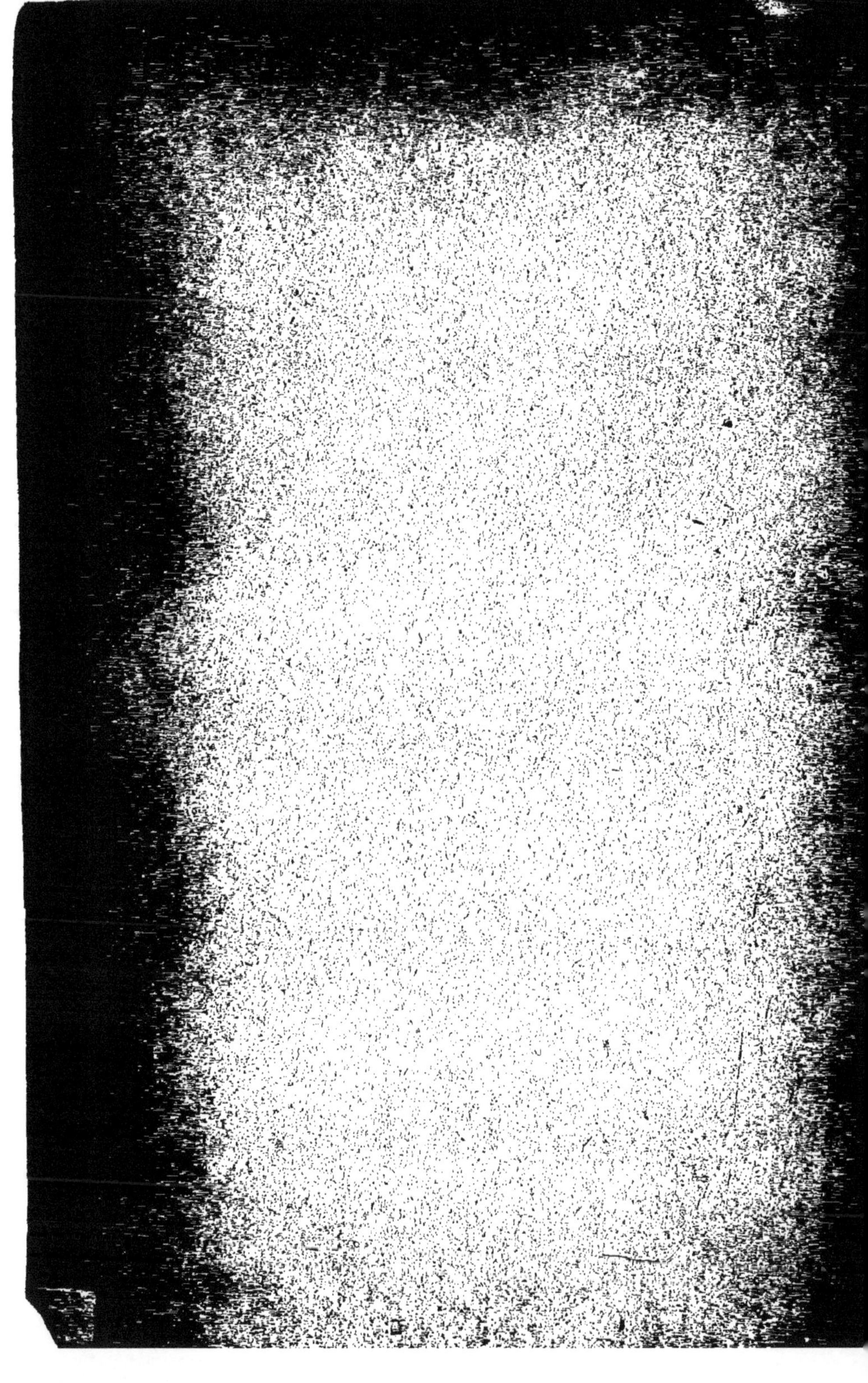

CHAPITRE Ier

La Loi du 10 Août 1870

La guerre fut déclarée le 15 juillet 1870.

Sans entrer dans aucun détail, nous rappellerons que l'armée française se recrutait alors suivant la loi du 1er février 1868 qui permettait de mettre sur pied, à la mobilisation, plus d'un million d'hommes en deux années :

Une armée de première ligne (active et réserve) ;

Une armée de deuxième ligne (la garde nationale mobile).

La veille de la déclaration de guerre, l'effectif total de l'armée de première ligne s'élevait, sur le papier, au chiffre de 575,000 hommes et on pensait être en mesure d'en jeter, avant la fin de juillet, 300,000 au moins sur la frontière du Rhin. Viendrait ensuite, en deuxième ligne, toute la garde nationale mobile. Mais l'effectif mobilisé ne dépassa pas 200,000 hommes. Les arrivées successives de réservistes le firent monter, dans la première quinzaine d'août, au chiffre maximum de 270,000 hommes avec 924 bouches à feu.

Le 2 août, les Allemands avaient réuni sur la frontière 420,000 hommes environ et ils en avaient encore 360,000 sur pied, prêts à toute éventualité ; soit un total de 780,000 hommes mobilisés, dont 420,000 en première ligne.

C'est dans ces conditions si désavantageuses pour la France que s'engagea la campagne.

On comprit aussitôt la nécessité de renforcer l'armée active en lui adjoignant la garde nationale mobile. Mais cette milice était composée d'hommes qui n'avaient reçu aucune instruction

militaire et n'avaient même jamais été réunis ; ses cadres exis-
taient seulement sur le papier et tout était à créer pour mettre
sur pied notre armée de deuxième ligne. On fut ainsi conduit,
pour se procurer immédiatement des soldats, à rappeler sous
les drapeaux des hommes qui avaient terminé leurs obligations
militaires, et on promulgua la loi du 10 août 1870 :

« Art. 2. — Tous les citoyens non mariés ou veufs sans enfants,
ayant 25 ans accomplis et moins de 35 ans, qui ont satisfait à la loi
du recrutement et qui ne figurent pas sur les contrôles de la garde
mobile, sont appelés sous les drapeaux pendant la durée de la guerre
actuelle.

« L'autorité militaire prendra d'urgence les mesures nécessaires
pour qu'ils soient dirigés immédiatement sur les différents corps
d'armée. »

Les cas de dispenses étaient aussi restreints que possible, et
le gouvernement comptait qu'il s'en produirait peu, puisqu'il
n'appelait que des hommes dans la force de l'âge, déjà reconnus
bons pour le service, et sans charges de famille. Cependant, il
fallut recourir souvent à la contrainte.

Dans le département de Loir-et-Cher « un certain nombre
d'anciens militaires rappelés à l'activité par la loi du 10 août
1870, n'avaient pas encore, le 26 août, répondu à l'appel qui
leur fut adressé. Une circulaire du Préfet de Loir-et-Cher prévient ceux qui ne se présenteraient pas *dans un délai de trois
jours* devant l'autorité militaire de Blois qu'ils se trouveraient
sous le coup des peines édictées contre l'insoumission par le
code de justice militaire (1). »

En outre, les demandes de dispenses furent si nombreuses
que le Ministre de la guerre lança, le 18 août, une circulaire
faisant appel aux sentiments de devoir et de patriotisme des populations et à la sévérité des généraux commandant les subdivisions de régions pour restreindre les immunités de service.
Cet appel aux sentiments généreux ne trouva pas grand écho.

____

(1) Journal l'*Indépendant de Loir-et-Cher* — Vendredi 26 août 1870.

si nous en jugeons par les nombreux cas de dispenses présentés à la préfecture de Blois, le samedi 27 août, à la Commission chargée de visiter les hommes appelés, et de statuer sur leur sort.

La même loi du 10 août faisait appel à la bonne volonté des habitants dispensés du service :

« Art. 4. — Les engagements volontaires et les remplacements, dans les conditions de la loi du 1er février 1868 pourront être admis, pour les anciens militaires, pendant la durée de la guerre, jusqu'à l'âge de 45 ans.

« Art. 5. — Les personnes valides de tout âge seront admises à contracter un engagement pour la durée de la guerre dans l'armée active. »

Bien peu de volontaires consentirent à servir leur pays, simplement confondus dans les rangs de l'armée ; on vit au contraire, quelques semaines plus tard, de nombreux engagements dans les corps francs.

Il n'est cependant pas d'exemple d'une guerre où les partisans et les corps francs aient fait autre chose que des coups de main, parfois heureux, mais toujours sans objet pour le résultat final. La destruction des grosses fractions de l'armée adverse ne s'obtient pas par des actions de détail, et les irréguliers ne concourent en rien aux opérations décisives. L'histoire des francs-tireurs pendant la guerre de 1870-1871 en est une nouvelle preuve.

Enfin, la loi du 10 août 1870 levait, par anticipation, la classe 1870 :

« Art. 6. — Le contingent de la classe 1870 se compose de tous les jeunes gens inscrits sur le tableau de recensement, qui ne se trouveront dans aucun des cas d'exemption ou de dispenses prévus par la loi modifiée du 21 mars 1832.

« Art. 7. — Des conseils de révision seront organisés dans chaque département. Ils seront convoqués pour le tirage au sort et la formation du contingent de la classe 1870. Il ne sera fait pour la dite classe qu'une seule publication des tableaux de recensement.

« Art. 8. — La durée du service des jeunes gens de la classe 1870 prendra date du jour de la promulgation de la présente loi.

« Art. 9. — La présente loi sera exécutoire à partir du jour de sa promulgation. »

Un décret, en date du 26 août 1870, fixa du 5 au 19 septembre les opérations des conseils de révision pour la formation de la classe 1870.

Le département de Loir-et-Cher fournit 2,616 recrues de cette classe, réparties en deux portions dans la proportion de 77 %. La totalité du contingent était incorporé et, si on procédait à un tirage au sort, c'était pour constater les bons numéros et en faire bénéficier après la guerre ceux qui les avaient obtenus.

Telles furent les premières mesures prises pour renforcer l'armée. Sauf l'appel, par anticipation, des recrues de la classe 1870, jeunes gens qui ne pouvaient rendre, pour le moment, aucun service, la loi du 10 août 1870 n'apportait qu'un très faible accroissement d'effectif.

Le gros appoint devait être fourni par la levée de la garde mobile.

CHAPITRE II

Levée de la Garde Nationale mobile

Le 12 août 1870, le gouvernement donna l'ordre d'appeler sous les drapeaux, dans les divisions territoriales de 8 à 22, les gardes mobiles des classes 1865 à 1869 :

« *Intérieur à MM. les Préfets*

« Paris, 12 août 1870.

« De concert avec le Ministre de la guerre, je vous charge de l'organisation des gardes mobiles, y compris la classe 1869.

« Télégraphiez ou envoyez immédiatement ordonnance ou estafette dans chaque commune. Les maires annonceront centralisation immédiate des mobiles aux chefs-lieux de département ou d'arrondissement. Pourvoyez d'urgence à leur logement provisoire chez l'habitant. Laissez soutiens de famille dans leurs foyers. Faites revue de départ très rapide, mais sévère, pour exemptions à cause d'infirmités, avec médecin, officier supérieur que désignera le général, et officier de gendarmerie. Nous ne voulons que des hommes très solides. Indiquez-moi nombre exact de ces hommes prêts à partir, dès que vous le connaîtrez.

« L'uniforme sera : blouse avec ceinture en cuir, avec galon rouge en croix sur la manche, sac en toile avec bretelles, et un képi.

« Dites-moi si vous pouvez vous procurer les effets chez
vous en trois ou quatre jours. Serait très préférable à un
envoi de Paris qui entraînerait lenteurs et serait peut-être
impossible.

« Les cadres recevront tunique en drap aux lieux de rassemblement. Chaque homme se pourvoira de deux chemises
et d'une paire de souliers. Solde provisoire, un franc par
jour. Délivrez mandats pour trois jours à la fois aux commandants qui répartiront entre capitaines. Mobiles vivant à
l'ordinaire.

« Exercez provisoirement avec fusils que pompiers prête-
ront volontiers. Action patriotique. Cent fusils peuvent
exercer cent hommes de 5 heures à 7 heures du matin, cent
autres de 7 à 9, ainsi de suite.

« Occupez-vous jour et nuit de cette organisation. Je vous
indiquerai lieu définitif de rassemblements de mobiles où l'on
délivrera les armes.

« Pour le Ministre de l'Intérieur,

« Signé : Léon CHEVREAU. »

Des dispenses étaient accordées :

1° A certains jeunes gens à titre de soutiens de famille ;

2° Aux représentants de l'autorité ayant droit de requérir la
force publique ;

3° Aux ouvriers des établissements de la marine impériale et
à ceux des arsenaux et manufactures d'armes de l'État ;

4° Aux préposés du service actif des douanes et des contributions indirectes ;

5° Aux facteurs de la poste aux lettres ;

6° Aux mécaniciens des locomotives sur les chemins de fer ;

7° Aux instituteurs ayant souscrit leur engagement décennal
dans l'instruction publique.

On estimait à 500,000 hommes environ, répartis en 318 bataillons d'infanterie et 128 batteries d'artillerie de forteresse, le
contingent fourni par la garde mobile.

Les préfets étaient responsables des premières mesures à

prendre pour la convocation, l'incorporation, l'armement et l'habillement des gardes mobiles, et ils devaient remettre les mobiles armés et équipés aux généraux commandant les subdivisions territoriales, chargés de leur instruction militaire.

« *Ministère de l'Intérieur à MM. les Préfets*

« Paris, 19 août 1870.

« Vous avez dû déjà envoyer un homme de confiance dans l'arsenal qui vous a été indiqué et vous recevrez, par conséquent, demain ou après-demain au plus tard, les fusils nécessaires à l'armement de votre garde mobile.

« Armez ! armez sans retard !

« Nous sommes dans un de ces moments de crise où tous les hommes de cœur doivent être debout pour la défense du pays !

« Enflammez ces jeunes gens de votre patriotisme ; assistez vous-même à leurs manœuvres ; nouez des rapports avec leurs chefs ; appliquez-vous enfin, par tous les moyens possibles, à faire des soldats.

« Le capitaine-major de chaque bataillon devra prendre en charge les armes que vous lui délivrerez pour son corps. Établissez cette comptabilité avec soin.

« Dès que les mobiles seront armés, ils seront mis par vous à la disposition du général qui, conformément à la circulaire de M. le Ministre de la guerre, du 15 août, sera seul chargé de les loger et d'assurer leur solde.

« Vous n'aurez plus, dès lors, qu'à leur remettre, au fur et à mesure que vous en prendrez livraison, les objets d'équipement que vous avez commandés, et qu'on ne vous a pas encore fournis.

« Vous arrêterez immédiatement votre comptabilité, et vous voudrez bien me faire parvenir toutes les pièces justificatives de vos dépenses.

« Pour le Ministre de l'Intérieur,

« *Le Conseiller d'État :* Léon CHEVREAU. »

Des conseillers d'État furent envoyés dans les départements comme commissaires spéciaux pour hâter l'organisation de la garde mobile ; de tous côtés, on dépensa une grande activité.

Les mobiles du département de Loir-et-Cher furent convoqués, le jeudi 18 août, à Blois, Romorantin et Vendôme. Ce fut un grand déploiement de drapeaux et l'occasion de bruyantes manifestations.

« Dès le matin, des groupes nombreux, précédés de tambours et de drapeaux, ont parcouru la ville de Blois en chantant la *Marseillaise.*

« Dans l'après-midi, à la suite de quelques stations dans les cafés et d'une surexcitation très compréhensible, des scènes fâcheuses se sont produites. Une démonstration devant le Grand Séminaire a eu pour résultats, à la suite de cris nombreux : « En Prusse ! en Prusse, les séminaristes ! (1) » la destruction d'une grande quantité de vitres.

« Sur le quai du Département, vers 6 heures, une bande composée de près de 500 jeunes gens ayant aperçu un prêtre, l'interpella par ces mots : « En Prusse ! en Prusse ! » et, comme l'ecclésiastique cherchait à échapper à leurs étreintes, son chapeau tomba ; la bande s'en empara et le jeta au loin. Le prêtre profita du tumulte pour se réfugier à l'hôtel de la Tête-Noire dont les portes furent immédiatement fermées.

« Les agents de police arrivèrent à ce moment ; leur intervention produisit le plus fâcheux effet ; ils furent injuriés, frappés ; l'épée de l'un d'eux fut même, nous dit-on, brisée et jetée dans la Loire. M. Boulay, commissaire en chef, qui voulut interposer son autorité, fut lui-même très gravement insulté. Comme l'attitude d'un certain nombre de jeunes gens devenait de plus en plus hostile, le commissaire et ses agents se retirèrent.... (2) »

---

(1) Par une récente décision, le gouvernement avait décrété que la loi du 10 août 1870 ne serait appliquée qu'aux seuls élèves ecclésiastiques qui allaient entrer aux séminaires. Quant à ceux de 25 à 35 ans, qui étaient déjà au service des différents cultes, la loi ne les atteignait pas, « leur place étant dans les hôpitaux et les ambulances. »

(2) *L'Indépendant de Loir-et-Cher* — Vendredi 19 août 1870.

Le contingent de l'arrondissement de Blois fut logé chez l'habitant, puis au château, enfin à la caserne. Un conseil de révision se réunit à la préfecture, le 22 août, pour statuer sur les cas de dispenses à titre de soutien de famille ; des instructions étaient données pour restreindre les cas de dispenses dans la mesure du possible.

Le 18 août, une nouvelle loi renforça la garde nationale mobile en y incorporant les célibataires et veufs sans enfants des classes 1865 et 1866 libérés du service et inscrits sur les contrôles de la garde nationale sédentaire.

Enfin, le 29 août 1870, un avis officiel appela les bataillons de la garde mobile à faire partie de l'armée active, avis qui fut suivi d'une exécution immédiate. A cette date, la garde mobile était loin d'être organisée.

Lorsque les mobiles de Loir-et-Cher furent placés sous les ordres du général Michaux, commandant territorial du département, ils n'étaient ni équipés, ni armés.

Conformément à la circulaire ministérielle du 12 août 1870, le Préfet avait essayé de leur procurer, avec les ressources locales, les effets qui leur étaient nécessaires, « système très préférable à un envoi de Paris qui entraînerait des lenteurs et serait peut-être impossible (1). » Un entrepreneur de Blois (2) avait pris la charge de ces fournitures à la suite d'une adjudication publique. N'ayant pu se procurer d'ouvriers, il se vit forcé de résilier ses engagements, et les fournitures furent demandées à Paris.

Les mobiles furent uniformément habillés d'une blouse et d'une casquette de toile blanche, et les événements se hâtèrent tellement que cette tenue primitive leur fut laissée, souvent incomplète, de mauvaise qualité et insuffisante contre la pluie, la neige et la rigueur du froid.

Quant à l'armement, les mobiles de Loir-et-Cher reçurent d'abord quelques fusils à piston. Au mois d'octobre, on leur donna des fusils Remington et des baïonnettes dans les premiers jours de décembre.

(1) Circulaire du 12 août 1870.
(2) M. Delcros. Voir l'*Indépendant de Loir-et-Cher* — Vendredi 19 août 1870.

Le contingent du département formait deux bataillons à huit compagnies. L'arrondissement de Blois fournissait neuf compagnies, celui de Vendôme quatre et celui de Romorantin trois.

Pour faciliter l'éducation militaire des mobiles et leur faire exécuter quelques marches, le général Michaux donna l'ordre de les dépayser dans la mesure du possible. Les mobiles de Vendôme, — 650 hommes environ, — furent cantonnés, à partir du 2 septembre, à Blois, Cour-Cheverny, Onzain. Les mobiles de Blois furent envoyés en Sologne, et ceux de Romorantin à Vendôme.

Tout le mois de septembre fut consacré à l'instruction de ces jeunes troupes et l'on vit, dans cette circonstance, combien l'éducation du soldat dépend des qualités morales de l'officier. Les mobiles, bien encadrés et soustraits aux influences locales, devinrent disciplinés et furent des troupes d'élite. Dès le mois d'octobre, ils prirent une part active, avec l'armée régulière, aux opérations militaires.

Le 12 novembre, les deux bataillons du Loir-et-Cher furent renforcés d'un bataillon de mobiles du Maine-et-Loire (1), sous les ordres du commandant Bayard de la Vingtrie, et ces trois bataillons formèrent jusqu'à la fin de la guerre, sous le commandement du lieutenant-colonel de Montlaur, un régiment qui reçut le numéro 75. Le 75e mobiles se distingua toujours dans cette campagne : à Coulmiers, à Loigny, à Vendôme, autour du Mans. Mais la gloire qu'il acquit fut cruellement achetée.

Sur un effectif de 3,140 hommes (2), il perdit 8 officiers et 352 sous-officiers ou soldats tués ; 30 officiers et 873 sous-officiers ou soldats blessés (3). Ce fut avec son compagnon de chaque jour, le 33e (4), le régiment de mobiles le plus éprouvé par les horreurs de la guerre.

---

(1) Contingent de l'arrondissement de Segré.

(2) L'effectif du 75e mobiles est de 3,140 hommes combattants, plus 370 hommes dans les dépôts.

(3) Voir annexe, document n° 92, la liste des officiers du 75e mobiles tués ou blessés pendant la campagne.

(4) Les mobiles de la Sarthe.

CHAPITRE III

Les premières nouvelles de la Guerre
La Révolution du 4 Septembre

———

Pendant que se recrutaient de nouvelles forces à l'intérieur du pays, les opérations actives se déroulaient à la frontière.

En un mois, après les défaites des Français à Wissembourg (4 août), Forbach (6 août), Wœrth (6 août), Rezonville (16 août), Saint-Privat (18 août), le sort de la campagne paraissait irrévocablement compromis. Mais l'opinion publique, si confiante au début de la guerre, se refusait à admettre la réalité du désastre.

Les nouvelles les plus contradictoires et les plus invraisemblables circulaient dans le pays ; on est étonné, à trente ans de distance, à la lecture des journaux de l'époque.

« ...... Les Prussiens, disait-on, voulaient, avec trois corps d'armée, barrer le chemin à Bazaine.

« Le maréchal, mettant en ligne quelques régiments, a contenu l'ennemi vers Doncourt, puis faisant filer derrière des obstacles (forêts et collines), le gros de ses forces, il a rejeté les Prussiens sur les grandes excavations des carrières de Jaumont, non loin de Mazières-lès-Metz ; là, paraît-il, il aurait enterré l'ennemi dans des fossés gigantesques, gouffre ouvert sous ses pas.

« Ce dut être, au milieu de ce pays tourmenté, une scène horrible de carnage.

« Les détails manquent encore ; mais quelques révélations prouvent que ce fut un massacre affreux.

« Le maréchal, après ce grand fait d'armes, avait route libre..... (1) »

« ..... Les nouvelles officielles de l'armée nous font complètement défaut ; mais les informations privées sont nombreuses et, hâtons-nous de le dire, excellentes.

« ..... Une lettre que nous recevons de Bruxelles assure que le maréchal Bazaine a descendu la vallée de la Moselle dans la direction de Thionville, après avoir franchi la rivière qui charrie les cadavres des Prussiens à pleins flots ; il aurait, par une manœuvre hardie, fait un crochet à droite sur les derrières de l'armée prussienne ; glissant alors entre cette dernière et la frontière, il se serait emparé des bagages du roi et du prince Charles.....

« Cette même lettre confirme que les armées de Steinmetz et de Frédéric-Charles ont tant souffert des derniers combats qu'elles sont à peu près anéanties.....

« Voilà les nouvelles que nous transmettent nos correspondants et que nous donnons sous réserves, malgré leur garantie d'exactitude (2). »

« P. DURANT. »

« Les dépêches suivantes sont affichées sur les murs de Dublin comme officielles :

« 1° Le maréchal Bazaine a *brisé* l'armée du prince Frédéric-Charles et dit : Je n'ai besoin de rien (officiel).

« 2° La grande armée du prince Frédéric-Charles a été tellement abîmée par le maréchal Bazaine que le « crowns'-prince », qui se dirigeait sur Châlons par Bar-le-Duc, fait une retraite précipitée,..... (3). »

« ..... Les journaux belges signalent une défaite très meurtrière subie, le 23 août, par les Prussiens, sur la Moselle.

---

(1) L'*Avenir de Loir-et-Cher* — Mercredi 24 août 1870 (d'après la *Patrie*).
(2) L'*Indépendant de Loir-et-Cher* — Dimanche 28 août 1870.
(3) L'*Avenir de Loir-et-Cher* — Dimanche 28 août 1870 (Extrait du *Figaro*).

« La révocation récente du vieux général prussien Steinmetz
donne de la consistance à cette nouvelle. Son armée, à moitié
détruite à la bataille de Jaumont, aurait été anéantie à la
dernière rencontre......

« Ce qui nous donne une grande confiance dans l'issue des
opérations engagées entre Metz, Verdun et Montmédy, c'est la
tactique incertaine du Prince Royal. La marche de son armée
sur Paris vient d'éprouver un second arrêt......

« Quant au siège de Paris, il paraît ajourné, en dépit des
instances du roi Guillaume. Ce vieux soudard couronné avait
fait prévaloir, dans son conseil de guerre, son projet insensé
de marcher sur Paris. C'était son idée fixe et sa marotte : il en
avait l'éblouissement. Ce devait être aussi, certainement, la
cause de sa ruine complète.

« Ce plan est abandonné pour le moment..... C'est dommage ;
les Parisiens s'apprêtaient à bien recevoir l'ennemi.....

« Une armée française se forme sous les murs de Paris, une
autre à Lyon....., une troisième est prête à sortir des dépôts.....

« Avec de pareilles forces chez nous, sous notre main, avec
la garde nationale armée, avec les populations de plus en plus
surexcitées, avec les corps de francs-tireurs qui partent dans
toutes les directions, nous pouvons répéter ce mot qui est dans
toutes les bouches : « Il ne faut pas qu'il échappe un seul
Prussien ! (1) »

« P. Dufresne ».

« ..... On est généralement convaincu que Bazaine et Mac-
Mahon livrent une grande bataille aujourd'hui, ou la livreront
demain......
« Quinze jours encore, et c'en est fait de nos ennemis ! (2). »

« J. Castanet. »

« ..... Le maréchal Bazaine aurait attiré les Prussiens vers

---

(1) L'*Avenir de Loir-et-Cher* — Mercredi 31 août 1870.
(2)   *Ibid.*   *Ibid.*

les carrières de Jaumont en envoyant quatre espions, déguisés
en paysans, qui, sous prétexte de les conduire sur l'armée, les
auraient menés sur les carrières. Au moment où leur détachement, fort de 25,000 à 30,000 hommes, atteignait ce point,
Bazaine fit donner sur leur dos une charge de cavalerie. Surpris
par cette agression soudaine, et ne pouvant faire volte-face,
l'ennemi fut jeté violemment dans les carrières...... (1). »

« Deux grandes batailles ont eu lieu sur la Meuse les 30 et
31 août.....

« Les Prussiens se retirent précipitamment. Il n'est que midi.
Mac-Mahon passe la Meuse à Donchéry et il va prendre haleine
sur une hauteur entre Sedan et Mézières.

« D'après certains renseignements, le Prince Royal n'aurait pas
laissé moins de 80,000 hommes, tant morts que blessés, sur le
champ de bataille.....

« Voici, d'après les journaux prussiens, les régiments qui ont
été entièrement détruits :

« Dans le VII° corps, le 13° régiment d'infanterie a conservé
seulement 18 soldats et un officier ;

« Le 73°, 44 soldats et 3 officiers ;

« Le 27°, 8 soldats, aucun officier ;

« Le 7°, 19 soldats et 2 officiers ;

« Le 15°, 2 soldats et 6 officiers.

« Dans le I°r corps, le 10° régiment de dragons a conservé
seulement 18 soldats et 2 officiers, et le 44° d'infanterie, 32 soldats, aucun officier.

« Dans le X° corps, le 10° régiment d'infanterie n'a conservé
que 32 soldats, aucun officier.

« Tout cela peut se passer de commentaires (2). »

Or, le jour même où les journaux de Blois livraient à leurs
lecteurs ces derniers articles, une dépêche officielle faisait

____

(1) L'*Indépendant de Loir-et-Cher* — Vendredi 2 septembre 1870 (Extrait
du *Figaro*).
(2) L'*Avenir de Loir-et-Cher* — Dimanche 4 septembre 1870.

connaître à toute la France la capitulation de l'armée de Châlons sous les murs de Sedan, le 2 septembre :

*Proclamation du Conseil des Ministres
au peuple français.*

« Français !

« Un grand malheur vient de frapper la Patrie !

« Après trois jours de luttes héroïques soutenues par l'armée du maréchal de Mac-Mahon contre 300,000 ennemis, 40,000 hommes ont été faits prisonniers.

« Le général de Wimpfen, qui avait pris le commandement de l'armée en remplacement du maréchal de Mac-Mahon grièvement blessé, a signé une capitulation.

« Ce cruel revers n'ébranle pas notre courage.

« Paris est aujourd'hui en état de défense.

« Les forces militaires du pays s'organisent.

« Avant peu de jours une nouvelle armée sera sous les murs de Paris. Une autre armée se forme sur les rives de la Loire.

« Votre patriotisme, votre union, votre énergie sauveront la France.

« L'Empereur a été fait prisonnier dans la lutte.

« Le Gouvernement, d'accord avec les pouvoirs publics, prend toutes les mesures que comporte la gravité des événements.

« *Le Conseil des Ministres.* »

Ce fut, dans toute la France, une douloureuse émotion !

La déclaration de guerre avait été favorablement accueillie. Elle paraissait nécessaire « pour sauvegarder les droits de la France (1) ». Les récents succès de nos armes en Algérie, en Crimée, en Chine, en Italie, laissaient espérer que cette nouvelle campagne serait terminée en quelques semaines, après de bril-

---

(1) Déclaration de l'Empereur Napoléon III au Sénat et au Corps législatif.

lantes victoires, par l'entrée triomphale de nos troupes à Berlin. Une presse imprudente, des nouvelles officielles volontairement incomplètes avaient entretenu et excité ces dangereuses illusions. La réaction fut terrible.

Dans la journée du 4 septembre, « une révolution sans effusion de sang » éclata dans Paris. Le Gouvernement impérial fut remplacé par un Comité de onze membre qui proclama et établit le Gouvernement de la Défense nationale.

La nouvelle de cette révolution parvint à Blois dans l'après-midi du même jour. Des groupes nombreux et animés se formaient dans les principales rues et devant la porte de la mairie. A onze heures du soir, on affichait à la préfecture et à la mairie la dépêche suivante :

RÉPUBLIQUE FRANÇAISE

—

MINISTÈRE DE L'INTÉRIEUR

—

« La déchéance a été proclamée au Corps législatif.

« La République a été proclamée à l'Hôtel-de-Ville.

« Un Gouvernement de Défense nationale, composé de onze membres, tous députés de Paris, a été constitué et ratifié par l'acclamation populaire.

« Les noms sont : Arago, Emm. — Crémieux — Favre, Jules — Ferry, Jules — Gambetta — Garnier-Pagès — Pelletan — Glais-Bizoin — Picard — Rochefort — Simon, Jules.

« Le général Trochu est à la fois maintenu dans ses pouvoirs de gouverneur de Paris, et nommé ministre de la guerre en remplacement du général Palikao.

« Pour le Gouvernement de la Défense nationale,

« *Le Ministre de l'Intérieur :*

« Léon GAMBETTA. »

Cet événement ne provoqua aucun désordre dans le département; on sait qu'il en fut de même dans presque toute la France.

« On pouvait déjà considérer la campagne sinon comme terminée, au moins comme décidée. Une des armées françaises était enfermée dans Metz, brisée physiquement et moralement par une lutte sanglante ; l'autre était conduite prisonnière en Allemagne..... Les Allemands avaient conquis un incalculable matériel, la route de Paris était ouverte, et l'Empereur s'était rendu à la merci du vainqueur.

« Il était impossible à la France de créer en temps utile une nouvelle armée active, soit pour débloquer Metz..., soit pour opposer de la résistance aux troupes allemandes s'avançant de Sedan sur Paris.....

« Dans une semblable situation, il n'y avait plus pour la France qu'un bien faible espoir de pouvoir donner une meilleure tournure aux événements (1). »

Le nouveau gouvernement ne pensait pas ainsi. Il estimait qu'une nation libre, affranchie de la servitude, devait renouveler les légendes de 1792 et chasser l'envahisseur du sol national ; que l'élan des populations et le courage individuel remplaceraient les armées qui nous manquaient.

On proclamait bien haut la théorie du général Trochu sur la « force morale. »

On disait avec Jules Favre : «..... La dynastie est à terre ! la France libre se lève !.... Nous avons une armée résolue, des forts bien pourvus, une enceinte bien établie, mais surtout les poitrines de 300,000 combattants décidés à tenir jusqu'au dernier...(2) »

Vains mots et dangereuses illusions ! Il faut pour faire la guerre avec succès, des armées disciplinées, instruites et bien encadrées ; toutes choses qui ne s'improvisent pas ; et si Jules Favre restait au-dessous de la vérité en disant que nous avions

(1) Blume, pages 11-14.
(2) Circulaire du 6 septembre 1870.

300,000 hommes, car nous en avions bien davantage, il oubliait
de dire qu'avec tant d'hommes nous n'avions plus d'armée.

Le 6 septembre, le nouveau gouvernement adressait des
proclamations explicatives à la garde nationale, aux citoyens
de Paris, aux représentants de Paris et à l'armée :

« A l'Armée !

« Quand un général a compromis le commandement, on
le lui enlève.

« Quand un gouvernement a mis en péril, par ses fautes,
le salut de la Patrie, on le destitue.

« C'est ce que la France vient de faire en abolissant la
dynastie qui est responsable de nos malheurs ; elle a accompli d'abord un grand acte de justice ; elle a exécuté l'arrêt que
vos consciences avaient rendu ; elle a fait en même temps un
acte de salut. Pour se sauver, la Nation avait besoin de ne
plus relever que d'elle-même et de ne compter désormais
que sur deux choses : sa résolution qui est invincible —
votre héroïsme qui n'a pas d'égal et qui, au milieu de revers
immérités, fait l'étonnement du monde.

« Soldats, en acceptant le pouvoir dans la crise formidable
que nous traversons, nous n'avons pas fait œuvre de parti ;
nous sommes le Gouvernement de la Défense nationale.

« Nous n'avons qu'un but, qu'une volonté : le salut de la
Patrie par l'armée et par la nation groupées autour du glorieux symbole qui fit reculer l'Europe il y a quatre-vingts
ans.

« Aujourd'hui, comme alors, le nom de République veut
dire union intime de l'armée et du peuple pour la défense de
la Patrie.

« Signé : Général Trochu, Arago, etc... »

Un flot de paroles débordait sur la France, car, suivant une
phrase célèbre, « avec un gouvernement de dix avocats, on
avait, pour correctif, la chance de le voir présidé par un mili-

taire — le général Trochu — et c'était justement le militaire qui parlait le plus (1). »

Cependant, c'étaient des actes et non des paroles qu'il fallait à cette heure.

Les Allemands marchaient sur Paris à grands pas, et bien que le gouvernement assurât que « tout était prêt pour les y recevoir, » bien qu'on eût juré de « ne céder ni un pouce de notre territoire, ni une pierre de nos forteresses (2), » le Gouvernement de la Défense nationale chargea Jules Favre de s'adresser, le 10 septembre, au Chancelier de la Confédération de l'Allemagne du Nord, pour tâcher d'obtenir un arrangement pacifique.

Les Allemands étaient déjà décidés à demander la Lorraine et une forte indemnité pécuniaire. A les en croire, « ils souhaitaient eux aussi la fin de la guerre. Toutefois, à ce moment, il n'existait pas en France de pouvoir qui parût apte à conclure un traité valable...... Ces hommes qu'une révolution avait élevés, une autre révolution pouvait les renverser tout aussi vite. En tout cas, il n'était pas permis de les considérer comme les représentants réguliers de la nation française. Pour ces motifs, le comte de Bismarck déclinait les propositions qui lui étaient faites (3). »

Le Gouvernement de la Défense nationale avait prévu ces objections. Il avait proclamé, le 8 septembre, qu'il fallait « faire connaître par d'irrécusables témoignages que le pays tout entier est avec le gouvernement (4) .» Dans ce but, les collèges électoraux étaient convoqués à élire, le dimanche 16 octobre, une Assemblée constituante. La date des élections fut ensuite avancée et fixée au 2 octobre, dans l'espoir « qu'en avançant le jour où allait s'exprimer la volonté du peuple tout entier, on inspirerait à l'ennemi la confiance que commande la loyauté de de notre nation (5) ».

____

(1) *Journal des Débats* du 11 novembre 1871.
(2) Circulaire de Jules Favre, 6 septembre 1870.
(3) *Grand Etat-Major Allemand*, 10ᵉ livraison, page 80.
(4) Proclamation qui précède le décret du 8 septembre 1870.
(5) Proclamation de la Délégation du gouvernement en province. — Tours, 1ᵉʳ octobre 1870.

Les élections municipales, précédant l'élection de l'Assemblée constituante, étaient fixées au 25 septembre (1). La campagne electorale commença aussitôt.

« Cependant, la question d'arrangement pacifique ayant été portée à nouveau devant le Chancelier fédéral par un secrétaire de l'ambassade anglaise à Paris, celui-ci se déclarait prêt à négocier.....

« Le 19 septembre, M. Jules Favre rencontrait le Chancelier au château de Haute-Maison. Dans la soirée et la journée du lendemain, les pourparlers se continuaient à Ferrières.

« Jules Favre déclarait que la France était prête à payer une indemnité de guerre, quelle qu'elle fût, mais qu'elle se refuserait formellement à toute aliénation du territoire.

« Dans ces conditions, la suite de l'entretien ne portait plus que sur la possibilité d'un armistice destiné à permettre au peuple français de procéder régulièrement à l'élection d'une représentation nationale, laquelle se trouverait alors en situation d'investir le Gouvernement de pouvoirs suffisants pour conclure un traité de paix dans les conditions habituelles du droit international.

« Cet armistice donnait aux Français l'avantage de prendre des forces pour continuer la lutte, si elle devait recommencer. Les Allemands demandaient donc des compensations équivalentes : la reddition de Bitche, de Toul et de Strasbourg, la continuation des hostilités autour de Metz. En ce qui concernait la capitale, le choix était laissé au Gouvernement entre le maintien du blocus ou la remise aux troupes allemandes de quelques forts dominant Paris. Dans le premier cas, la représentation nationale serait convoquée à Tours (2). »

Le Gouvernement récusa les propositions allemandes. Mais, pendant que se discutaient ces questions d'élections, pendant qu'on amusait M. Jules Favre, les Allemands étaient arrivés devant Paris le 17 septembre, et le blocus était terminé lorsque

(1) *Journal Officiel* du 18 septembre 1870.
(2) *Grand Etat-Major Allemand* — 10ᵉ livraison, pages 80 et 81.

les tentatives de conciliation furent définitivement rompues, le 21 septembre.

Cette rupture avait pour conséquence l'impossibilité de procéder aux élections. Le pays en fut avisé le 24 septembre :

« Le Gouvernement à MM. les Préfets

« Tours, 24 septembre 1870, 12 heures soir.

« Faites afficher, publier et connaître de suite, par tous les moyens possibles, la proclamation suivante et le décret qui suit :

« A la France !

« Avant l'investissement de Paris, M. Jules Favre, ministre des affaires étrangères, a voulu voir M. de Bismarck pour connaître la disposition de l'ennemi.

« Voici la déclaration de l'ennemi :

« La Prusse veut continuer la guerre et réduire la France à l'état de puissance de second ordre !

« La Prusse veut l'Alsace et la Lorraine jusqu'à Metz, par droit de conquête !

« La Prusse, pour consentir à un armistice, a osé demander la reddition de Strasbourg, de Metz et du Mont-Valérien !

« Paris exaspéré s'ensevelirait plutôt sous ses ruines ; à d'aussi insolentes prétentions, on ne répond que par la lutte à outrance.

« La France accepte cette lutte et compte sur tous ses enfants. »

« Vu la proclamation ci-dessus qui constate la gravité des circonstances, le Gouvernement décrète :

« 1° Toutes les élections municipales et pour l'Assemblée constituante sont suspendues et ajournées ;

« 2° Toute élection municipale qui serait faite est annulée ;

« 3° Les préfets pourvoiront par le maintien des municipalités actuelles, ou par la nomination de municipalités provisoires.

« *Les Membres délégués du Gouvernement,*

« Crémieux, Glais-Bizoin, Fourichon. »

Telle était la situation du pays qu'il fallut s'en remettre au pouvoir discrétionnaire du nouveau Gouvernement. Mais les choses n'allèrent pas sans de nombreuses protestations locales.

Dans le département de Loir-et-Cher, le préfet, M. de Gauville, avait été destitué au lendemain de la Révolution du 4 septembre et remplacé (1) par M. Alphonse Lecanu. En prenant ses fonctions, le nouveau préfet trouva un grand nombre de communes où les maires, adjoints et conseillers municipaux avaient donné leur démission.

Blois était dans ce cas. Son Conseil municipal s'était dissous dans la séance du 5 septembre, et un Comité permanent, composé de MM. Chavigny, Daridan, Pousset-Péan, Dufay, Poulain et Joly, avait assumé la direction des affaires. Dans la séance du lendemain, M. Riffault, maire, et M. Brillard, adjoint au maire, avaient démissionné. Le préfet crut remédier à la situation en prenant l'arrêté suivant :

« ..... Considérant que l'administration municipale (de Blois) est établie dans des conditions tout à fait anormales ; que la révolution qui s'est faite dans son sein, à raison des circonstances où elle s'est produite, constitue de la part de l'administration municipale elle-même une reconnaissance tacite d'impuissance en face du Gouvernement républicain, ou du moins un doute sérieux sur sa propre influence ; qu'il ne nous reste plus qu'à sanctionner un état de choses qui s'est produit spontanément dans l'intérêt de la ville..... Considérant que la Commission provisoirement nommée est insuffisante en nombre, eu égard aux prescriptions de la loi et aux nécessités impérieuses du moment,

« Pour ces motifs, vu la loi du 5 mai 1855, art. 13,

« Arrêtons :

« Art. 1er. — Le Conseil municipal de Blois est suspendu pour deux mois.

« Art. 2. — Une Commission est nommée pour remplir les

(1) Décret en date du 9 septembre 1870.

fonctions du Conseil municipal dont la suspension vient d'être prononcée.

« Cette Commission se composera de :

MM. Pousset-Péan, banquier.

Dufay, médecin.

Poulain, chocolatier.

Chavigny, marchand de bois.

Daridan, avoué.

Joly, chaufournier.

Auriau (Abel), coupeur.

Chambellan, commissionnaire en vins.

Contant, négociant.

Dauge, brasseur.

Delagrange (fils), notaire.

Douin, négociant.

Estribaud, fabricant de chaussures.

Goulet, fabricant de laines.

Guéritte (fils), fabricant de chaussures.

Lesguillon, avocat.

Postole, notaire.

Razouer, avoué.

Robin, rentier.

de Sonnier, avocat.

Suréau (Jean), propriétaire aux Granges.

Thomas (aîné), géomètre.

Yvonneau, médecin.

« Art. 3. — M. Pousset-Péan remplira les fonctions de maire et MM. Dufay et Poulain celles d'adjoints au maire.

« Fait à Blois, le 13 septembre 1870.

« *Le Préfet de Loir-et-Cher*,

« Alphonse Lecanu. »

Sur ces entrefaites, parut le décret du 24 septembre qui ajournait toutes élections et donnait aux préfets pleins pouvoirs pour maintenir ou nommer des municipalités provisoires. Fort de cette autorité, le préfet de Loir-et-Cher imposa des « Commissions municipales provisoires » à toutes les communes du département où des dissentiments politiques s'étaient produits.

L'autorité de ces Commissions provisoires fut souvent discutée. On devine quelles difficultés elles rencontrèrent dans l'exercice de leurs fonctions et quel trouble en résulta pour l'organisation de la Défense nationale.

CHAPITRE IV

La Délégation du Gouvernement en province

Les événements se pressaient avec rapidité depuis la capitulation de Sedan.

Le 17 septembre, les avant-gardes allemandes arrivaient sous les murs de Paris, et l'investissement de la capitale était terminé le 19. Les habitudes d'une centralisation excessive avaient fait refluer sur Paris les dernières ressources militaires et administratives de la France. La province ne comptait pour rien, et on semblait croire que tout le pays se réduisait à la seule ville de Paris.

Il est permis de penser qu'il eût mieux valu abandonner Paris à son sort, comme toute autre ville française, ne pas enfermer le siège du Gouvernement et une armée dans son enceinte, et ne pas faire tendre tous les efforts du pays vers la levée du blocus, mais bien vers la destruction des armées allemandes. Le roi de Prusse en 1807, la Russie en 1812, Juarez au Mexique avaient déjà donné l'exemple de l'abandon des capitales lorsque la guerre à outrance est résolue entre deux peuples. Et ce principe de la guerre à outrance était une des devises du Gouvernement de la Défense nationale.

A partir du 25 septembre, les communications télégraphiques secrètes ayant été coupées, la province ne communiqua plus avec Paris que par des moyens irréguliers et empiriques : ballons, pigeons voyageurs, émissaires secrets, etc.

Habituée comme elle l'était à recevoir de Paris toute direction et impulsion, la province se trouvait en plein désarroi, hésitante, incertaine, comme un enfant sévèrement tenu en tutelle, et qui serait subitement abandonné à lui-même.

La direction lui venait de Tours où le Gouvernement de la Défense nationale avait envoyé, le 13 septembre, avant le blocus, M. Crémieux et, le 16 septembre, MM. Glais-Bizoin et l'amiral Fourichon. Ce triumvirat se partagea la direction des affaires, l'amiral Fourichon prenant le ministère de la guerre.

L'amiral disposait, pour créer une nouvelle armée, des éléments suivants (1) :

INFANTERIE

Quatre régiments de ligne (16ᵉ, 38ᵉ, 39ᵉ, 92ᵉ), 262 officiers, 8,775 hommes.

Un régiment étranger, 109 officiers, 2,360 hommes.

Trois bataillons d'infanterie légère d'Afrique, 58 officiers, 2,292 hommes.

Compagnies de discipline, 18 officiers, 1,167 hommes.

CAVALERIE

Six régiments de la division de cavalerie Reyau, 200 officiers, 2,300 hommes.

Divers détachements des six régiments de spahis d'Algérie.

On laissa, par prudence, le gros des régiments de spahis en Algérie.

ARTILLERIE

Quelques débris des batteries échappées de Sedan, et ce qu'on put rappeler d'Algérie : 1,500 hommes environ.

GÉNIE

18 officiers et 653 hommes rappelés d'Algérie.

En ajoutant à ces effectifs les dépôts des places non investies, dépôts qui se composaient surtout des recrues de la classe 1869 et des ouvriers militaires, nous trouvons :

---

(1) D'après le *Cours d'Histoire militaire*, professé en 1886, à l'Ecole supérieure de guerre, par le capitaine Cordier, page 11.

Pour l'infanterie : 100,472 hommes.

Pour la cavalerie : 27,257 hommes.

Pour l'artillerie : 15,592 hommes.

Pour le génie : 2,012 hommes.

Soit un total de 145,333 hommes, tout compris.

Venaient ensuite, les ressources en hommes que les récentes lois — 10, 11, 18, 27 août — mettaient à la disposition du Ministre de la guerre. En défalquant les contingents de Paris et des régions déjà investies, on calculait, sur le papier, que ces lois permettaient de lever :

Les hommes âgés de 25 à 35 ans, célibataires ou veufs sans enfants, ayant accompli leur temps de service, rappelés sous les drapeaux par la loi du 10 août 1870, 170,000 hommes.

La classe 1870, appelée par anticipation, 160,000 hommes.

La garde nationale mobile, 225,000 hommes.

La portion de la classe 1869, incorporée dans la garde mobile (loi du 18 août 1870), 140,000 hommes.

Les célibataires ou veufs sans enfants des classes 1865 et 1866 incorporés dans la garde mobile (loi du 18 août 1870), 10,000 hommes.

Les corps francs et volontaires, approximativement, 30,000 hommes.

En résumé, en comptant les dépôts, les troupes rappelées d'Algérie et les nouvelles levées, la Délégation de Tours disposait, au milieu de septembre, de 880,000 hommes environ.

Mais il ne faut pas se laisser entraîner à l'illusion des chiffres, et on peut affirmer que sur ces 880,000 hommes, il faut évaluer à 70,000 tout au plus le nombre des combattants utiles.

Quant au matériel, à l'armement, à l'habillement, tout était à créer. Sous ce rapport, le Gouvernement fit preuve d'une incroyable activité, et réalisa des prodiges.

Tout d'abord, en puisant dans les éléments disponibles, l'amiral Fourichon forma autour de Bourges un corps d'armée qui reçut le n° 15, et dont l'organisation fut confiée au général de la Motterouge. Les 16e, 38e, 39e régiments de ligne et le régiment étranger, rappelés d'Algérie, furent le noyau de cette formation. Autour de ces troupes instruites venaient se grouper les bataillons et batteries levés et organisés sur tous les points de la France, et dirigés par détachements sur Bourges, Nevers et Vierzon. Là, ces unités étaient réunies en régiments qu'on appela régiments de marche. On procédait de même pour les gardes mobiles.

Les régiments de ligne, de marche et de mobiles étaient ensuite répartis par brigades, chaque brigade comprenant généralement un régiment de ligne ou un régiment de marche avec un régiment de mobiles, une réserve d'artillerie, et parfois un bataillon de chasseurs. Une division se formait de deux ou trois brigades.

Afin de centraliser les efforts du mouvement patriotique qui soulevait la France contre l'envahisseur, la Délégation de Tours avait créé quatre grands commandements régionaux comprenant chacun plusieurs départements. Chaque département formait une subdivision militaire commandée par un officier supérieur ou un général, assisté d'un comité départemental de défense. Ces commandants de subdivision de région avaient pour mission de faire vivre pendant leur passage dans le département et de diriger sur les centres de formation les détachements destinés aux nouveaux corps d'armée.

Ils devaient reconnaître des positions de défense, y faire pratiquer des travaux. Ils concentraient le service des renseignements et, pour protéger le territoire contre les incursions de la cavalerie allemande, on mettait à leur disposition un certain nombre de bataillons de la garde mobile, des corps francs et la garde nationale sédentaire.

Le commandement de la région du Centre fut confié au général de Polhès, qui résidait à Bourges.

C'est dans cette région que s'organisait le 15ᵉ corps d'armée, une de ses divisions à Bourges, une à Nevers, une à Vierzon, sous la protection de deux brigades de cavalerie (1) établies, à la date du 19 septembre, l'une au nord d'Orléans, l'autre entre Orléans et Blois.

---

(1) De la division de cavalerie Reyau.

On ébauchait à Tours, Gien, Blois, Le Mans, l'organisation d'un 16ᵉ corps. Partout ailleurs, surtout dans le Nord, on levait et on équipait des hommes en vue de formations ultérieures.

« L'amiral Fourichon était secondé dans sa laborieuse tâche par le général Lefort qui passait ses jours et la meilleure partie de ses nuits à hâter cette organisation. En moins de vingt jours, — avant l'arrivée de Gambetta à Tours, le 9 octobre — il nous avait formé une armée de 110,000 hommes avec artillerie et cavalerie dans la proportion voulue. Les meilleurs esprits ne pouvaient le croire (1). »

Il faut chercher, dans le travail de l'amiral Fourichon et du général Lefort, la base solide qui donna quelque consistance aux armées de la Loire et du Nord. Et cependant l'honneur de cette organisation leur est souvent refusé pour être attribué comme un monopole à leurs successeurs.

En cédant leurs fonctions à Gambetta et à M. de Freycinet, l'amiral Fourichon et le général Lefort laissaient à la France tous les éléments d'une armée régulière. Malheureusement, à côté de cette armée, on voyait déjà se développer des milices dont l'esprit et l'attitude faisaient mal augurer de l'avenir et créaient déjà de grands embarras aux organisateurs sérieux.

La principale de ces milices est la garde nationale sédentaire.

______

(1) *Dictature de cinq mois*, par Glais-Bizoin, page 87.

CHAPITRE V

Organisation de la Garde nationale sédentaire

Après avoir renforcé l'armée de première ligne et levé la garde nationale mobile, le Gouvernement impérial avait préparé de nouvelles réserves et décrété la formation d'une garde nationale sédentaire (1).

L'étude de l'organisation de cette milice et des services qu'elle a rendus est particulièrement intéressante de nos jours où des tendances se manifestent au remplacement des armées permanentes par des milices. Il est cependant probable que les futures milices qui pourraient être instituées auront la valeur militaire des mobilisés de 1870, et l'essai qui fut tenté à cette époque suffit à convaincre les esprits de bonne foi qu'il est impossible de faire la guerre avec de pareilles troupes.

La formation de la garde nationale sédentaire fut décrétée par la loi du 11 août 1870.

Cette loi, sauf des dispositions transitoires, remettait en vigueur la loi du 13 juin 1851. Nous n'entrerons pas dans l'étude de ses détails, et nous reproduirons seulement une circulaire préfectorale qui la résumait :

« Habitants du Loir-et-Cher,

« Un décret impérial prescrit l'organisation de la garde nationale sédentaire.

____

(1) Il faut se garder de confondre les *mobiles* et les *mobilisés*. Les premiers ont été fournis par la garde mobile ; les seconds ont été recrutés bien plus tard dans la garde nationale sédentaire.

« Tous les hommes valides âgés de 30 à 40 ans sont appelés à faire partie de ce corps ; l'engagement est facultatif pour les hommes de 40 à 50 ans.

« Les gardes nationaux sédentaires pourront être divisés en deux catégories comprenant : la première, les hommes mariés et les célibataires au-dessus de 40 ans ; la seconde, les célibataires et les veufs sans enfants au-dessous de 40 ans.

« Ces derniers seraient plus spécialement chargés du service actif quand les circonstances le rendraient nécessaire.

« Des registres vont être ouverts dans les mairies pour l'inscription sur les contrôles.

« Dans un moment où l'intérêt de la défense nationale exige le concours de toutes les forces, votre patriotisme et votre dévouement me sont un sûr garant de votre empressement à vous rendre à mon appel.

« L'ennemi est sur notre territoire, mais la France n'est pas vaincue.

« Courage et confiance, telle doit être aujourd'hui notre devise !

« Que tous les hommes de cœur s'unissent ; qu'il n'y ait qu'un sentiment, l'intérêt de la Patrie ; qu'un drapeau, le drapeau de la France !

« Au jour du danger, vous me trouverez à votre tête, prêt à donner jusqu'à la dernière goutte de mon sang pour le pays.

« Le Préfet de Loir-et-Cher,

« Vte DE GAUVILLE. »

Une circulaire du 15 septembre 1870 prescrivit ensuite d'ouvrir dans chaque commune des contrôles sur lesquels seraient inscrits tous les citoyens de 21 à 60 ans, susceptibles de faire le service de la garde nationale sédentaire aux termes des lois précédentes.

Puis, le décret du 29 septembre 1870 mobilisa les citoyens inscrits sur le précédent contrôle, âgés de 21 à 40 ans, célibataires ou veufs sans enfants.

Enfin, le décret du 2 novembre 1870 mobilisa tous les citoyens inscrits, âgés de 21 à 40 ans, mariés ou veufs avec enfants.

On peut suivre dans ce court résumé l'importance croissante donnée à la garde nationale sédentaire. Ce sont les deux derniers appels qui ont donné à l'armée *les mobilisés ;* nous allons les analyser sommairement.

Le décret du 29 septembre 1870 prescrivait aux préfets d'organiser immédiatement en compagnies de gardes nationaux sédentaires mobilisés tous les Français âgés de 21 à 40 ans, non mariés ou veufs sans enfants, résidant dans le département et tombant sous le coup de la loi. On joignait à ce contingent, désigné, à l'époque, sous l'appellation de « vieux garçons », les hommes enrôlés dans l'armée active par les lois précédentes, et qui n'avaient pas encore été réclamés par le ministre pour le service de l'armée.

Ces compagnies devaient être immédiatement soumises aux exercices militaires et armées par les soins des préfets, qui pouvaient requérir les armes des gardes nationaux sédentaires non mobilisés, des armes de toute espèce, et même des fusils de chasse.

Les hommes appelés par décret furent inscrits, appelés à faire valoir leurs cas de dispense, et visités par des conseils de révision.

Ces opérations étant considérées comme terminées, parut le décret du 11 octobre, qui complétait celui du 29 septembre :

« Considérant que les conseils de révision de la garde nationale mobilisée ont terminé leurs opérations ; qu'il y a lieu, en conséquence, de procéder à la formation des corps :

« Art. 1er. — Dès la publication du présent décret, le maire de chaque commune, assisté de deux conseillers municipaux désignés par lui, procédera à l'organisation des gardes nationaux mobilisés, par compagnies.

« Art. 2. — La force des compagnies est de 100 à 250 hommes. Lorsqu'une commune ne fournira pas cet effectif, il lui sera adjoint une ou plusieurs communes limitrophes, apparte-

nant au même canton, jusqu'au complément de l'effectif régle-
mentaire.

« Art. 3. — — Il y aura un bataillon par canton, formé de
4 compagnies au moins et de 10 au plus. S'il y avait plus
de 10 compagnies, on formerait deux ou plusieurs bataillons.

« Art. 4. — La réunion des bataillons cantonaux dans le
même arrondissement formera une légion commandée par un
lieutenant-colonel ou un colonel. La réunion des légions d'arrondissement formera une brigade qui prendra le nom du département et sera placée sous les ordres d'un commandant supérieur.

« Les cadres des différents corps seront fixés conformément
au décret du 6 octobre 1851.

« Art. 5. — Le commandant supérieur, le colonel et les
lieutenants-colonels seront nommés par le Ministre de l'intérieur.
Les autres grades seront nommés à l'élection, conformément à
la loi du 13 juin 1851, sauf les exceptions prévues aux articles
52, 53, 56.

« Art. 6. — Dans les deux jours qui suivront la formation
des compagnies, il sera procédé à l'élection des officiers, sous-
officiers et caporaux, sous la présidence du maire, assisté de deux
conseillers municipaux désignés par lui.

« Art. 7. — L'uniforme sera réglé dans chaque département
par les soins du préfet. La vareuse et le képi sont obligatoires.
Le vareuse portera le collet et les pattes rouges. Le nom
du département, ou du moins ses initiales figureront sur le képi.

« Art. 8. — Conformément au décret du 29 septembre dernier, les gardes nationales sédentaires et les pompiers devront
céder leurs armes aux compagnies mobilisées.

« Art. 9. — La distribution des fusils disponibles aura lieu
immédiatement dans chaque commune par les soins des préfets.
Au besoin, il y sera joint des fusils de chasse. Jusqu'à ce que
le nombre des fusils soit égal à celui des gardes nationaux
mobilisés, les hommes les plus jeunes de chaque compagnie
seront les premiers armés.

« Art. 10. — Les exercices se feront par commune ; ils auront une durée minimum de deux heures par jour. Le dimanche,

les compagnies se réuniront soit au chef-lieu de canton, soit dans toute autre commune désignée par le chef de bataillon. Si les circonstances l'exigeaient, le canton pourrait être divisé en circonscriptions pour les exercices. Le chef de légion ou le commandant supérieur prescrira, s'il y a lieu, la réunion des corps sur un point quelconque de l'arrondissement ou du département. Autant que possible, il sera adjoint à chaque compagnie des instructeurs pris parmi les anciens militaires, ou les militaires provisoirement détachés de leurs corps.

« ART. 11. — Les gardes mobilisés en marche seront mis à la disposition du Ministre de la guerre, et soumis à la même discipline que l'armée. »

Un troisième décret, en date du 22 octobre 1870, pourvoyait à l'armement, l'habillement et l'équipement des gardes nationaux sédentaires mobilisés.

L'État les habillait, équipait et soldait au moyen de contingents en argent fournis par les départements et les communes, et fixés proportionnellement au principal des quatre contributions directes. On comptait 60 francs par homme pour l'habillement et l'équipement, et une solde calculée à raison de 1 fr. 50 par jour et par homme.

L'armement était fourni par l'État, mais les communes contribuaient pour moitié aux frais d'achat ou de transformation des armes.

Les officiers, sous-officiers, caporaux et gardes mobilisés, lorsqu'ils avaient quitté le canton, recevaient la même solde que les gardes mobiles.

Telle fut l'organisation des premiers mobilisés.

Les gardes nationaux sédentaires qui n'étaient pas encore appelés, restaient à la disposition du ministre, prêts à se rendre à une convocation, qui ne devait pas tarder.

En réponse à la capitulation de Metz (1) qui nous enlevait une armée de 173,000 hommes, la Délégation de Tours lança un décret qui tendait à lever une nouvelle armée. C'est le décret du

(1) Le 27 octobre 1870.

2 novembre que l'on désigne souvent sous le nom de « levée en masse » :

« Considérant que la Patrie est en danger ; que tous les citoyens se doivent à son salut ; que ce devoir n'a jamais été ni plus pressant, ni plus sacré que dans les circonstances présentes :

« Art. 1er. — Tous les hommes valides de 21 à 40 ans, mariés ou veufs avec enfants, sont mobilisés.

« Art. 2. — Les citoyens mobilisés par le présent décret seront organisés par les préfets, conformément aux décrets des 29 septembre et 11 octobre de la présente année.

« Art. 3. — Les citoyens mobilisés par le présent décret seront, leur organisation faite, mis à la disposition du Ministre de la guerre. Cette organisation devra être terminée le 19 novembre.

« Art. 4. — Il sera pourvu à leur habillement, équipement et solde d'après les règles prescrites par le décret du 22 octobre de la présente année.

« Art. 5. — Toute exemption basée sur la qualité de soutien de famille est abolie, même à l'égard de ceux à qui elle avait été appliquée antérieurement par les conseils de révision. Il n'est admis d'autres exemptions que celles résultant des infirmités, ou basées sur les services publics énumérés dans la circulaire du 15 octobre 1870.

« Art. 6..... »

On avait donc incorporé successivement l'armée active et sa réserve, la garde nationale mobile, la classe 1870 par anticipation, certaines catégories des classes 1865 et 1866, et des volontaires.

Ensuite, on avait remis sur pied la garde nationale sédentaire, et puisé dans cette milice les citoyens non mariés ou veufs sans enfants, âgés de 21 à 40 ans.

Enfin, on avait levé les hommes valides de 21 à 40 ans, mariés ou veufs avec enfants.

Le Gouvernement disposait encore des hommes inscrits sur

les contrôles de la garde nationale sédentaire, âgés de 40 à 60 ans, et dont plusieurs étaient partis comme volontaires ou francs-tireurs. Serait-on obligé de recourir à cette suprême réserve ?

La guerre prit fin avant même l'entrée en ligne de tous les hommes appelés par le décret du 2 novembre 1870. La Délégation de Tours n'en vint donc pas à cette extrémité d'un appel des hommes âgés de plus de 40 ans. Il est même permis de dire qu'elle en avait déjà trop fait.

Les derniers corps d'armée formés en province comptaient une très forte proportion de mobilisés. Les services qu'ils ont rendus justifient pleinement l'opinion que « l'entrée en ligne des mobilisés était le terme rationnel de la résistance (1). »

Pour donner aux mobilisés un semblant d'éducation militaire, le Gouvernement décida d'enlever les compagnies mobilisées à leurs communes et à leurs cantons et de les transporter au loin dans des camps permanents. Quelques semaines avaient suffi pour convaincre les plus aveugles que des hommes maintenus dans leurs familles, se réunissant deux heures par jour dans leur village pour manœuvrer avec des armes disparates, sous la direction de chefs choisis par élection, ne seraient jamais des soldats. En les enlevant aux influences locales, on espérait avoir plus de facilités pour les discipliner et les instruire.

Le décret du 25 novembre 1870 institua onze camps permanents dans lesquels devaient être concentrés les gardes nationaux mobilisés, les corps francs en formation, les contingents de l'armée régulière et de la garde mobile qui se trouvaient encore dans les dépôts.

Les départs étaient réglés par des appels répartis entre deux bans, le premier ban du 1er au 10 décembre, le second ban du 20 au 30 décembre. Aux dates fixées, les hommes étaient acheminés vers les camps, quelle que fût leur situation d'équipement et d'armement. L'État se chargeait de compléter d'office dans les camps cet équipement et cet armement, aux frais des communes

---

(1) *Campagne sur la Loire,* par le général Pourcet.

et départements respectifs. A partir de leur départ pour le camp, l'entretien et la solde des troupes restaient exclusivement à la charge de l'État.

Avec les divers contingents réunis dans les camps, on formait des légions à trois bataillons, et des brigades à deux légions, en respectant, autant que possible, l'autonomie de chaque département. Le bataillon avait un effectif de 800 à 1,200 hommes.

L'instruction donnée dans les camps fut médiocre, en raison du manque de cadres et d'instructeurs, de l'insuffisance des ressources matérielles, de la diversité des recrues, de leur manque absolu d'esprit militaire et, trop souvent, à cause de leur mauvais vouloir et de leur indiscipline.

Les résultats obtenus sont une preuve qu'une armée véritable ne s'improvise pas et qu'il faut la préparer de longue main, en temps de paix.

D'ailleurs, les troubles causés par la Révolution de Septembre et par nos revers successifs, la marche envahissante des Allemands, la désorganisation des pouvoirs publics et leur impuissance à sévir contre les réfractaires, apportaient d'insurmontables obstacles à l'application de ces divers décrets.

Nous en trouvons l'exemple dans ce qui se passa pour le département de Loir-et-Cher.

Dès le 12 août, M. de Gauville, préfet de Loir-et-Cher, avait commencé l'organisation de la garde nationale sédentaire. En lisant la loi du 11 août, personne ne pouvait prévoir qu'on en viendrait aux suprêmes appels du 29 septembre et du 2 novembre, et les citoyens appelés à faire partie de la garde nationale sédentaire pensaient n'avoir à garantir que l'ordre intérieur, après le départ des troupes régulières. Tout au plus, si l'invasion déjà commencée arrivait jusqu'à eux, auraient-ils à combattre sur le territoire de leur village ou de leur commune.

Ces perspectives de police intérieure et de défense locale plaisaient à beaucoup de patriotes. Dans chaque commune, on en vit un certain nombre se réunir pour faire l'exercice, battre le tambour et exécuter des patrouilles, les pompiers servant d'instructeurs.

« Les habitants de la commune de Saint-Bohaire se réunissent trois fois par semaine, les mardis, jeudis et dimanches, à midi, — heure du repos du travail, — pour manœuvrer..... Nous, habitants de Saint-Bohaire, nous supplions les habitants des communes voisines, toutes les communes de France, de s'exercer, fût-ce avec des fusils de chasse. Celles qui n'ont pas de compagnies de sapeurs-pompiers trouveront toujours d'anciens soldats pour former leur instruction. N'oublions pas qu'il y a un million de fusils en réserve. Apprenons vite à nous en servir (1). »

L'organisation régulière commença dans la deuxième quinzaine d'août par l'envoi d'avis individuels aux habitants. Les contrôles dressés par quartiers étaient déposés au secrétariat des mairies ; chacun pouvait en prendre connaissance jusqu'à la date du 3 septembre, jour où ils seraient arrêtés (2).

M. Tassin, député, « chargé de la mission officieuse et provisoire d'organiser la garde nationale sédentaire du département de Loir-et-Cher, faisait distribuer, à la caserne de Blois, aux délégués des Conseils municipaux de l'arrondissement de Blois, les fusils nécessaires aux gardes nationaux de leurs communes. Cette distribution commençait le 8 septembre (3). » Chaque commune de l'arrondissement de Blois disposa bientôt de 200 fusils (4).

Le général Courtois d'Urbal, général de division en retraite à Vendôme, fut nommé au commandement de la garde nationale sédentaire dans tout le département (5), commandement dont l'autonomie était d'ailleurs impossible, bien qu'il fût secondé, dans ses fonctions, par un commissaire inspecteur des communes

---

(1) Lettre des habitants de Saint-Bohaire. *Avenir de Loir-et-Cher* —Vendredi 12 août 1870.

(2) L'*Indépendant de Loir-et-Cher* — Vendredi 2 septembre 1870.

(3) L'*Indépendant de Loir-et-Cher* — Vendredi 9 septembre 1870.

(4) Les délégués de l'arrondissement de Romorantin reçurent au même moment 1,500 fusils.

(5) *Indépendant de Loir-et-Cher* — Dimanche 18 septembre 1870.

du département (1) et un sous-commissaire (2). Il n'existe aucune trace de l'inflence exercée par ces hauts fonctionnaires sur l'instruction et l'éducation militaire de la milice.

Les élections des officiers commencèrent le 6 septembre. La ville de Blois, qui fournissait six compagnies (3), choisit pour commandant M. Buffereau, ancien officier de marine. A l'occasion de ces nominations, et pour présenter officiellement les officiers à la troupe, M. Lecanu, qui venait d'être nommé préfet de Loir-et-Cher, au lendemain de la Révolution du 4 Septembre, passa en revue, sur la place de la Préfecture, les six compagnies de la garde nationale sédentaire de Blois, avec les gardes nationaux et les sapeurs-pompiers de plusieurs communes voisines.

Cette fête eut lieu le dimanche 11 septembre. Ce fut un beau jour d'enthousiasme.

Après la revue, le Préfet prononça un discours dans lequel « il fit d'abord une courte, sévère et juste appréciation des fautes de l'empire (4), » puis un vibrant appel au patriotisme de la population. « Dans la soirée, un écusson aux armes impériales a été brûlé sur le pont aux cris enthousiastes d'une partie de la population. Quant au buste de Napoléon qui se trouvait dans une salle de l'hôtel de ville, il a été précipité dans la Loire, et cette exécution a été accompagnée des plus formidables hurrahs ! (5) »

A peine constituées, les nouvelles compagnies de gardes nationaux sédentaires voulurent montrer leur activité.

---

(1) M. Germain Sarrut.
(2) M. de Sonnier.
(3) 1re compagnie. — Quartiers Saint-Louis et Bourg-Saint-Jean.
2e compagnie. — Quartier du Bourg-Neuf : MM. Buffereau et Damenez, capitaines.
3e compagnie. — Quartier du Foix : MM. Goulet et Touchœfeu, capitaines.
4e compagnie. — Faubourg de Vienne : MM. de Bizemont et Lehalle, capitaines.
5e compagnie. — Quartier des Granges : MM. Guignard et Petitpied, capitaines.
6e compagnie. — Les Grouëts.
(Indépendant de Loir-et-Cher — Vendredi 9 septembre 1870).
(4) *Indépendant de Loir-et-Cher* — Mercredi 14 septembre 1870.
(5) *Ibid.* *Ibid.*

La garde nationale de Mont arrêtait trois étrangers d'allures suspectes, rôdant dans la forêt de Russy, et présumés espions. Elle les faisait conduire à Blois sous bonne escorte (1).

Quatre compagnies du 1er bataillon des mobiles de Loir-et-Cher ayant quitté Blois, le 15 septembre, pour relever à Romorantin les compagnies de mobiles qui y étaient cantonnées, la garde nationale sédentaire de Blois se réunit par un mouvement spontané, et alla deux kilomètres hors de la ville, musique en tête, faire la conduite à ses frères de la mobile. Au retour de cette marche militaire, il y eut maintes libations à la délivrance de la Patrie et à l'anéantissement, jusqu'au dernier, des Prussiens.

Malheureusement, certains jours, ce besoin d'action des gardes nationaux se traduisait par des scènes regrettables.

« Le 22 septembre, l'annonce d'un corps d'armée prussien aux environs d'Orléans, et l'investissement possible de cette ville, relativement voisine de Blois, avait jeté le désarroi dans la ville.

« On se demandait si une défense sérieuse pourrait être organisée, si elle avait des chances de réussite et si, dans le cas contraire, ce n'était pas exposer habitants et propriétés au pillage, à la mort, à la ruine.

« Le Comité de défense, après avoir pesé les raisons pour et contre la défense, avait admis, le matin, la résolution de repousser l'invasion si elle devait être accomplie par quelques détachements isolés, mais d'abandonner toute idée de résistance si un corps d'armée se présentait devant nos murs.

« Toutefois, cette résolution du Comité ne devait être définitive que si la garde nationale, convoquée à cet effet, la sanctionnait.

« Vers quatre heures, près de 2,000 gardes nationaux se réunissaient dans la cour du château de Blois, et la question agitée par le Comité de défense était soumise à l'assemblée (2). »

Le Préfet et M. Cantagrel, prenant successivement la parole,

---

(1) *Indépendant de Loir-et-Cher* — Vendredi 23 septembre 1870.
(2) *Ibid.*   *Ibid.*

conseillèrent de renoncer à la défense si l'ennemi a des forces supérieures, défense « qui pourrait, dit le Préfet, provoquer des représailles terribles (1). »

Et le journal ajoute : « L'assemblée, frémissante à son arrivée dans la cour du château, s'est rendue à d'aussi sages conseils (2). »

Pendant que se discutait cette question, d'autres gardes nationaux avaient appris que des troupes régulières de passage à Blois s'embarquaient, ce même jour, au chemin de fer, à destination de Tours. Il leur parut que ce départ sur Tours, quand les Prussiens approchaient d'Orléans, était une trahison et, se faisant juges de la question, ils se rendirent, au nombre de 150, et armés, à la gare du chemin de fer.

« Là, ils prétendaient s'opposer au départ du détachement de troupes de ligne qui devait se rendre à Tours.

« La garde mobile, qui manœuvrait dans la cour de la caserne, fut amenée devant la préfecture et ses chefs reçurent les ordres nécessaires pour faire évacuer la gare au plus vite.

« Quelques instants après, l'avis arriva que, cédant à de bons conseils et à des renseignements officieux, les gardes nationaux avaient pris le sage parti de revenir en ville où leur algarade avait excité une vive émotion (3). »

Heureusement pour la tranquillité publique, c'est à ce moment que parurent l'appel du 29 septembre et le décret du 11 octobre mobilisant et enrégimentant régulièrement la première catégorie des gardes nationaux sédentaires (4). Et quelques jours après, fut publié un décret, en date du 14 octobre, qui plaçait toutes les gardes nationales sédentaires, dans certains départements, sous les ordres directs du commandement militaire :

« Tout département dont la frontière se trouve, par un point quelconque, à une distance de moins de 100 kilomètres de l'ennemi, est déclaré en état de guerre.

(1) *Indépendant de Loir-et-Cher* — Vendredi 23 septembre 1870.
(2)   *Ibid.*   *Ibid.*
(3)   *Ibid.*   *Ibid.*
(4) Ceux qui sont âgés de 21 à 40 ans, célibataires ou veufs sans enfants.

« L'état de guerre entraîne les conséquences suivantes :

« ..... Les gardes nationales sédentaires de toutes les communes sont placées sous le régime des lois militaires, peuvent être convoquées par le chef militaire du département, et sont à sa disposition (1). »

Le département de Loir-et-Cher fut déclaré en état de guerre le 28 octobre.

A partir de ce jour, une orientation différente fut donnée à l'organisation des gardes nationales sédentaires et la situation nouvelle leur fut signifiée par le commandant militaire du territoire :

RÉPUBLIQUE FRANÇAISE

18ᵉ DIVISION MILITAIRE. — 3ᵉ SUBDIVISION

DÉPARTEMENT DE LOIR-ET-CHER

Ordre général

« L'état de guerre étant déclaré dans le département de Loir-et-Cher, la garde nationale sédentaire et la garde nationale mobilisable passent sous les ordres directs de l'autorité militaire.

« Par suite de ce passage, ces deux corps se trouvent soumis, en vertu de l'art. 6 du décret du 14 de ce mois, au régime des lois militaires et, s'ils manquent à l'appel ou n'accomplissent pas leurs devoirs de soldats, ils sont passibles des peines prévues par le code de l'armée.

« Le général commandant l'état de guerre à Blois espère qu'il n'aura pas à faire l'application des peines disciplinaires que la loi met à sa disposition et que, dans les circonstances

_____

(1) Décret du 14 octobre 1870.

critiques où se trouve le pays, chacun comprendra ses devoirs et saura les remplir avec zèle, dévouement et patriotisme.

« Blois, 22 octobre 1870.

« Le Général de brigade commandant l'état
de guerre
dans le département de Loir-&-Cher,

« MICHAUX. »

—

Ordre spécial à la garde nationale sédentaire
et mobilisable

« 1º Tout garde national qui arrivera en retard aux appels sera puni d'une garde d'appointement ; en cas de récidive, la punition sera double ;

« 2º Tout garde national qui manquera aux appels ou à un service commandé sera puni, suivant le cas, de salle de police ou de prison ;

« 3º Tout garde national qui, étant de service, se mettra en état d'ivresse, sera puni de 15 jours de prison et désarmé ; on ne saurait, sans danger, laisser une arme dans les mains d'un homme ivre ;

« 4º Tout garde national qui commettra un des crimes ou délits prévus par les articles 6, 7, 8, 9, 10, 11 du décret du 2 octobre dernier, sera traduit devant une cour martiale comme les autres militaires de l'armée.

« Blois, 22 octobre 1870.

« Le Général de brigade commandant l'état
de guerre
dans le département de Loir-&-Cher,

« MICHAUX. »

Dès lors, nous voyons l'organisation de la garde nationale se poursuivre avec un certain ordre. Le préfet et le général Michaux prirent en mains la direction du mouvement.

Conformément aux décrets, le préfet fit paraître, à la date du 24 octobre 1870, un arrêté qui fixait le contingent à mobiliser dans chaque arrondissement ; celui de Blois fut de 5 bataillons à 4 compagnies (1).

Le même arrêté fixait l'uniforme des gardes nationaux mobilisés : képi en drap bleu avec liséré rouge portant les initiales du département (L.-et-C.), appliquées sur la bande bleue, au-dessus de la visière, en drap rouge pour les soldats et brodées en argent pour les sous-officiers. Vareuse en drap, ou molleton noir, ou bleu foncé, collet rouge, pattes rouges. Pantalon de couleur foncée, avec bande de trois centimètres environ. Ceinture en cuir noir, avec plaque ou boucle; cartouchière en cuir ou en toile noire (2).

Des appels furent faits à l'industrie locale pour se procurer ces effets d'habillement et d'équipement. Un aperçu des prix en cours nous est fourni par une proposition faite à la Commission municipale de Romorantin, par un industriel de cette ville, de livrer aux prix de 18 fr. 50, 20 fr. 50, 22 fr. 50, suivant la qualité, un équipement comprenant le képi, la vareuse et le ceinturon avec cartouchière (3).

Quant aux armes, les distributions furent régularisées. Il y avait d'ailleurs assez de fusils pour armer non seulement les gardes nationaux sédentaires mobilisés, mais encore un grand nombre des gardes sédentaires, qui restaient dans leurs foyers, à la disposition du Gouvernement. Les armuriers de Blois furent requis pour confectionner des cartouches (4).

Le décret du 22 octobre 1870 (5) mettait à la charge des communes la plus grosse part des dépenses occasionnées par l'organisation.

Sur la demande du préfet, le Conseil général du département de

______

(1) Le contingent de Romorantin fut fixé à 2 bataillons (9 compagnies) ; — celui de Vendôme à 2 bataillons (10 compagnies).

(2) D'après l'*Indépendant de Loir-et-Cher* — Vendredi 28 octobre 1870.

(3) Registre XVIII des délibérations du Conseil municipal de la commune de Romorantin — Séance du 14 novembre 1870.

(4) Séance du Conseil municipal — 6 novembre 1870.

(5) Voir plus haut, page 42, un résumé de ce décret.

Loir-et-Cher avait précédemment voté, dans une séance en date du 15 septembre 1870, à titre d'avance faite à l'État, un crédit de 1,500,000 francs pour l'organisation de la défense nationale dans le département (1). Ce crédit fut, dans une séance tenue le lendemain, réduit à 502,000 francs, savoir (2) :

420,000 francs pour achats de fusils et munitions.

75,000 francs pour le paiement de la solde d'un corps de tirailleurs de 1,000 hommes pendant un mois, à raison de 2 fr. 50 par homme et par jour.

5,000 francs pour frais de publicité et avis de la marche des Prussiens.

2,000 francs pour frais de transport des armes dans les communes.

Tout ce travail était maintenant à refaire et à mettre d'accord avec les prescriptions du décret du 22 octobre.

Chaque commune fut taxée par le préfet ; le contingent de la ville de Blois se trouva fixé à la somme de 121,274 fr. 90 (3). La ville devait contracter un emprunt de cette somme.

Ces lourds sacrifices pécuniaires furent, comme nous le verrons plus tard, presqu'entièrement perdus.

Les premiers mobilisés de Loir-et-Cher, de 21 à 40 ans, célibataires ou veufs sans enfants, appelés par le décret du 29 septembre 1870, furent assez facilement réunis. Mais, lorsqu'il fallut appliquer le décret du 25 novembre 1870, et les diriger sur les camps d'instruction, on ne put faire partir que ceux des arrondissements de Blois et de Vendôme, qui furent transportés au camp de Cherbourg sous la direction de leur colonel, M. de Perrinelle-Dumay. Quant aux mobilisés de Romorantin, qui ne devaient partir que plus tard, il leur arriva ce qui se produisit dans bien d'autres départements par suite des progrès de l'invasion allemande.

L'équipement des mobilisés de la Sologne était encore dans les locaux de la préfecture de Blois, lorsque les Allemands y péné-

(1) L'*Avenir de Loir-et-Cher* — Vendredi 16 septembre 1870.
(2) L'*Indépendant de Loir-et-Cher* — Dimanche 18 septembre 1870.
(3) Séance du Conseil municipal de Blois, 15 novembre 1870.

trèrent, le 13 décembre 1870, et 3,000 équipements complets tombèrent ainsi aux mains de l'ennemi (1).

Les mobilisés de Romorantin restèrent donc dans leurs foyers, et ceux qui avaient déjà reçu des armes ne les utilisèrent jamais. Il en fut d'ailleurs de même pour les gardes nationaux sédentaires non mobilisés, restés à Blois ou dans les communes voisines, et qui avaient tous des fusils et des munitions.

Par une cruelle ironie, après avoir si vivement souhaité de faire le coup de feu contre les Prussiens, les gardes nationaux restés à Blois rendirent leurs armes, comme nous le verrons, lorsque sonna l'heure de s'en servir. Et dans toutes les communes du département, sauf de rares exceptions, ils mirent autant d'empressement à cacher ou à livrer leurs fusils et leurs uniformes quand les Prussiens parurent, qu'ils avaient mis d'ardeur à en réclamer pour faire l'exercice et des patrouilles, alors que les Prussiens étaient loin.

Il m'a semblé utile de présenter ces quelques détails sur l'organisation, généralement peu connue, des gardes nationales sédentaires dont l'histoire mériterait une étude complète.

____

(1) *Les Prussiens à Blois*, par M. Dufresne, p. 14.

CHAPITRE VI

La Défense Nationale

Le même esprit qui présidait à l'organisation des gardes nationales sédentaires se retrouve dans les essais du soulèvement en masse. Ces idées de la défense nationale du territoire commencèrent à percer dans les derniers jours du mois d'août, après les défaites de l'armée du Rhin, mais c'est après la Révolution du 4 Septembre que les théories du soulèvement national prennent progressivement tout leur développement.

La Délégation du Gouvernement en province fut d'abord divisée sur ce point. L'amiral Fourichon, « homme d'ordre et de discipline, » avait peu de foi dans le soulèvement en masse. Crémieux et Glais-Bizoin, ses collègues, complètement étrangers aux choses militaires, comptaient moins, pour la délivrance du territoire, sur le concours des généraux et de l'armée régulière que sur le zèle des préfets, les francs-tireurs, l'élan des partisans et des populations soulevées en masse.

« Je n'étais pas moins soucieux, dit M. Glais-Bizoin, pendant que l'amiral et le général Lefort procédaient à l'organisation de nos régiments, d'envoyer des hommes de bonne volonté faire le coup de feu contre ces uhlans qui répandaient partout la terreur. Chaque fois qu'il se présentait un de ces hommes de résolution, bien connu ou nanti de bonnes garanties, je lui faisais donner, ou je lui donnais moi-même une commission indispensable pour le recrutement de ses compagnons d'armes et pour se couvrir devant l'ennemi du titre de belligérant.

« Comme on savait l'intérêt que je portais à ces volontaires,
ils ne manquaient jamais de s'adresser à moi qu'ils appelaient
le père des francs-tireurs..... Il fallait que je fusse bien empêché pour que je n'allasse pas leur souhaiter la bienvenue à
leur arrivée.....

« Presque tous les départements ont fourni leur contingent de
francs-tireurs, que le général Lefort n'évaluait pas à moins
de 57,000 hommes. Aussi, dès avant la venue de Gambetta, ils
formaient une ceinture de feu qui s'étendait des départements
du Nord, à travers la Normandie et la Beauce, le Nivernais,
jusqu'aux Vosges. Alors, on ne vit plus ces excursions hasar-
deuses des uhlans et des cuirassiers de la mort.

« Je ne doute pas que tous ces corps francs, jour et nuit aux
aguets, n'aient détruit plus de Prussiens que les armées régulières. C'était aussi l'avis de M. de Bismarck, qui les tenait
pour ses pires ennemis..... (1) »

Il semble que M. Glais-Bizoin s'exagère l'importance des
francs-tireurs. Certes, ils entravèrent souvent l'action de la cavalerie allemande (2). Mais les services réels qu'ils ont rendus
sont discutables, et la théorie qui prétendait libérer le territoire
en excitant chaque paysan, « plus ou moins braconnier, » à tuer
son Prussien, est restée à cette époque ce qu'elle restera toujours : une théorie stérile.

Sans sortir de la région de Blois, nous pouvons suivre ce développement de la Défense nationale.

Le 29 août, le préfet de Loir-et-Cher (3) réunit à la préfecture « le Conseil municipal de la ville de Blois et les principales
autorités civiles et militaires, dans le but de s'entendre sur les
dispositions à prendre en cas d'invasion.

« Cette assemblée a décidé, à l'unanimité, qu'il serait fait
appel à la population pour défendre son territoire.

« Un Comité a été nommé à l'effet d'étudier les mesures défensives qu'il conviendrait d'adopter, le cas échéant.

____

(1) *Dictature de cinq mois*, par Glais-Bizoin.
(2) Voir *Grand État-Major Allemand*, passim et notamment : 10° livraison,
pages 44 et 67 ; 11° livraison, pages 213, 240, 241, 247.
(3) Vicomte de Gauville.

« L'organisation de la garde nationale sédentaire est poussée avec activité. Dès aujourd'hui, des corps de francs-tireurs volontaires se forment dans la ville de Blois et dans plusieurs localités du département (1). »

Des patriotes blésois, suivant l'entraînement général, avaient en effet résolu d'organiser, pour la défense locale, un corps franc sédentaire.

Tous les chasseurs de la ville de Blois et des environs furent invités à se réunir le mercredi soir 31 août, à la mairie de Blois. Les premières adhésions furent nombreuses. « Il est nécessaire que la formation de ce corps s'accomplisse au plus vite (2). »

Mais le maire de Blois, M. Riffault, estimait « qu'il n'y avait pas lieu de s'arrêter à la pétition couverte de signatures demandant l'autorisation de procéder à l'organisation d'un corps franc sédentaire (3). » Ce sage avis prévalut malgré les vives récriminations des organisateurs (4), et le corps franc ne fut pas formé.

Quelques jours après éclatait la Révolution du 4 Septembre, et les idées du soulèvement en masse allaient devenir prépondérantes.

Le nouveau préfet, M. Alphonse Lecanu, se posa en chaud partisan de la Défense nationale, et afficha ses convictions dès sa première proclamation :

« Citoyens !

« Je suis envoyé par le Gouvernement de la Défense nationale afin de concourir avec vous aux mesures énergiques et pressantes qu'il importe de prendre en face de l'ennemi.

« Vous avez vu l'homme qui avait usurpé l'Empire, reculant toutes les limites des hontes et des lâchetés que l'histoire

---

(1) Recueil des Actes administratifs de Loir-et-Cher.
(2) *Indépendant de Loir-et-Cher* — Mercredi 31 août 1870.
(3) *Ibid.* *Ibid.*
(4) Voir *Indépendant de Loir-et-Cher* — Numéros du 31 août et du 4 septembre 1870.

ait jamais signalées, se rendre prisonnier à la tête de notre courageuse armée, livrant ainsi nos soldats sans nombre, nos armes et nos drapeaux, et ouvrant à l'étranger les portes de la France !

« Dans ce péril, la République, dernier refuge et suprême espoir de la Patrie, a été unanimement proclamée. Elle est devenue le point d'appui de tous les dévouements et de toutes les résolutions patriotiques.

« C'est en son nom que je fais appel à l'énergie de tous.

« *Il s'agit de sauver vos biens, vos familles et vos vies ; il s'agit de sauver notre vieille France !*

« Il faut nous armer, nous grouper ; il faut que dans chaque ville, dans chaque commune, l'ennemi trouve des hommes résolus à défendre leurs foyers.

« J'ai tout d'abord institué un Comité de défense qui restera en permanence et se recrutera de tous les courages, de toutes les lumières et de tous les bras utiles à la cause commune. Ce Comité est chargé de susciter partout les forces locales et de les relier entre elles.

« Levez-vous donc ! Montrez à la France qu'elle peut compter sur ses enfants, et sauvez-vous vous-mêmes en sauvant la République !

« Blois, le 12 septembre 1870.

« *Le Préfet de Loir-et-Cher*,

« Alph. LECANU. »

Il existait déjà un Comité de défense, constitué le 29 août par M. de Gauville ; il fut remplacé par un Comité bien plus nombreux.

Par arrêté préfectoral, ce Comité fut composé (1) :

Du général commandant la subdivision de région ;

Du commandant et des capitaines de la garde nationale sédentaire de Blois ;

____

(1) Voir *Indépendant de Loir-et-Cher* — Mercredi 14 septembre 1870.

De l'ingénieur en chef et de l'ingénieur ordinaire des ponts et chaussées ;

Du sous-intendant militaire ;

De M. de la Morandière, architecte ;

De 23 autres personnes notables de la région (1).

Le Comité se recrutait en outre :

1° D'un délégué par canton qui sera choisi par le Comité de défense, sur la désignation des communes.

2° De trois commissaires nommés par le préfet à l'effet de se rendre dans les trois arrondissements pour y étudier, sous la direction du préfet et des sous-préfets, les moyens de défense dont chaque localité dispose, les mesures nécessaires pour relier entre elles les ressources locales et rapporter les renseignements utiles au Comité qui statuera souverainement.

3° De tous ceux que le Comité de défense jugera à propos de s'adjoindre en raison de leur esprit d'initiative, de leurs lumières spéciales, ou de l'utilité reconnue de leurs offres et de leurs efforts (2).

Le Comité statuera sur toutes les mesures à prendre pour concentrer les ressources départementales ; il en surveillera l'exécution, d'accord avec l'autorité préfectorale ; il indiquera les sommes nécessaires pour subvenir aux besoins de la défense et que le Conseil général sera appelé à voter.

Dans sa première séance, le 12 septembre, le Comité de défense se constitua. Il divisait le travail en établissant quatre sous-comités spéciaux :

Armes et munitions ;

Personnel et sûreté publique ;

______

(1) MM. Pousset-Péan, banquier. — Dufay, docteur en médecine. — Poulain, négociant. — Chavigny, négociant. — Daridan, avoué. — Joly, fabricant. — Auriau (Abel), coupeur. — Chambellan, négociant. — Contant, négociant. — Dauge, brasseur. — Douin, négociant. — Delagrange fils, notaire. — Estribaud, fabricant. — Goulet, fabricant. — Guéritte fils, fabricant. — Lesguillon, avocat. — Postole, notaire. — Razouer, avoué. — Robin, rentier. — De Sonnier, avocat. — Sureau (Jean), propriétaire aux Granges. — Thomas aîné, géomètre. — Yvonneau, docteur en médecine.

(2) Conformément à cet arrêté, le Comité s'adjoignit, — séance du 17 septembre 1870, — MM. d'Ancerville, de Perrinolle, Cte de Cholet, Mis de Vibraye, qui se sont proposés.

Travaux et opérations militaires ;

Approvisionnements et finances.

Il siégeait en permanence, et invitait tout citoyen, tant pour ses intérêts particuliers que pour l'intérêt général, à s'adresser aux sous-comités spéciaux, à la préfecture, et à leur fournir les renseignements utiles à la défense publique. Son action s'étendait à toutes les communes du département par l'intermédiaire des trois commissaires nommés par le préfet et qui furent munis de grands pouvoirs :

Nous, Préfet de Loir-et-Cher,

Vu la décision du Comité de défense qui, sur notre proposition, a nommé des commissaires délégués dans les diverses parties du département pour préparer et activer la défense nationale ; considérant qu'il importe de donner à ces commissaires un pouvoir qui leur permette de remplir utilement leurs fonctions ;

Arrêtons :

Les commissaires délégués devront convoquer tous les maires et tous les fonctionnaires de l'ordre administratif qui seront tenus de se rendre à leur appel, leur demander tous les renseignements qui peuvent être utiles à la défense du pays, s'assurer qu'ils ont exécuté les arrêtés du préfet et les décisions du Comité ;

Et en cas d'inexécution par mauvais vouloir et négligence, les signaler au préfet et au Comité de défense ;

Faire un rapport sur toutes les questions qui intéressent la défense du pays ;

Organiser des réunions publiques, sans autorisations, ni formalités préalables, dans le but d'éclairer les populations sur les nécessités de la situation actuelle ;

Faire appel au concours de tous les citoyens, et aviser aux mesures à prendre ;

Requérir à cet effet toutes salles, et notamment les salles d'école ou de la mairie, et faire toute publication nécessaire.

Blois, le 19 septembre 1870.

Le Préfet de Loir-et-Cher,

Alph. LECANU.

Telle était, dans ses grandes lignes, la constitution du Comité de défense dans le département de Loir-et-Cher.

En certaines choses, son action fut utile.

Sous l'impulsion du général Michaux, commandant militaire de la subdivision de région, le Comité fit rechercher et établir des positions de batteries, reconnaître les cours d'eau, préparer la destruction des ponts. Son attention se porta principalement sur la mise en état de défense des parcs de Menars et de Chambord, tous deux entourés de murs et placés symétriquement, en amont de Blois, sur chaque rive de la Loire, dans une situation favorable à la défense de la vallée.

« Grâce à l'énergie et à l'expérience de cet officier, dit le général Pourcet, le Comité de défense avait réussi à donner une impulsion vigoureuse aux travaux de fortification passagère entrepris pour protéger la contrée en avant de Vendôme et de Blois (1). »

Ces reconnaissances et ces préparatifs rendirent plus tard de réels services. Mais en même temps, le Comité, se laissant entraîner aux illusions du jour, dépensait son activité en tentatives sans but et sans utilité. Il décidait la formation d'une garde nationale sédentaire à cheval et d'un corps de tirailleurs volontaires :

RÉPUBLIQUE FRANÇAISE

Comité départemental de Défense

AVIS

L'assemblée générale du Comité a décidé qu'il serait institué dans le département de Loir-et-Cher une garde nationale sédentaire à cheval.

---

(1) *Campagne sur la Loire,* par le général Pourcet, page 14.

Les personnes qui ont l'intention de s'équiper ou de fournir des chevaux sont instamment priées de s'inscrire à Blois, au Comité de défense séant à la préfecture, et aux sous-comités séant aux sous-préfectures.

Elles sont invitées à s'adresser à M. Gillet, de Blois, et à M. Guignard, de la Vicomté, chargés de l'organisation du corps de cavalerie.

Le préfet compte sur le concours de tous les citoyens pour la défense du département.

Le Préfet de Loir-et-Cher,
Alph. Lecanu.

Un corps de tirailleurs volontaires, divisé en « compagnies volantes », serait constitué pour se porter au-devant des Prussiens, de concert avec la garde sédentaire à cheval.

Une lettre du président de la deuxième section du Comité de défense (1) demandait l'urgence de la formation du corps de tirailleurs, et invitait les citoyens à donner des fusils de chasse, « les Prussiens ayant coupé le chemin de fer d'Orléans à Juvisy (2). »

Ces volontaires recevraient une solde de 2 fr. 50 par jour, avec la promesse de médailles et distinctions honorifiques. Malgré la bruyante réclame faite autour des « compagnies volantes », il y eut peu d'amateurs. Il y eut encore moins d'empressement à fournir des chevaux. On ne réunit jamais plus d'une quinzaine de cavaliers. Ce petit peloton fit quelques patrouilles dans les environs de Blois (3), et il se trouvait dissous de lui-même avant la fin d'octobre, lorsqu'il aurait pu rendre quelques services.

Après que le préfet du département, dans une circulaire sur la défense locale, avait écrit : « Que chacun se prépare ! Armes de chasse, fourches ou pioches, tout est bon qui tend à harceler l'ennemi et à le détruire ! », il fallait s'attendre à voir germer

---

(1) M. Daridan.
(2) *Indépendant de Loir-et-Cher.* — Dimanche 18 septembre 1870.
(3) Sous la direction de M. Suzanne.

dans les esprits exaltés les idées les plus extraordinaires. Parmi de nombreux documents, nous en citerons un seul, afin de jeter quelque jour sur cette singulière période de notre histoire :

« Comme en ce moment toutes les opinions, alors surtout qu'elles intéressent la défense nationale, doivent se faire jour par la voie de la presse, nous ouvrons avec empressement nos colonnes aux propositions suivantes (1) :

« Blois, 28 septembre 1870.

« Monsieur le Rédacteur,

« ...... On construira une large et profonde redoute couronnée d'une plate-forme propre à recevoir des batteries ou des troupes d'infanterie, à défaut de batteries.

« Cette redoute pourrait instantanément partir de Dieppe, en passant à Rouen, Évreux, Dreux, Chartres, Pithiviers, Montargis, Auxerre, Tonnerre, Châtillon, Dijon, Besançon et jusqu'à la frontière suisse.

« Moins de six jours suffiraient à cette construction.

« Dans cette redoute, des chemins couverts seront établis de manière à pratiquer les sorties de nos éclaireurs et tirailleurs.

« La flotte française occupant de Dieppe à Dunkerque, donnant la main à nos armées du Nord, resserrera l'étranger sur Paris, qui deviendra pour lui un tombeau.

« Recevez, etc.....

« Signé : GOUTÉ, propriétaire à Ouchamps ;

LECLERC, propriétaire au Paradis. »

Au mois d'octobre, après l'arrivée à Tours de Gambetta, la théorie du soulèvement national fut réglementée dans toute la France.

Le Gouvernement de la Défense nationale avait appris que la

____

(1) *Indépendant de Loir-et-Cher* — Vendredi 30 septembre 1870.

Délégation de Tours était divisée et hésitante, que sa responsabilité lui pesait, que les délégués avaient remis à l'ordre du jour la question des élections et décidé, le 29 septembre, que les électeurs seraient convoqués le 16 octobre. Il résolut de renforcer la Délégation de province par l'envoi d'un nouveau membre, et son choix tomba sur Gambetta, dont la foi inébranlable dans le succès, l'ardent patriotisme, la parole vibrante, promettaient une action efficace sur les populations.

Parti de Paris en ballon, Gambetta arrivait à Tours le 9 octobre. Il prit aussitôt le portefeuille de la Guerre, conjointement avec celui de l'Intérieur, et s'adjoignit M. de Freycinet, sous le titre de Délégué du ministre de la guerre.

L'amiral Fourichon et le général Lefort, en résiliant leurs fonctions, laissaient 110,000 hommes environ, organisés et groupés sur divers points, mais principalement sur la Loire moyenne. Le nouveau ministre déploya une activité encore plus grande. En quatre mois, — octobre à février, — il mit sur pied, en province, 600,000 hommes et 1,400 bouches à feu, l'équipement et le matériel nécessaires.

Mais, « pour créer des armées, il ne suffit pas d'armer des masses..... La France a accompli sous ce rapport ce que nul autre pays n'eût été en état de faire. L'erreur du principe même n'en ressortait que plus vivement (1). »

Gambetta s'appuyait sur ce principe que le gros des forces allemandes serait retenu devant Metz et Paris. Les provinces soulevées en masse auraient alors beau jeu pour couper les lignes de ravitaillement des Allemands, arrêter leurs convois, décimer homme par homme à chaque coin de bois, à chaque tournant des routes, les colonnes qui oseraient s'aventurer isolément. A mesure qu'ils s'éloignaient de leur base d'opérations, les Allemands éprouvaient des difficultés de plus en plus grandes pour se ravitailler. Il fallait donc faire autour d'eux « le vide absolu », et changer nos campagnes en déserts. Il fallait encore que chaque pli de terrain fût un retranchement pour le garde national ou le

____

(1) Blume, page 400.

paysan armé, que le passage de tout ruisseau, la traversée de chaque forêt fussent vigoureusement disputés.

Dans l'espoir de réaliser ces rêves, la Délégation de Tours, sous l'inspiration de Gambetta, prit les mesures les plus énergiques.

Elle décréta d'abord « que tout département dont la frontière se trouve, par un point quelconque, à moins de 100 kilomètres de l'ennemi, est déclaré en état de guerre (1) », et que dans tout département en état de guerre, « un Comité militaire de cinq à neuf membres prend les mesures nécessaires à la défense et possède le droit de réquisition directe sur les personnes et les choses pour procéder à l'exécution des travaux de défense. (2) »

Gambetta lança ensuite le décret du 22 octobre 1870 :

« Considérant qu'il importe non seulement d'arrêter l'ennemi dans sa marche par la défense locale, mais aussi d'empêcher par des mesures énergiques le ravitaillement de l'armée envahissante en faisant le vide devant elle :

« Dans tous les départements en état de guerre, le Comité militaire pourra, après avoir pris l'avis du préfet, requérir l'évacuation immédiate des chevaux, bestiaux, voitures et approvisionnements de toute espèce, de nature à servir à l'ennemi.

« Le Comité militaire fera connaître la zone hors de laquelle les approvisionnements devront être évacués, et le préfet déterminera les points sur lesquels ces approvisionnements devront être dirigés. Ces points pourront être choisis hors du département . . . . .

« Lorsque l'évacuation n'aura pu avoir lieu à temps, le Comité militaire requerra et poursuivra la destruction du matériel et des approvisionnements de toute nature pour éviter qu'ils ne tombent entre les mains de l'ennemi.

« Des reçus en poids et en nombre seront donnés aux

---

(1) Décret du 14 octobre 1870.
(2)   *Ibid.*

habitants. Les estimations seront faites à dire d'experts. Le prix sera réglé ultérieurement, ou, s'il y a lieu, les quantités seront rendues en nature......

« Les chefs militaires et les préfets seront rendus personnellement responsables de l'exécution du présent décret. »

Une instruction, en date du 29 octobre 1870, précisait les mesures à prendre pour arriver à cette évacuation du bétail et des approvisionnements :

« Dès que l'ordre d'évacuation aura été donné par le Comité militaire, le maire et les conseillers municipaux de chaque commune établiront le relevé des quantités à mettre en mouvement, et donneront reçu en poids et en nombre aux habitants ; ces reçus porteront estimation faite, soit d'après la dernière mercuriale, soit à dire d'experts.

« Les relevés des communes seront centralisés, à la diligence des préfets, sur un point non occupé, et établiront la base des droits des communes.

« Le maire autorisera les détenteurs non employés à la défense à accompagner leurs troupeaux et marchandises ; s'ils sont insuffisants, il désignera le nombre d'habitants nécessaires, et nommera un délégué de la commune qui fera fonctions de comptable.

« Des agents, nommés par le préfet, centraliseront l'opération et feront accompagner les convois. Ces agents, au moyen d'écritures simples, tiendront compte des pertes par cas de force majeure. Si l'autorité civile ou militaire leur fait des réquisitions pour subvenir aux besoins de l'armée ou des populations, ils se feront délivrer des bons dont la valeur sera ultérieurement remboursée par qui de droit.

« Les maires des communes que traverseront les troupeaux prendront les dispositions les plus efficaces pour assurer la conservation des animaux.

« Dès l'arrivée des troupeaux à destination, le maire fera connaître au préfet le nombre de têtes de bétail ; cet avis sera transmis par le préfet au Ministre de l'Intérieur, qui le fera connaître à son collègue de la Guerre.

« Si des maladies épidémiques se déclaraient, avis immédiat en serait donné au sous-préfet de l'arrondissement qui prendrait les mesures nécessaires pour arrêter le mal. Il ferait abattre au besoin les animaux sains, et saler la viande. »

Il est certain que de telles mesures auraient un effet considérable si leur application était possible. Mais il faut ne pas connaître l'homme de campagne pour s'imaginer qu'il ira, en toute sincérité et sans restrictions, confier à l'État ses provisions, ses grains, son fourrage et son bétail sur la promesse d'un remboursement peu avantageux et la simple garantie d'un certificat. Les habitants savaient que le Gouvernement n'avait aucun moyen de répression immédiate. Ils cachaient les animaux dans les bois et les fermes écartées, et enterraient les provisions.

On sait que les Allemands vécurent par réquisitions sur le pays pendant toute la campagne. Ils ne manquèrent jamais de rien, tandis que les vivres étaient souvent refusés à nos troupes de passage.

On peut donc considérer comme nuls, dans notre région en particulier, les effets du décret du 22 octobre 1870.

Quant au décret du 14 octobre, il reçut une application immédiate dans le département (1). En conséquence, le Comité départemental de défense créé par le préfet fut dissous (2) et remplacé par un Comité militaire, sous la haute direction du général Michaux.

A l'exception des travaux de fortification passagère élevés par les soins du Comité de défense, et dont nous avons parlé plus haut, nous n'avons trouvé dans la région aucun exemple de services réels rendus par le soulèvement national, et nous ne

---

(1) Le département de Loir-et-Cher fut déclaré en état de guerre le 18 octobre.
(2) Par arrêté préfectoral en date du 14 octobre 1870. — Voir annexe, document n° 61.

croyons pas que le décret du 22 octobre et l'instruction du 29 octobre aient jamais été appliqués dans le département.

La preuve en ressortira, d'ailleurs, de l'étude qui nous reste à présenter des opérations militaires dans la région de Blois.

DEUXIÈME PARTIE

Opérations Militaires

CHAPITRE Ier

Prise d'Orléans par les Allemands,
le 11 Octobre 1870

Le 4 septembre 1870, les III° et IV° armées allemandes, avec quatre divisions de cavalerie, — les II°, IV°, V°, VI°, — quittaient les environs de Sedan et marchaient sur Paris où elles arrivaient, le 19 septembre, sans avoir rencontré la moindre opposition ; l'investissement commençait aussitôt.

Les divisions de cavalerie, appuyées de quelques bataillons d'infanterie, reçurent alors la double mission de garantir les assiégeants contre les attaques venant de la province, et d'assurer l'approvisionnement des 200,000 rationnaires qui bloquaient la capitale.

C'est ainsi que la IV° division de cavalerie fut envoyée dans la direction Pithiviers-Orléans.

L'État-Major allemand savait que le Gouvernement de la Défense nationale organisait des troupes sur la rive gauche de la Loire moyenne et que des rassemblements importants se trouvaient dans les environs d'Orléans. Il ordonna au prince Albrecht de Prusse, commandant la IV° division de cavalerie, de pousser des reconnaissances sur cette ville.

Les forces françaises qui occupaient le Loiret étaient très dispersées et mélangées. Elles comprenaient :

1° Deux brigades de cavalerie de la division Reyau, les brigades du Coulombier et Ressayre.

2° Des fractions du 15° corps d'armée en voie d'organisation, sous les ordres du général de la Motterouge, dont le quartier-général était à Bourges.

3° Des détachements de troupes de ligne, de marche et de mobiles, aux ordres du général de Polhès, commandant la région territoriale du centre.

4° Des détachements analogues aux ordres du général Peitavin, commandant la subdivision territoriale du Loiret.

5° De nombreux corps francs.

A la date du 19 septembre, ces forces se décomposaient ainsi (1) :

Brigade du Coulombier	6° hussards (colonel Guillon) 6° dragons (colonel Tillon)	800 h.
29° régiment de marche (lieutenant-colonel Choppin-Mercy		4,500 h.
Deux bataillons de tirailleurs algériens (colonel Morandy)		1,300 h.
Deux compagnies de chasseurs à pied. . . .		625 h.
12° régiment de mobiles (Nièvre. — Lieutenant-colonel de Bourgoing).		3,000 h.
19° régiment de mobiles (Cher. — Lieutenant-colonel de Choulot).		3,000 h.
Un bataillon de mobiles du Loiret (commandant de Raucourt)		1,000 h.
Trois compagnies de mobiles du Loiret. . . .		500 h.
Un bataillon de mobiles de la Savoie (commandant Costa de Beauregard)		1,000 h.
Deux bataillons de mobiles du Lot.		2,000 h.
Deux batteries de 4 (commandant Tricoche). . .		6 pièces.

C'était un total de 16,000 à 17,000 hommes, pour la plupart sans instruction, mal équipés et mal armés. Une partie seulement de ces troupes était munie de chassepots ; les mobiles du Lot marchaient en sabots.

Le général du Coulombier couvrait Orléans vers le nord avec

---

(1) Les armées de la Loire. — Cours professé à l'École supérieure de guerre par le capitaine Cordier, pages 38-39.

sa brigade de cavalerie établie aux environs d'Artenay, les avant-postes à Toury, à Neuville-aux-Bois et Bazoches-les-Gallerandes. Il disposait en outre de 2 bataillons et 3 compagnies dans la partie nord de la forêt d'Orléans.

Le général Réyau, avec l'autre brigade de sa division de cavalerie, couvrait la Loire entre Orléans et Blois.

Le reste des troupes était en réserve dans Orléans, ou bivouaquait dans la forêt.

Les patrouilles de la IVe division de cavalerie allemande, furent au contact, le 20 septembre, avec les avant-postes français. Il n'y eut de pertes d'aucun côté. La cavalerie allemande n'osa pénétrer en forêt, et la brigade de cavalerie française se replia sans combattre, le lendemain 21 septembre, sur Orléans, où le général du Coulombier remit son commandement au colonel Tillon (1).

L'apparition des premiers éclaireurs allemands causa une grande émotion dans Orléans. Le général Peitavin fit évacuer la ville par une partie de ses troupes, et les replia en Sologne.

La panique se propagea dans toute la région et jusqu'à Blois.

Nous avons vu que cette alerte provoqua, le 22 septembre, au château de Blois, une tumultueuse réunion des gardes nationaux sédentaires qui résolurent, en présence de forces importantes, de ne pas se défendre « pour éviter d'attirer sur la ville de terribles représailles (2). » Mais l'assemblée décida, en raison de l'approche des Prussiens, « que des détachements de volontaires seraient recrutés dans la garde nationale. Ils seront destinés à marcher en éclaireurs, à guetter l'ennemi, à le harceler, s'il est en petit nombre, et surtout à lui couper toute retraite.

« Comme Orléans, comme tant d'autres villes, Blois aura-t-elle donc la douleur, subissant les tristes conséquences du règne corrompu qui vient de sombrer en affirmant sa disparition par un scandale inouï, de courber la tête devant l'ennemi ?..... (3) »

Le lendemain, 23 septembre, le bruit courait à Blois « que les

---

(1) Pour raisons de santé.
(2) Discours tenu à cette réunion par le préfet de Loir-et-Cher.
(3) *Indépendant de Loir-et-Cher* — Vendredi 23 septembre 1870.

Prussiens s'avançaient à marche forcée sur la Loire. Ce bruit avait même pris une telle consistance à un certain moment qu'un grand nombre de personnes voulaient immédiatement quitter la ville pour chercher un asile plus sûr (1). »

Tandis que le public voyait déjà l'ennemi sur la Loire, les petites patrouilles prussiennes, cause de cette chaude alerte, revenaient à Pithiviers, n'y restaient même pas, et rejoignaient, vers Malesherbes, le gros de leur division.

« Le 22 septembre, le général Reyau arrivant avec le 1er cuirassiers de marche, ramenait la brigade Tillon dans ses positions au nord de la forêt (2) », et le général Peitavin fit réoccuper Orléans.

La confiance revint. Des dépêches, affichées par les soins de la préfecture, firent savoir que ces Prussiens étaient « une partie du corps Frédéric-Charles coupé par Vinoy (3) », et les journaux expliquèrent que la nouvelle de l'arrivée des Prussiens sur la Loire n'avait aucun fondement : « ..... Les Prussiens n'ont pas dépassé Pithiviers ; encore, les coureurs qui ont paru dans cette petite ville n'y ont pas séjourné longtemps ; après s'être reposés quelques heures, ils se sont retirés sur le corps auquel ils appartenaient, et qui se trouvait à Malesherbes.

« Au reste, suivant les prévisions du jour, l'ennemi serait fort indécis ; il craindrait, non seulement d'attaquer Paris, mais encore de s'engager dans les provinces. Aussi, jusqu'à nouvel ordre, il resterait dans les environs de la capitale.

« ..... Ce matin, nous lisons dans *La France* : L'apparition des Prussiens à Pithiviers, qui avait causé une si chaude alarme avant-hier, se rattachait bien décidément non pas à un mouvement offensif, mais à une manœuvre de retraite. C'est à une poignée de vaincus, non à une colonne d'agresseurs qu'a été due cette journée de panique.

« Aujourd'hui l'alerte est passée et le calme est revenu... (4). »

---

(1) *Indépendant de Loir-et-Cher* — Dimanche 25 septembre 1870.
(2) Capitaine Cordier, page 39.
(3) Voir annexe, document n° 35.
(4) *Indépendant de Loir-et-Cher* — Dimanche 25 septembre 1870.

Dans cette panique, on avait fait sauter les ponts de Meung et de Beaugency, sur la Loire.

Cependant, après plusieurs petits engagements, le gros de la IVe division de cavalerie allemande arriva, le 23 septembre, à Phitiviers et lança de nouvelles reconnaissances sur Orléans. Le conctact fut repris ce jour-là avec les avant-postes français, et les Allemands perdirent dans trois petits engagements au sud de Pithiviers et près de Mareau-aux-Bois, cinq hommes et un sous-officier.

« Le 24 septembre, devant de fortes reconnaissances allemandes poussées sur Bazoches-les-Gallerandes et Lion-en-Beauce, la brigade Tillon recula, sans pertes, jusqu'à Cercottes ; mais, dès le lendemain, elle revenait en avant (1). » La IVe division de cavalerie avait perdu 3 hommes dans un combat d'avant-postes, près de Vrigny.

Ce contact pris et perdu trois fois en quelques jours, ces mouvements de retraite et de marche en avant des Français laissaient le prince Albrecht de Prusse dans une grande incertitude. Il ordonna, pour les journées des 25 et 26 septembre, une reconnaissance générale de la lisière nord de la forêt d'Orléans. Cette opération provoqua, le 25 septembre, près de la Croix-Briquet, un engagement où les Allemands perdirent 16 hommes et 3 officiers.

Croyant la lisière de la forêt solidement garnie de troupes de toutes armes, le prince Albrecht donna l'ordre de battre en retraite et se replia, le 27 septembre, deux brigades vers Toury et une brigade vers Pithiviers.

En même temps les Français, pris de panique bien que vainqueurs, se retiraient sur Orléans: « Evaluant à 35 ou 40 mille hommes l'effectif des troupes qu'il avait devant lui, le général de Polhès convoquait en conseil de guerre les chefs de corps et de services et le préfet du Loiret. A l'unanimité, le conseil décida que la résistance était impossible (2) ». Orléans fut une deuxième

(1) Capitaine Cordier, page 39.
(2) Capitaine Cordier, page 40.

fois évacué, et le quartier-général transporté à Châteauneuf-sur-Loire. Toutefois, la forêt ne fut pas dégarnie.

Dans ce mouvement de retraite, une des brigades de cavalerie et 7 bataillons de mobiles furent dirigés sur Blois où cette deuxième panique provoqua, comme la fois précédente, une profonde émotion.

Les erreurs d'appréciation commises par les Allemands et les Français ne sont pas rares à la guerre. Les Français n'avaient aucun service de renseignements et leur cavalerie n'opérait aucune reconnaissance qui pût éclairer le commandement ; il était très difficile de discerner la vérité parmi les dépêches contradictoires (1) qui arrivaient de tous côtés, sans être contrôlées. Le général de Polhès fut renseigné par les événements eux-mêmes ; les Allemands ayant complètement disparu de la région, il reconnut son erreur, et fit réoccuper Orléans le 28 septembre.

Il y eut alors quelques jours d'accalmie pendant lesquels les troupes françaises augmentaient à vue d'œil. De son côté, le prince Albrecht de Prusse fut renforcé, le 28 septembre, par deux bataillons d'infanterie détachés du Ier Bavarois (2). Il se bornait à opérer des réquisitions autour de Toury et de Pithiviers.

Ce repos pesait à l'impatience du public. Nous voyons la presse qualifier la conduite des généraux « d'inaction mystérieuse (3). » « ..... Franchement, si les troupes (françaises) sont aussi nombreuses à Orléans, que l'*Impartial du Loiret* semble l'indiquer, nous nous expliquons mal quelle raison les retient dans cette ville alors que, à quelques lieues à la ronde, le pays est saccagé, ruiné par les Prussiens.

« Est-ce donc l'antagonisme qui s'est produit à la suite des deux paniques successives de ces derniers jours, entre l'autorité civile et l'autorité militaire, qui provoque cette inaction fâcheuse ?

« Si c'était ce motif, et nous n'en découvrons pas d'autre plausible, le Gouvernement aurait sagement agi en confiant,

(1) Voir annexe, documents n°s 35 à 45.
(2) *Grand État-Major Allemand*, 11e livraison, page 217.
(3) *Indépendant de Loir-et-Cher* — Mercredi 5 octobre 1870.

avant-hier, à M. Cochery (ancien député), des pouvoirs extraordinaires pour faire cesser cet état de choses qui compromet les
intérêts d'une contrée entière et enlève à nos armes un prestige
précieux. »

Cet énervement de la presse était accru par les nouvelles
sensationnelles qui arrivaient de tous les points du territoire,
annonçant les grandes victoires remportées par l'armée de Paris
et l'armée de Metz, la mort du comte de Moltke, celle du prince
Frédéric-Charles. Les dépêches que le Gouvernement de Tours
faisait afficher dans toutes les villes, par les soins des préfets,
étaient elles-mêmes inexactes (1). Dans la région, l'impatience
générale s'avivait tout particulièrement des récits exagérés de
succès remportés par les Français aux environs d'Orléans. En
réalité, ces succès se réduisaient à de petites escarmouches près
d'Artenay, Neuville-aux-Bois, Allaines, dans lesquelles le détachement du prince Albrecht perdait huit hommes tués ou
blessés.

La Délégation de Tours subissait elle-même cette influence,
et d'autant plus que l'amiral Fourichon venait d'abandonner le
portefeuille de la guerre et de laisser là direction des choses
militaires à ses collègues, tous deux avocats, et ayant plus de
confiance dans le soulèvement national que dans une résistance
régulière. « Le 29 septembre, dit M. Glais-Bizoin (2), à la suite
d'une discussion soulevée dans le triumvirat par la discussion
sur les événements qui se passaient à Lyon, l'amiral Fourichon
donna sa démission. Crémieux en réclama le titre — qui lui fut
officiellement donné — et m'en laissa les fonctions : « Adressez-
vous à Glais-Bizoin, disait-il, pour toute affaire relative à la
guerre. » Ma tâche était facile, grâce aux bons offices du général Lefort..... »

Le général de Polhès reçut l'ordre de prendre l'offensive et
d'envoyer, sous les ordres du général Reyau, une forte reconnaissance vers Toury, par la route Orléans-Paris.

Le général Reyau « disposait de six régiments de cavalerie,

____

(1) Voir annexe, documents nᵒˢ 34-45.
(2) *Dictature de cinq mois*, par Glais-Bizoin, pages 67-68.

quatre bataillons et demi d'infanterie et neuf pièces, soit 4,600 fusils et 2,200 sabres. Le prince Albrecht avait, à Toury, quatre régiments de cavalerie, deux bataillons bavarois et dix pièces, soit 1,600 fusils et 2,000 sabres (1). »

L'engagement eut lieu, le 5 octobre, près de Toury et se borna, sans choc de cavalerie, à une assez vive canonnade. Le prince Albrecht se retira sur Angerville, sans être poursuivi, laissant aux mains des Français un officier et 10 hommes (2).

Ce succès causa dans la région un très grand enthousiasme.

On disait « les Prussiens battus et refoulés sur Étampes avec grandes pertes. Ils auraient engagé 12,000 hommes, en auraient perdu 2,500 et 2,000 prisonniers. ... La route de Toury était encombrée de gardes nationaux venus de 40 kilomètres à la ronde (3). »

Un grand mouvement offensif fut décidé, et on ne craignit pas de risquer dans cette aventure le 15ᵉ corps d'armée à peine naissant.

Dans un conseil de guerre tenu à Tours, le 8 octobre, il fut arrêté que les 2ᵉ et 3ᵉ divisions du 15ᵉ corps seraient transportées en chemin de fer de Bourges à Orléans pendant que la 1ʳᵉ division marcherait sur Fontainebleau par Nevers et Gien. Le corps entier ferait ensuite une attaque convergente contre l'armée de blocus de Paris.

C'est pendant la préparation de ce mouvement que le 15ᵉ corps fut attaqué par des forces allemandes considérables, et rejeté en désordre sur la rive gauche de la Loire.

L'État-Major allemand avait vu, dans l'affaire de Toury, le prélude d'un mouvement général des nouvelles forces organisées par les Français sur la Loire. Il fit face à ce danger en constituant, sous le commandement du général von der Tann, un détachement d'armée composé du Iᵉʳ corps bavarois de la XXIIᵉ division d'infanterie prussienne, des IIᵉ, IVᵉ et VIᵉ divisions de cavalerie. Avec ces troupes, le général von der Tann

(1) Capitaine Cordier, page 42.
(2) Voir annexe, document nᵒ 46.
(3) Voir annexe, documents nᵒˢ 47, 48, 49.

« devait dégager complètement le pays, à l'ouest jusqu'à Chartres, au sud jusqu'à Orléans, occuper cette dernière ville et, si les circonstances le comportaient, poursuivre dans la direction de Tours (1). »

Dans la soirée du 9 octobre, 41 bataillons allemands avec 88 escadrons et 29 batteries étaient concentrés, à 15 kilomètres d'Artenay, vis-à-vis des Français.

Le général de la Motterouge, tout absorbé par le mouvement offensif décidé, le 8 octobre, au conseil de guerre de Tours, n'avait rien pénétré du danger dont il était menacé. Cependant, les municipalités du Loiret et des départements voisins avaient envoyé de nombreux renseignements sur la concentration et la marche des Allemands (2) ; mais comme les renseignements de cette source étaient généralement inexacts, on n'y attacha pas d'importance.

Le 9 octobre seulement, dans la soirée, le général de la Motterouge connut la situation. Il prescrivit aussitôt de hâter l'envoi des troupes par le chemin de fer. Malheureusement, l'encombrement des gares de Bourges et Vierzon et l'inexpérience générale causèrent de tels retards que 5 bataillons et une compagnie seulement arrivèrent à Orléans dans la journée du 10 octobre, et 8 bataillons dans la nuit du 10 au 11 octobre.

Malgré toute l'activité qu'il déploya dans ces derniers instants, le général de la Motterouge ne put réunir à Artenay qu'une avant-garde de 6 bataillons et 2 compagnies, 24 escadrons et 3 batteries.

Cette petite troupe lutta héroïquement toute la journée du 10 octobre, à hauteur d'Artenay, contre une partie du détachement d'armée du général von der Tann — 4 brigades d'infanterie, 2 divisions de cavalerie et 17 batteries. Les Allemands perdirent un peu plus de 200 hommes et les Français eurent environ 900 tués, blessés ou prisonniers.

Le lendemain, 11 octobre, le général von der Tann se présen-

_____

(1) *Grand État-Major Allemand*, 11e livraison, page 222.
(2) Voir annexe, documents nᵒˢ 49, 50.

tait aux faubourgs d'Orléans. Le général de la Motterouge disposait, pour la défense de la ville, d'environ 30,000 hommes, dont 3,000 de vieilles troupes. Il n'engagea que la moitié de son effectif, pendant qu'il faisait évacuer la ville. Le combat dura toute la journée, et les Allemands n'entrèrent dans Orléans que le soir, après avoir perdu 900 hommes. Les Français avaient 700 hommes hors de combat, et 1,800 prisonniers ; les débris du 15e corps se retirèrent en Sologne et s'arrêtèrent vers La Ferté-Saint-Aubin.

Ces événements causèrent une pénible surprise dans tout le pays. C'était un triste retour à la réalité après les rêves dont la population et la Délégation de Tours s'étaient bercés à la suite de l'insignifiant succès du 5 octobre, à Toury.

A cette époque, les Allemands ne songeaient pas à prendre l'offensive sur la Loire. Cédant aux instances d'une presse et d'un public impatients, on avait précipité les événements et provoqué une terrible riposte. Le moral des jeunes troupes françaises fut très ébranlé par les deux échecs des 10 et 11 octobre, par la manifestation de la supériorité numérique des Allemands et par le déploiement de leur nombreuse artillerie.

N'eût-il pas mieux valu sacrifier à l'intérêt général de la France les récoltes de quelques villages où la cavalerie allemande venait réquisitionner ? Les forces françaises gagnaient chaque jour en nombre et en valeur, tandis que chaque jour multipliait les difficultés pour les Allemands. L'intérêt bien entendu de la France était d'éviter toute précipitation et d'organiser sérieusement une armée qui prendrait ensuite l'offensive avec quelques chances de succès ; le pays lui-même ne le voulut pas.

C'est pour faire ressortir ces considérations que nous avons présenté, avec quelque développement, les premiers événements de la campagne sur la Loire. Nous verrons malheureusement que la leçon du mois d'octobre ne porta pas de fruits et qu'un entraînement analogue amena, six semaines plus tard, un irréparable désastre.

CHAPITRE II

Situation sur la Loire jusqu'à la bataille de Coulmiers

———

Le 12 octobre, lendemain de la prise d'Orléans, le général von der Tann faisait passer sur la rive gauche de la Loire la Ire division d'infanterie bavaroise, la IIe division de cavalerie et la brigade de cuirassiers bavarois (1).

La IVe division de cavalerie, avec l'infanterie qui lui était affectée, occupait les environs de Patay et de Coulmiers, avec un détachement sur la Loire, vers Meung-sur-Loire et Saint-Ay (2).

La IIe division d'infanterie bavaroise et la XXIIe division d'infanterie prussienne restaient en réserve dans Orléans.

Le Prince royal de Prusse engageait le général von der Tann à recueillir les fruits de sa victoire en chassant de Tours le Gouvernement français et en s'emparant du matériel d'artillerie accumulé à Bourges.

Mais la cavalerie allemande, lancée vers la Sologne, rendait compte, jusqu'au 15 octobre, que la Ferté-Saint-Aubin et Jouy-le-Pothier étaient solidement occupés ; d'autres rassemblements français étaient signalés vers Blois et Châteaudun. « Le général von der Tann avait appris que les forces françaises qui lui faisaient face s'accroissaient à vue d'œil, que Bourges était entouré de fortifications et que ses nombreux ouvriers étaient

———

(1) *Grand État-Major Allemand*, pages 239-240, 11e livraison.
(2) Le Ve dragons, deux canons et de l'infanterie.

décidés à résister. Dans ces conditions, il décidait de ne pas pousser plus avant dans la Sologne, et de se borner à maintenir ses positions sur la Loire (1). »

De son côté, Gambetta, après avoir conclu d'abord à une retraite générale sur Gien et Briare, s'était arrêté au parti « d'une résistance désespérée derrière la Sauldre (2). » Or, « cette position de la Sauldre n'était l'objet d'aucune attaque (3). »

Le général d'Aurelle de Paladines nommé, le 11 octobre, au commandement du 15ᵉ corps d'armée en remplacement du général de la Motterouge destitué (4), eut donc toute facilité pour ramener ses troupes derrière la Sauldre. Elles y arrivèrent le 17 octobre, et s'y installèrent de la façon suivante :

La 3ᵉ division — général Peitavin — la division de cavalerie Reyau, les réserves d'artillerie et du génie, les services administratifs et le quartier général, à Salbris.

La 2ᵉ division — général Martineau des Chenez — à Pierrefitte.

La 1ʳᵉ division — général Martin des Pallières — et la brigade de cavalerie d'Astugue, à Argent.

La brigade de cavalerie Michel, à Sainte-Montaine.

Le 15ᵉ corps resta dix jours au camp de Salbris, et le général en chef s'adonna complètement à y rétablir l'ordre. « La disci-

---

(1) *Grand État-Major Allemand*, 11ᵉ livraison, page 240.

(2) *La Guerre en province pendant le siège de Paris*, par M. de Freycinet, page 71.

(3) *Grand État-Major Allemand*, 11ᵉ livraison, page 240.

(4) D'après Glais-Bizoin, le général de la Motterouge aurait été relevé de son commandement depuis déjà longtemps : « ... Le général de la Motterouge compte de beaux états de services ; mais son incapacité pour un commandement en chef aussi important était telle que l'amiral (Fourichon), si peu disposé au changement, ne put s'empêcher d'en reconnaître la nécessité. Il nous proposa et nous acceptâmes, faute de mieux, son remplacement par le général d'Aurelle de Paladines, qui commandait au Mans... »

« Le 11 octobre, à la suite de combats mollement engagés, l'ennemi entrait dans Orléans et notre armée se retirait, pour ne pas dire s'enfuyait, sur la rive gauche de la Loire, et sous les ordres du général de la Motterouge.

« Le général de la Motterouge! Comment se faisait-il qu'étant révoqué depuis huit jours, il eût encore le commandement de l'armée de la Loire? Et par quels motifs le général d'Aurelle de Paladines, son successeur, n'était-il pas à son poste? Les explications qui eurent lieu dans le Conseil à ce sujet n'apportaient malheureusement aucun remède à la situation... » (*Dictature de cinq mois*, par Glais-Bizoin, pages 41, 42, 63).

pline n'existait pas ; les soldats avaient pris l'habitude de faire
ce qu'ils voulaient, sans souci des ordres donnés. Ils s'étaient
affranchis des marques de respect et de déférence dues aux
divers grades. L'autorité des officiers était méconnue ; ils
avouaient et déploraient leur impuissance à réprimer les désordres. L'ivrognerie avait fait des progrès d'autant plus grands
que les populations favorisaient ce déplorable penchant en
prodiguant à nos jeunes soldats, à leur arrivée dans les gares, du
vin et des comestibles, sous le prétexte de subvenir à des besoins
le plus souvent imaginaires. On entretenait ainsi une surexcitation qui produisait les effets les plus fâcheux. On n'entendait dans
les rangs que des chants obscènes mêlés à la *Marseillaise ;* et
nos jeunes conscrits, qui marchaient à la délivrance de la Patrie,
offraient partout le triste spectacle de bandes indisciplinées (1). »

En prenant son commandement, le général fit de nobles appels
aux sentiments généreux de la troupe :

« Soldats, gardes mobiles,

« Appelé au commandement du 15ᵉ corps d'armée dans
les circonstances difficiles où nous sommes, ma tâche serait
impossible, si je ne comptais sur tout votre patriotisme.

« La Patrie est envahie par un ennemi enorgueilli par ses
premiers succès, et qui ne veut rien moins que nous humi-
lier et démembrer notre territoire. La France entière a les
yeux sur nous et fonde sur nous ses plus chères espérances.

« L'armée, qui a toujours fait sa gloire et son orgueil, ne
manquera pas à ses devoirs, et vous, gardes mobiles, qui,
les premiers, avez été encadrés dans les rangs de l'armée,
vous aurez à cœur de vous rendre dignes de combattre à
côté de nos vieux régiments d'Afrique. Votre patriotisme
suppléera à ce qui peut vous manquer d'expérience.

« Je compte donc sur le dévouement et le concours de tous,
mais rappelons-nous que, dans la lutte que nous allons soute-

---

(1) *La Première Armée de la Loire,* par le général d'Aurelle de Paladines,
page 14.

nir pour la plus sainte des causes, l'élan et le patriotisme ne suffisent pas et que la première condition pour le succès, sans laquelle il n'y aura pas d'armée possible, est la discipline. Ralliez-vous toujours auprès de vos chefs, ayez confiance en eux; et nos efforts réunis seront couronnés de succès.

« Au quartier-général à Saint-Aubin, le 14 octobre 1870.

« *Le Général commandant en chef le 15ᵉ corps,*

« Signé: D'Aurelle de Paladines. »

Fermement résolu à rétablir la discipline dans l'armée, le général en chef mit en application les cours martiales, récemment instituées (1); plusieurs exécutions capitales produisirent un salutaire effet.

« Mais la sévérité seule ne pouvait opérer la régénération désirée par tous les bons citoyens. Il fallait surtout réveiller dans le cœur des soldats les sentiments d'honneur, de religion, de patriotisme et de dévouement; le général en chef ne désespéra pas de réussir (2). »

Un corps d'armée portant le numéro 16 s'organisait en même temps à Blois sous la direction du général Pourcet, qui arrivait à Blois le 16 octobre (3). Ce corps d'armée comptait deux divisions d'infanterie et une division de cavalerie dont les cadres primitifs furent les suivants :

1ʳᵉ division d'infanterie général de brigade Morandy	1ʳᵉ brigade, gén. Morandy. 2ᵉ brigade, gén. Deplanque.
2ᵉ division d'infanterie général de brigade Barry	1ʳᵉ brigade, pas de titulaire. 2ᵉ brigade, gén. Barry.
division de cavalerie général de division Ressayre	1ʳᵉ brigade, gén. Tripart. 2ᵉ brigade, gén. Digeard. 3ᵉ brigade, gén. Abdelal.

La pénurie d'officiers subalternes et supérieurs était en pro-

---

(1) Décret du 12 octobre 1870.
(2) *La Première Armée de la Loire,* par le général d'Aurelle de Paladines, page 14.
(3) Le général Pourcet venait d'Algérie où il exerçait un commandement.

portion de celle d'officiers généraux. Les détachements qui devaient constituer les brigades et divisions étaient dispersés de tous côtés ; les bataillons de la brigade Morandy et les escadrons de la division Ressayre avaient pris part aux opérations du 5 au 11 octobre autour d'Orléans et en avaient beaucoup souffert sous tous rapports. « Les hommes, venant presque tous de quitter leurs foyers, avaient encore tout à apprendre pour devenir des soldats ;..... leurs cadres incomplets étaient souvent aussi novices qu'eux-mêmes (1). »

Le général Pourcet, de la même école militaire que le général d'Aurelle de Paladines, mit en œuvre les mêmes moyens, et le premier acte de sa prise de commandement fut le rappel aux soldats des sentiments de discipline et de devoir :

« Au quartier-général, à Blois,
le 17 octobre 1870.

« Par décision du Gouvernement, en date du 16 courant, j'ai été appelé au commandement du 16ᵉ corps d'armée.

« Soldats et gardes mobiles du 16ᵉ corps, je fais appel à votre énergie et à votre patriotisme. Les circonstances difficiles que traverse la France exigent le dévouement de tous ses enfants ; je compte sur le vôtre avec confiance.

« La principale force de l'armée repose sur la discipline. Elle doit être strictement observée par tous, dans tous les degrés de la hiérarchie.

« Le Gouvernement a voulu, en créant la loi martiale, que la répression de tout acte d'indiscipline pût être plus prompte et plus sévère.

« De grands devoirs me sont imposés à cet égard dans l'intérêt du pays et de l'armée. Je n'y faillirai point ; mais je serai heureux aussi toutes les fois qu'il me sera donné de faire valoir et de récompenser vos services.

« *Le Général commandant le 16ᵉ corps,*

« Signé : POURCET. »

____

(1) *Campagne sur la Loire*, par le général Pourcet, page 25.

Avant l'arrivée à Blois du général Pourcet, certaines mesures avaient été prises, soit par le général Michaux, commandant régional du département de Loir-et-Cher, soit par le préfet et le Comité de défense. Nous avons vu que des travaux de fortification passagère avaient été entrepris pour protéger la contrée en avant de Vendôme et de Blois.

« Un cordon d'avant-postes fourni par les francs-tireurs et par les détachements de garde mobile (1) dont disposait le commandement territorial protégeait Vendôme et Blois. Cette ligne suivait le cours du Loir de Cloyes à Morée, puis la lisière ouest de la forêt de Marchenoir, d'Ecoman à Lorges par la Colombe, Autainville et Saint-Laurent-des-Bois, avec un détachement en avant à Ouzouer-le-Marché. Enfin, les avant-postes s'appuyaient sur la Loire à Mer (2). »

L'occupation d'Orléans par les Allemands rendait insuffisante la sécurité procurée par ces premières mesures, et le général Pourcet se vit dans la nécessité de compléter et de renforcer immédiatement les avant-postes.

La brigade de cavalerie Tripart, la première prête et la mieux organisée, partit, le 16 octobre, de Blois pour Mer, avec une batterie d'artillerie à cheval. En même temps, deux escadrons du 4ᵉ régiment de marche de dragons étaient dirigés sur Saint-Dyé. Le lendemain, le général fit occuper Saint-Laurent-des-Eaux par deux escadrons du 1ᵉʳ hussards, et renforcer la garnison de Mer par le 3ᵉ bataillon de marche de chasseurs à pied. Enfin, une forte réserve fut constituée à Mer par trois bataillons de mobiles, le 31ᵉ régiment d'infanterie de marche et deux batteries à cheval.

Le général Tripart prit le commandement de ce secteur des avant-postes, compris entre Poisly et la Loire, et établit à Mer son quartier-général.

Au nord-est de Blois, la brigade Deplanque fut envoyée, le 19 octobre, garder la zone comprise entre Poisly et Morée sur

______

(1) Les deux bataillons de la garde mobile du Loir-et-Cher furent employés à ce service au mois d'octobre.

(2) *Campagne sur la Loire*, par le général Pourcet, page 14.

le Loir. Installé de sa personne à Oucques, le général Deplanque fut renforcé successivement, les 21 et 22 octobre, par le 6e lanciers, une batterie d'artillerie et les francs-tireurs de la Seine, commandant Liénart.

Derrière ce fort réseau d'avant-postes, l'organisation du 16e corps d'armée se poursuivait en toute sécurité. Le 23 octobre, l'effectif du corps d'armée était de « 42 à 43,000 hommes d'infanterie, 2,800 chevaux, 2,000 hommes d'artillerie et 96 canons (1). » Le ministre annonçait l'envoi de cinq nouvelles batteries, dont une de mitrailleuses. Les réserves divisionnaires de munitions étaient constituées, l'une à Vendôme et les deux autres à Blois, le grand parc entre Blois et Amboise. « Les convois de vivres avaient été très difficiles à constituer en raison de la répugnance des habitants à déférer aux réquisitions de l'autorité (2) ». On ne voyait, dans la région, que des mouvements de troupes, et on n'entendait parler que de faits de guerre.

Presque tous les jours, des engagements avaient lieu entre les avant-postes français et les reconnaissances bavaroises.

Il n'entre pas dans le cadre de cette étude d'exposer en détail les petits engagements qui eurent lieu les 16, 19 et 22 octobre à Lailly, les 24 et 25 octobre à Binas et à Ourcelles. Ces combats d'avant-postes, généralement heureux pour les armes françaises, donnaient beaucoup de confiance aux jeunes troupes, et les préparaient aux épreuves plus sérieuses auxquelles elles allaient être soumises.

---

(1) Rapport du général Pourcet, en date du 23 octobre 1870. — Le 16e corps avait reçu, le 23 octobre, un renfort considérable.

La nécessité, pour ce corps d'armée, de se couvrir par une ligne très étendue d'avant-postes présentait un danger d'autant plus grand qu'il lui manquait encore deux brigades — les brigades Morandy et Scatelli — pour être au complet.

Le général Pourcet ayant signalé ce danger, le ministre de la guerre ordonna au général d'Aurelle de Paladines d'envoyer « à marche forcée sur Blois une dizaine de mille hommes » (dépêche en date du 21 octobre 1870). En conséquence, la brigade Peitavin (11,800 hommes), avec 3 batteries de 4, partit de Salbris le 21 octobre, à 5 heures du soir et, passant par Romorantin et Cour-Cheverny, arriva le 23 octobre, à 9 heures du matin, à Blois, après avoir parcouru, sous une pluie persistante, 72 kilomètres en 40 heures.

(2) *Campagne sur la Loire*, par le général Pourcet, page 29.

Le 21 octobre, la Délégation de Tours recevait de la capitale une dépêche, en date du 17, annonçant que l'armée de Paris serait en mesure, vers le 6 novembre, de « passer sur le corps de l'ennemi », et qu'elle comptait sur une diversion de la province pour faciliter sa sortie. Sous la pression de l'idée dominante alors qu'il fallait songer avant tout à Paris, la Délégation s'empressa d'étudier un plan d'opérations. La hâte qu'on avait de marcher au secours de Paris était augmentée par l'incertitude où l'on se trouvait du terme de ses approvisionnements, terme que les conclusions les plus optimistes fixaient alors au 20 novembre. Il n'y avait donc pas de temps à perdre.

Les conclusions d'un premier conseil de guerre tenu à Salbris le 24 octobre, et d'un second à Tours, le 25, furent que l'Armée de la Loire devait d'abord reprendre Orléans. Le plan suivant fut arrêté :

Les 2e et 3e divisions du 15e corps d'armée, transportées de Salbris à Blois, se réunissaient à tous les éléments disponibles du 16e corps. Cet ensemble de forces — 60,000 hommes — marchait sur Orléans en remontant la rive droite de la Loire. En même temps, la 1re division du 15e corps, renforcée à 32,000 hommes environ, partait d'Argent, traversait la Loire à Gien et se rabattait à l'ouest, de manière à tomber sur les derrières de l'ennemi. Le général Faye, avec 10,000 hommes, restait à la garde du camp de Salbris et devait, la veille du combat, envoyer ostensiblement une avant-garde sur la Ferté-Saint-Aubin et Olivet, pour tromper la vigilance des Allemands.

L'attaque concentrique fut fixée au 1er novembre, et les mouvements préparatoires commencèrent le 27 octobre.

Les troupes de Salbris furent transportées en chemin de fer sur Vendôme, Blois et Mer, en passant par Vierzon et Tours.

« On espérait ainsi gagner du temps, et on en perdit, en raison de l'encombrement des voies, de l'insuffisance du matériel, de l'inexpérience des troupes et des employés du chemin de fer dans ce service spécial. Le matériel d'artillerie et les munitions furent mélangés, et il fallut cinq jours pour réparer ce désordre, alors que l'artillerie et la cavalerie auraient pu, en trois jours de marche, faire le trajet de Salbris à Blois, par Romorantin (1). »

Par suite de ces retards, le 16° corps seul put occuper, le 28 octobre, les emplacements qui lui étaient assignés entre Séris et Viévy-le-Rayé, formant le centre de la ligne, le quartier-général à Marchenoir. Le 15° corps devait former les deux ailes de l'armée : à droite, de Mer à Séris ; à gauche, de Viévy-le-Rayé à Morée.

Arrivé à Blois le 27 octobre, à 5 heures du soir, le général d'Aurelle de Paladines y installa le grand quartier-général.

« Ce qu'il vit de l'organisation incomplète du 16° corps qu'il n'avait pas encore visité, l'exposé que lui fit le général Michaux de la position difficile des troupes bivouaquées en avant de la ville, par suite du mauvais temps, le désordre mis dans l'artillerie à la suite du transport en chemin de fer, l'état des routes et des chemins détrempés par la pluie, décidèrent le général en chef à retarder d'un jour le mouvement. Il en rendit compte, le 28 octobre, au ministre qui répondit, dans la nuit même, d'ajourner l'opération (2). » Outre des raisons matérielles, des causes morales avaient déterminé cette décision.

Ce même jour, 28 octobre, à la suite d'un incident d'avant-postes (3), la nouvelle de la capitulation de l'armée de Metz s'était répandue dans l'Armée de la Loire, nouvelle qui fut officiellement connue le lendemain.

---

(1) *La Première Armée de la Loire*, par le général d'Aurelle de Paladines, p. 56.

(2)   *Ibid.*   *Ibid.*

(3) Un officier d'une grande famille allemande, attaché à l'état-major du général comte de Stolberg-Vernigerode, commandant la II° division de cavalerie, fut tué, le 25 octobre, près d'Ourcelles, et son cadavre, resté aux mains des Français, avait été inhumé près de Mer. Le général de Stolberg-Vernigerode ayant fait réclamer le corps au général Tripart, commandant des avant-postes français, ce dernier s'empressa de le faire rechercher et remettre aux Prussiens. Le général de Stolberg-Vernigerode écrivit, le 28 octobre, au général Tripart pour le remercier. Il ajoutait que, « voulant donner au général français une preuve de son estime, il l'informait qu'une dépêche télégraphique de Versailles venait de lui annoncer la capitulation de Metz, que cette nouvelle était encore un secret pour l'armée allemande, et que l'armée française l'ignorait complètement. » (*La Première Armée de la Loire*, par le général d'Aurelle de Paladines, page 68).

De proche en proche, la fatale nouvelle se répandit près des généraux français ; le général en chef l'apprit à Blois vers les 9 heures du soir et la Délégation de Tours dut l'apprendre quelques heures après. Elle fut confirmée par le passage à travers les lignes françaises de M. Thiers qui se rendait de Paris à Tours. Le lendemain, la nouvelle était officielle.

On se rappelle la stupeur du pays quand il apprit la capitulation de l'armée de Bazaine qu'on s'attendait chaque jour à voir, sortant de Metz, apparaître victorieuse pour débloquer Paris et couper les communications des Allemands. Cet espoir était perdu. On n'osait fixer au-delà de la fin de novembre la résistance de Paris. Enfin, il était facile de prévoir la prochaine arrivée sur la Loire de l'armée du prince Frédéric-Charles, occupée jusqu'à présent au blocus de Metz, et maintenant disponible. Des bruits d'armistice circulaient avec persistance ; les missions de M. Thiers, à Tours le 28 octobre, au quartier-général allemand à Versailles, le 30 octobre, confirmaient cette opinion.

C'est alors que parurent les deux célèbres proclamations de Gambetta au peuple (30 octobre), et à l'armée (1er novembre).

« L'armée de la France, disait-il, dépouillée de son caractère national, devenue sans le savoir un instrument de règne et de servitude, est engloutie, malgré l'héroïsme des soldats, par la trahison des chefs, dans les malheurs de la Patrie ! »

Les nobles sentiments qui se trouvaient, par ailleurs, dans les mêmes proclamations ne pouvaient compenser l'effet d'une telle dénonciation faite à l'opinion publique.

« La discipline fut vivement ébranlée et, dans certains corps, des sous-officiers et des soldats mirent en délibération s'ils ne s'affranchiraient pas de l'obéissance de chefs qui les trahissaient…, des actes d'indiscipline grave furent commis dans un régiment de mobiles de la division Barry…, des officiers généraux et des officiers supérieurs protestèrent avec énergie contre de calomnieuses imputations, et un assez grand nombre d'entre eux furent sur le point de donner leur démission (1). »

Toutes ces circonstances suffisent à expliquer l'arrêt qui se produisit alors dans les opérations.

En attendant la reprise de l'offensive, le général en chef remit en ordre les éléments de l'armée qui avaient été mélangés dans les mouvements précédents. Pour la facilité de son commandement, il quitta Blois le 30 octobre, et transporta le grand quar-

---

(1) *La Première Armée de la Loire*, par le général d'Aurelle de Paladines, page 72.

tier-général au château de Diziers, près de Suèvres. L'ordre régulier de l'Armée de la Loire fut rétabli le 3 novembre. A cette date, les 15⁰ et 16⁰ corps — ce dernier étant passé sous le commandement du général Chanzy (1) — occupaient les emplacements suivants :

Le grand quartier-général, au château de Diziers (2).

1ʳᵉ division du 15⁰ corps (Martin des Pallières)	A Argent, en Sologne.
2⁰ division du 15⁰ corps (Martineau des Chenez)	1ʳᵉ brigade (Dariès), avec 2 batteries, à Mer. 2⁰ brigade (Rébilliard), avec 1 batterie, à Muides et environs, sur la rive gauche de la Loire.
3⁰ division du 15⁰ corps (Peitavin)	1ʳᵉ brigade (Peitavin), entre Villexanton et Morvilliers. 2⁰ brigade (Martinez), entre la Chapelle-St-Martin et Villiers.
Division de cavalerie (Reyau)	Brigade de cuirassiers, à Suèvres. Brigade de Longerue, à Mer. Brigade de Boério, à Mer.

La réserve d'artillerie (colonel Chappe), les parcs d'artillerie (colonel Hugon) et du génie, à Suèvres.

Quartier-général du 16⁰ corps d'armée (général Chanzy), à Marchenoir.

Les brigades Deplanque et Bourdillon, entre Saint-Léonard et Viévy-le-Rayé.

---

(1) Le 2 novembre, sans que rien ne fit prévoir ce brusque changement, le général Pourcet recevait de la Délégation de Tours, par l'intermédiaire du général en chef, l'ordre « de remettre immédiatement au général Chanzy le commandement du 16⁰ corps. Le général obéit sans délai, et ayant fait appeler le général Chanzy, il lui remit le commandement ». *Campagne sur la Loire*, par le général Pourcet, page 49.

(2) Ordre général donné le 2 novembre 1870 au grand quartier-général de Diziers.

La division Barry, entre Maves et Pontijou.

La brigade Morandy, à Argent, en Sologne.

La brigade Scatelli encore en formation.

<table>
<tr><td rowspan="2">Division de cavalerie
(Ressayre)</td><td>Brigades Tripart et Abdelal, à la lisière nord-est de la forêt de Marchenoir.</td></tr>
<tr><td>Brigade Digeard, entre Maves et Pontijou.</td></tr>
</table>

La réserve d'artillerie et les parcs, entre Maves et Pontijou.

L'Armée de Loire occupa ces positions jusqu'au 8 novembre. L'émotion causée par la capitulation de Metz se calma ; le pays était devenu tranquille et plus confiant. L'espoir renaissait au cœur des Français, et ce fut accompagnée des vœux et des légitimes espérances de tous que la jeune Armée de la Loire, prenant l'offensive, se mit en marche, le 8 novembre, vers Orléans.

CHAPITRE III

Bataille de Coulmiers et reprise d'Orléans
par les Français

Depuis les événements du 11 octobre, le général von der Tann était resté dans Orléans, mais on lui avait retiré la XXIIe division d'infanterie prussienne, les IVe et VIe divisions de cavalerie et l'artillerie affectée à ces diverses unités.

Ce détachement, sous le commandement du général von Wittich, commandant la XXIIe division d'infanterie, avait reçu le mission de pacifier la région Châteaudun-Chartres où des rassemblements de troupes françaises étaient signalés ; il avait quitté Orléans le 17 octobre (1).

---

(1) La XXIIe division d'infanterie, éclairée par la VIIIe brigade de cavalerie, partit d'Orléans le 17 octobre, et se présenta, le 18, devant Châteaudun. Le matin même, les troupes régulières françaises qui occupaient la ville avaient été rappelées sur Blois. Il restait dans Châteaudun 700 francs-tireurs de Paris (commandant Lipouski), 165 francs-tireurs de divers autres corps et 435 gardes nationaux sédentaires commandés par M. de Testanière. Ces défenseurs n'avaient aucune artillerie. Ils acceptèrent le combat. Leur resistance, commencée vers 11 heures du matin, dura jusqu'à la nuit et coûta aux Allemands 107 hommes et 6 officiers tués ou blessés. Ils avaient engagé une division d'infanterie, une brigade de cavalerie et 5 batteries. Les Français perdirent une centaine d'hommes et 150 prisonniers.

La ville fut fortement imposée, pillée et brûlée ; des maisons furent enduites au pétrole.

Le 20 octobre, la XXIIe division d'infanterie et la IVe division de cavalerie, renforcées de deux batteries bavaroises, poursuivaient leur mouvement sur Chartres où elles entraient, le 21, sans résistance.

Le conseil municipal de Chartres et le préfet, M. E. Labiche, avaient refusé de défendre la ville, malgré la présence de 12,000 hommes de troupes françaises commandés par le capitaine de vaisseau Duval et de 330 francs-tireurs du commandant de Foudras. — (Voir *Les Francs-Tireurs de la Sarthe*, par le commandant de Foudras, pages 20 et suivantes).

Après le départ de ces troupes, le général von der Tann, réduit au Ier corps bavarois et à la IIe division de cavalerie, avait modifié ses dispositions de sûreté.

Il laissait la Ire division d'infanterie bavaroise et une brigade de cavalerie — la IVe brigade — sur la rive gauche de la Loire. Le quartier-général, la IIe division d'infanterie bavaroise et l'artillerie restaient dans Orléans. Les IIIe et V^e brigades de cavalerie, la brigade de cuirassiers bavarois avec de l'infanterie, formaient un réseau d'avant-postes vers Coulmiers et Saint-Ay, à la lisière sud-est des bois de Montpipeau. Ces avant-postes étaient sous les ordres du général comte de Stolberg-Vernigerode, commandant la IIe division de cavalerie, qui avait installé son quartier-général au château de Montpipeau.

Une ligne d'étapes, par Étampes et Corbeil, reliait le détachement à l'armée d'investissement de Paris. La voie ferrée, entre Orléans et Villeneuve-Saint-Georges, était rétablie et le matériel français, pris à Orléans, y circulait pour le compte des Allemands.

En prévision d'une attaque par le sud, le général préparait la destruction des ponts sur la Loire et sur le Loiret, rendait les gués impraticables et ramenait toutes les embarcations sur la rive nord du fleuve. Les ponts de Beaugency et de Meung-sur-Loire avaient été coupés, et les travaux d'art de Beaugency, sur la ligne du chemin de fer d'Orléans à Tours, avaient été détruits.

Dans cette situation, le général von der Tann attendait les événements.

Les mouvements de troupes françaises, effectués depuis le 27 octobre, n'avaient pas échappé à l'attention du Grand État-Major allemand, mais « la situation n'apparaissait pas encore assez nette au début pour permettre de prendre des résolutions définitives (1). » Maintes considérations donnaient de la vraisemblance à une offensive se produisant de l'ouest. La Délégation de Tours avait fait bruyamment insérer dans les jour-

---

(1) Blume, page 106. *Grand-État-Major Allemand*, 12e livraison, pp. 888, 889.

naux que la circulation était interdite aux voyageurs sur la
route de Tours au Mans, en raison de transports de troupes ;
ce stratagème réussit en partie.

« Les francs-tireurs recommençaient à se montrer très entre-
prenants dans la forêt d'Orléans et sur divers points au sud de
la Loire. La population des villages situés en dehors des avant-
postes allemands affectait aussi une attitude plus hostile..., les
reconnaissances qui n'étaient pas en force essuyaient fréquemment des coups de fusil (1). » Ces indices faisaient prévoir une
prochaine offensive des Français ; des mesures furent prises, à
la date du 7 novembre, pour parer à cette éventualité.

Les troupes allemandes jetées vers l'ouest et le sud-ouest, face
à l'extérieur du cercle d'investissement de Paris, furent renforcées d'une division d'infanterie, la XVIIᵉ, et furent groupées en
une « fraction d'armée » sous le commandement du grand-duc
de Mecklembourg-Schwerin.

Cette fraction d'armée, composée des XVIIᵉ et XXIIᵉ divisions d'infanterie, du Iᵉʳ corps bavarois, des IIᵉ, IVᵉ et VIᵉ divisions de cavalerie, devait occuper la ligne Chartres-Orléans,
par Bonneval et Châteaudun.

Ce déploiement n'eut pas lieu, car, pendant les mouvements
préliminaires de son exécution, le général von der Tann fut
surpris par l'offensive de l'Armée de la Loire ; la bataille de
Coulmiers fut, en effet, pour le corps bavarois, une véritable
surprise stratégique.

Le général von der Tann disposait d'une nombreuse cavalerie (2).

Il n'organisa aucun service d'exploration et se contenta d'un
service de sûreté rapproché. « Cette cavalerie, à Patay, Coulmiers et Meung, n'était pas assez en avant. A la fin d'octobre,
elle avait la forêt de Marchenoir devant elle. Ainsi placée, elle
était, pour ainsi dire, devant une porte fermée, et pourtant on
la chargeait de voir ce qui se passait dans la maison. Le long
de la Loire, le terrain de la cavalerie était bien plus favorable

____

(1) Blume, page 106. *Grand État-Major Allemand*, 12ᵉ livraison, pp. 388, 389.
(2) Cinq brigades de cavalerie.

et, employée dans cette direction, elle aurait pu ouvrir la seule porte qui lui eût permis de voir ce qui se passait à l'ouest de Marchenoir, si toutefois elle avait été employée judicieusement..... Tout en ayant fait l'expérience, à la fin de septembre et au commencement d'octobre, que devant la forêt d'Orléans et dans cette forêt même, la cavalerie ne pouvait remplir sa mission, on commit à peu près la même faute, avec la seule différence que la forêt s'appelait maintenant forêt de Marchenoir. Cela s'appelle positivement provoquer le diable, et on le provoqua à Coulmiers... Il fallait envoyer, dès le milieu d'octobre, une division de cavalerie à Beaugency et la pousser, de là, par Oucques, sur Vendôme, et jusqu'à Blois, en descendant la Loire. Là, elle pouvait voir, voir à temps et donner des renseignements. Faute d'avoir fait cela, on se trouva dans l'incertitude la plus complète sur le compte de l'ennemi, on perdit une bataille... La situation était difficile, c'est vrai, mais cela ne dispensait pas la cavalerie d'accomplir son devoir. On n'a pas encore trouvé une autre arme pour faire la besogne de la cavalerie indépendante ; donc, si cette dernière ne fait pas son devoir, qui la remplacera ? Il vaut mieux sacrifier la moitié d'une ou de deux divisions de cavalerie que de perdre une bataille comme à Coulmiers ! (1) »

Faute de renseignements, les Allemands ne connurent pas l'importance de la concentration de l'Armée de la Loire, derrière la forêt de Marchenoir, entre Blois et Vendôme. Mais comme certains indices avaient éveillé leurs soupçons, le général von der Tann ordonna d'effectuer, le 7 novembre, une reconnaissance générale de la forêt.

Le général de Stolberg-Vernigerode y employa 6 régiments de cavalerie, 5 compagnies 1/2 d'infanterie avec 4 batteries, et vint se heurter de front aux avant-postes français, au centre même de la forêt.

« Sous tous les rapports, la reconnaissance du 7 novembre doit être condamnée, tant à cause du point sur lequel elle fut diri-

---

(1) *Armement, Instruction, Emploi de la Cavalerie*, par N. — Cette brochure est attribuée au général de cavalerie allemande von Rosenberg.

gée, qu'au moment où elle a été entreprise et qu'à la façon dont
elle a été exécutée. Pour ce qui est de la direction, elle n'avait
pas le sens commun, et ce que fit la II�e division indépendante
était l'affaire de la cavalerie de corps d'armée (1). »

Cette reconnaissance est généralement désignée sous le nom
de combat de Vallières. Les Allemands constatèrent que les
Français occupaient solidement, avec des troupes de toutes
armes, la lisière de la forêt, mais ils ne virent rien au delà et,
repoussés partout, ils se retirèrent avec une perte de 150 hommes
environ.

Le général von der Tann apprit, dans la nuit du 7 au 8 novembre, l'issue de cette reconnaissance. Bien que le général de
Stolberg-Vernigerode ne pût rien affirmer de précis, il devenait
évident que des forces françaises considérables étaient concen-
trées entre Mer et Morée. « Des émissaires signalaient en outre
la présence de forces importantes près de Gien (2). » Une
attaque convergente se dessinait sur Orléans. Le général von
der Tann conclut qu'il ne devait pas attendre d'être enveloppé
dans cette ville.

Il pouvait encore, en se retirant vers le nord, éviter tout combat, et peut-être l'eût-il fait s'il eût connu l'exacte situation.
Mais les Allemands ne pouvaient pas soupçonner l'importance
acquise en quelques semaines par l'Armée de la Loire. Le général
bavarois vint au-devant de la bataille qu'on lui offrait.
« Comptant sur la valeur de ses troupes, sur sa nombreuse artillerie, il pouvait espérer prendre l'offensive et, si l'ennemi longeait de trop près la Loire, et lui prêtait le flanc, le jeter dans
le fleuve (3). »

Dans la soirée du 8 novembre, il apprit que de grosses colonnes françaises débouchaient par toutes les routes de la forêt
de Marchenoir, se dirigeant sur Orléans. Alors, le général von
der Tann mit à exécution son projet, évacua précipitamment
Orléans dans la nuit du 8 au 9 novembre, et concentra son

(1) *Armement, Instruction, Emploi de la Cavalerie*, par N.
(2) *Grand Etat-Major Allemand*, 12ᵉ livraison, page 394.
(3) *Ibid.*

7

corps d'armée sur le ravin de la Mauve, en avant des bois de Buisson et de Montpipeau, sur une position qu'il avait reconnue. « Il avait 20,000 hommes et 110 bouches à feu (1). »

L'Armée de la Loire avait repris, le 8 novembre, son mouvement interrompu le 27 octobre. Rien n'avait été changé au plan primitif.

Le gros de l'armée, — 68,000 hommes, 6,400 chevaux, 204 bouches à feu, — sous le commandement du général d'Aurelle de Paladines, remontait la rive droite de la Loire. Le général Martin des Pallières se portait sur Gien « avec 30,000 hommes, 800 chevaux et 44 pièces (2). » Le général Faye se présentait devant la Ferté-Saint-Aubin avec 10,000 hommes environ. L'attaque combinée des colonnes était fixée au 11 novembre.

« *A priori*, les attaques convergentes semblent promettre de grands résultats, surtout quand les corps principaux agissant isolément sont de force — ce qui était le cas actuel — à battre, ou tout ou moins à contenir l'ennemi à eux tous seuls. Cependant l'histoire montre que les combinaisons de ce genre réussissent rarement (3). » Les Français avaient élaboré leur plan d'attaque sans tenir compte de l'ennemi ; tout était calculé sur l'hypothèse que les Bavarois étaient rivés à Orléans.

Par son initiative de la dernière heure, le général von der Tann, qui était libre de ses mouvements, provoqua la bataille, le 9 novembre, contrairement aux prévisions des Français qui la voulaient deux jours plus tard. L'attaque enveloppante échoua, et le général Martin des Pallières, malgré tous ses efforts, ne prit aucune part à l'action.

La victoire des Français à Coulmiers ne leur rapporta pas, pour ces raisons et faute de poursuite, les résultats qu'ils pouvaient espérer. Le détachement bavarois devait être mis hors de cause pour la fin de la campagne ; il s'en tira avec une perte de

---

(1) *Grand État-Major Allemand*, 12ᵉ livraison, page 394.
(2) *Orléans*, par le général Martin des Pallières, page 69.
(3) *Les Armées de la Loire*, par le capitaine Cordier, page 85.

800 hommes environ. Les pertes des Français montaient à plus du double.

La victoire de Coulmiers et la reprise d'Orléans, connues dans la matinée du 10 novembre et confirmées officiellement le lendemain, causèrent dans toute la région le plus vif enthousiasme, et le pays se reprit à l'espérance de « la prochaine délivrance de Paris et de la libération du territoire (1). »

____

(1) Proclamation de Gambetta après la victoire de Coulmiers.

CHAPITRE IV

Reprise d'Orléans par les Allemands

Le soir même de sa défaite à Coulmiers, le général von der Tann gagna Saint-Péravy. Il marcha toute la nuit, s'arrêta dans Artenay pour rallier ses derniers détachements, et s'établit, dans la soirée du 10 novembre, en cantonnements resserrés autour de Toury. Là, il fit sa jonction avec les XVIIe et XXIIe divisions d'infanterie, les IVe et VIe divisions de cavalerie, et passa sous les ordres du grand-duc de Mecklembourg-Schwerin, nommé au commandement de cette « subdivision d'armée. »

Le Grand-Duc pensait que l'Armée de la Loire, après la victoire de Coulmiers, allait continuer son mouvement offensif. Sans attendre l'arrivée du prince Frédéric-Charles dont l'armée, venant de Metz, se hâtait vers la Loire, le Grand-Duc était prêt, dès le 11 novembre, à recevoir les Français à forces égales. Mais l'Armée de la Loire ne parut pas.

Le général d'Aurelle de Paladines ne s'illusionnait pas sur la portée de sa victoire, et il estimait que l'état et la valeur de ses jeunes troupes ne lui permettaient pas encore de marcher sur Paris. On avait discuté, après la victoire de Coulmiers, s'il fallait pousser jusqu'à Paris, rester sur la défensive, ou même retourner à Salbris, et on s'était arrêté au moyen terme d'une concentration de l'Armée de la Loire sur un grand demi-cercle, au nord d'Orléans, englobant la forêt.

« Le général en chef n'avait confié à personne son projet. Il savait, et l'expérience le prouve chaque jour, que le secret d'une opération de guerre n'est jamais gardé. Il voulait donc attendre dans ses positions fortifiées l'arrivée du prince Frédéric-Charles, persuadé qu'après sa jonction avec l'armée du duc de Mecklembourg et celle du général de Tann, il ne manquerait pas de livrer bataille à l'Armée de la Loire ; qu'il ne pouvait même se dispenser de le faire, sous peine de perdre le prestige qui s'attachait au général réputé le plus habile et à l'armée la mieux aguerrie de l'Allemagne. Le général d'Aurelle espérait recevoir la bataille dans des positions bien étudiées et bien fortifiées. Ce plan lui semblait préférable à tout autre, et convenait le mieux à ses jeunes troupes (1). »

Le Grand Etat-Major allemand n'avait pas prêté aux Français de semblables intentions ; il ne pouvait débrouiller la situation.

Sauf une courte apparition de forces françaises, dans la journée du 11 novembre, vers Pithiviers et Artenay, « on n'apercevait plus de troupes françaises au nord de la forêt d'Orléans, tandis que l'adversaire recommençait à se montrer plus actif sur le Loir supérieur et sur l'Eure. Des garnisons permanentes occupaient Bonneval et Illiers ; des patrouilles de la VIe division de cavalerie se heurtaient à des gardes mobiles et à des francs-tireurs à l'est de Courville, et même plus au nord, à Dreux. De ces divers indices, et surtout de la surprenante inaction des forces françaises au nord d'Orléans, le Grand-Duc concluait que l'Armée de la Loire s'était dérobée vers sa gauche, dans l'intention de lier son action à celle des troupes de la basse Eure et de la basse Seine pour une attaque commune contre l'armée de blocus de Paris. Il décidait, en conséquence, de laisser la 11e division de cavalerie à Toury et de venir se poster, avec la masse principale de ses forces, auprès de Chartres, de manière à être en mesure de faire face en temps utile à une manœuvre offensive des Français, qu'elle vint à se produire soit par Orléans, soit par le Mans (2). »

Ce mouvement était commencé, lorsque des renseignements reçus le 13 novembre firent connaître aux Allemands que les

(1) *La Première Armée de la Loire*, par le général d'Aurelle de Paladines.
(2) *Grand Etat-Major Allemand*, 12e livraison, pages 140-141.

Français avaient presque disparu sur le Loir et sur l'Eure, et qu'ils étaient, au contraire, très nombreux autour d'Orléans.

Le Grand État-Major allemand, rendu très indécis par ces nouvelles contradictoires, pressait autant que possible la marche du prince Frédéric-Charles.

Cette armée, la IIe, disponible depuis la capitulation de Metz, se composait des IIIe, IXe, X[e] corps d'armée, et de la Ire division de cavalerie. Le prince Frédéric-Charles avait comme premier objectif la ville de Bourges, et il s'y dirigeait, lorsqu'il reçut, le 10 novembre, l'ordre de changer d'objectif, de franchir la Seine à Fontainebleau et de se joindre au grand-duc de Mecklembourg-Schwerin pour opérer, de concert avec lui, contre l'Armée de la Loire.

Le 14 novembre, les avant-gardes de la IIe armée étaient en liaison avec la subdivision d'armée du Grand-Duc, et le Grand État-Major allemand affectait à la IIe armée la surveillance et la protection des lignes d'investissement au sud de Paris, et à la subdivision d'armée la surveillance de la région du sud-ouest (1).

C'est alors que le grand-duc de Mecklembourg-Schwerin exécuta, dans les hautes vallées du Loir et de l'Huisne, une campagne de neuf jours qui causa les plus grandes inquiétudes au Mans, à Tours et sur la Loire moyenne.

Il parut à Dreux le 17 novembre, à la Loupe le 21, à Nogent-le-Rotrou le 22, à la Ferté-Bernard et Vibraye le 23 ; il y eut alors, au Mans et à Tours, une véritable alerte. Mais, tout à coup, le 23 novembre, le Grand-Duc recevait de Versailles l'ordre de revenir en toute hâte vers Toury en laissant seulement sa cavalerie (2) sur la Sarthe.

Ce rappel était motivé par les événements qui se passaient sur la Loire.

Tandis que les 15e et 16e corps français se retranchaient autour d'Orléans, la Délégation de Tours avait levé de nouvelles troupes.

____

(1) Ordres du Grand État-Major allemand, en date du 15 novembre 1870.
(2) La VIe division de cavalerie.

Un 17e corps, en voie d'organisation sous le général Durrieu, était réuni, depuis le 19 novembre, entre Meung-sur-Loire et Châteaudun. Un 18e corps se rassemblait à Nevers, sous le commandement du colonel d'état-major Billot. Un 20e corps, composé de troupes levées dans l'est, se réunissait à Gien, sous les ordres du général Crouzat.

Bien que le général d'Aurelle de Paladines eût le titre de commandant en chef de l'Armée de la Loire, et que les 17e, 18e et 20e corps fissent partie de cette armée, son commandement ne s'exerçait réellement que sur les 15e et 16e corps ; Gambetta et son délégué, M. de Freycinet, se réservaient de diriger, de Tours, l'emploi des nouveaux corps d'armée. Cet éparpillement des forces françaises, et le manque d'unité dans leur commandement allaient être cause d'une série de désastres.

Tout d'abord, afin d'arrêter, par une menace sur son flanc, le mouvement du grand-duc de Mecklembourg-Schwerin vers le Mans, la Délégation de Tours donna des ordres pour porter le 17e corps sur Brou et Illiers.

Le général de Sonis, placé le 22 novembre à la tête du 17e corps, exécuta, le 25 novembre, une pointe heureuse sur Illiers et revint, le 26, à Châteaudun où il resta. Dans la nuit du 27 au 28 novembre, à la suite de fausses nouvelles colportées dans Châteaudun (1), le 17e corps battit en retraite précipitamment derrière la forêt de Marchenoir, et pendant cette panique certains détachements égarés allèrent jusqu'à Tournoisis et Beaugency ; il fallut trois jours pour réparer ce désordre.

D'un autre côté, les 18e et 20e corps recevaient de Tours l'ordre d'opérer une diversion sur Pithiviers, par Beaune-la-Rolande. Outre son but immédiat de dégager le Mans et Tours, cette diversion devait, dans la pensée du Ministre de la guerre, « ouvrir les voies vers la forêt de Fontainebleau pour le jour pro-

____

(1) Des personnes dignes de foi répandirent le bruit que les trois armées Frédéric-Charles, prince Albert et Prince Royal exécutaient une marche concentrique sur Châteaudun (dépêche en date du 26 novembre 1870, du général de Sonis au général de Paladines). Voir en outre : *La Première Armée de la Loire*, par le général d'Aurelle de Paladines, page 251.

chain où l'armée entière se mettrait en marche sur Paris (1). »

Le prince Frédéric-Charles ne devinait toujours rien des projets des Français, sinon que l'Armée de la Loire devait se trouver tout entière autour d'Orléans, puisque le grand-duc de Mecklembourg-Schwerin ne rencontrait dans l'ouest aucun corps français constitué, et que cette armée venait d'être renforcée de deux divisions d'un 20ᵉ corps français, transportées par chemin de fer de Chagny vers Gien. Cette dernière nouvelle, télégraphiée le 22 novembre par le général de Werder, et la démonstration du 17ᵉ corps français sur le haut Loir, avaient motivé le rappel, vers Toury, du Grand-Duc.

Jusqu'à son arrivée, le prince Charles décidait de rester dans l'expectative et de maintenir ses troupes dans leurs positions de surveillance :

Le quartier-général, à Janville ;

Le Xᵉ corps, à Beaune-la-Rolande ;

Le IXᵉ corps, à Toury ;

Le IIIᵉ corps, à Bazoches-les-Gallerandes (la VIᵉ division) et Pithiviers (la Vᵉ division).

Telle était la situation des Allemands lorsque les 18ᵉ et 20ᵉ corps français commencèrent leurs mouvements vers Beaune-la-Rolande. Le Grand État-Major allemand en fut vite informé et redoubla de vigilance. Des reconnaissances offensives furent dirigées sur toute la lisière nord de la forêt d'Orléans, principalement dans la journée du 24 novembre.

Des divers renseignements qu'il obtint, le prince Frédéric-Charles conclut que le centre de l'Armée de la Loire restait immobile autour d'Orléans dans des positions trop bien fortifiées pour qu'il fût raisonnable de les attaquer, et que la droite de cette armée prenait une attitude menaçante. Il prescrivait donc, pour la journée du 28 novembre, un mouvement général vers l'est pour parer à cette menace. Le IXᵉ corps se rendit de Toury à Bazoches-les-Gallerandes, et le IIIᵉ corps se concentra autour de Pithiviers.

(1) *La Guerre en province pendant le siège de Paris*, par M. de Freycinet, page 119.

C'est pendant l'exécution de ce mouvement que le Xe corps allemand fut attaqué, le 28 novembre, à Beaune-la-Rolande, par les 18e et 20e corps français. L'issue du combat parut d'abord douteuse, et le prince Frédéric-Charles, qui s'attendait à le voir recommencer le lendemain, fit venir, dans la nuit, le IIIe corps à Beaune-la-Rolande et le IXe à Pithiviers. Mais, sur un ordre envoyé de Tours, les 18e et 20e corps français se mirent en retraite le lendemain (29 novembre) sur Bellegarde. Les Français avaient perdu 3,000 hommes et les Allemands 1,000 environ. Le prince Frédéric-Charles, qui attendait toujours le grand-duc de Mecklembourg-Schwerin, ne fit aucune poursuite.

Le Grand-Duc, rappelé en toute hâte, était parti de la Ferté-Bernard le 23 novembre, passait à Châteaudun le 29, franchissait la Conie à Varize malgré une héroïque résistance des francs-tireurs Lipouski et des francs-tireurs de la Gironde, jetait le trouble dans les cantonnements du 16e corps français, et faisait sa jonction, le 30 novembre, avec le prince Frédéric-Charles.

Les deux armées, réunies sous le commandement du prince Frédéric-Charles, présentaient dès lors un effectif de 140,000 hommes environ, répartis d'Orgères à Beaune-la-Rolande.

L'Armée de la Loire, composée des 15e, 16e, 17e, 18e, 20e corps, et forte de 180,000 hommes environ, leur faisait face sur un front à peu près égal.

« L'avenir n'allait pas tarder à démontrer jusqu'à quel point les contingents si rapidement mis sur pied par la France devaient se trouver en mesure de tenir tête, malgré leur supériorité numérique, à des troupes fortement instruites, déjà éprouvées par maintes rencontres et conduites par des chefs expérimentés [1]. » Tous les mouvements que nous venons de voir étaient le prélude de ce prochain dénouement.

Le public n'avait pu démêler les causes des marches et contre-marches exécutées en tous sens dans la région, depuis le 10 novembre. Ces allées et venues entretenaient une certaine

____

[1] *Grand État-Major Allemand*, 12e livraison, page 210.

inquiétude, mais la confiance résultant de la victoire de Coulmiers produisait encore ses bons effets ; on discutait moins sur les choses de la guerre, et la presse était moins prodigue de critiques, de conseils et de nouvelles à sensation. Par contre, la situation devenait très difficile pour le haut commandement.

« Le général d'Aurelle avait confiance dans son armée, il la connaissait bien et l'avait vue à l'œuvre. Elle était pleine de courage, mais il ne pouvait se faire illusion au point de lui croire l'aplomb et la solidité de vieilles troupes (1). » Il persistait à attendre l'attaque de l'ennemi dans ses lignes fortifiées d'Orléans.

Depuis quelque temps, cette temporisation pesait à l'impatience du Ministre de la guerre et de son délégué. Dans une lettre, en date du 19 novembre 1870, M. de Freycinet engageait le général en chef « à étudier avec ses généraux la meilleure direction à donner aux 250,000 hommes qu'il allait avoir sous la main. Nous ne pouvons demeurer éternellement à Orléans. Paris a faim et nous réclame ! » Le 23 novembre, il écrivait encore : « Des nécessités d'ordre supérieur nous obligent à faire quelque chose et par conséquent à sortir d'Orléans. Ainsi que M. Gambetta et moi vous l'avons expliqué, Paris a faim et veut être secouru. Il ne dépend donc pas de nous de vous laisser passer l'hiver à Orléans. »

« Le Gouvernement avait perdu patience. L'opinion publique demandait hautement le commencement des hostilités. On était puni pour avoir exagéré la victoire de Coulmiers, les effectifs et l'état de l'Armée de la Loire. Si la dictature, ainsi qu'elle l'assurait, avait réellement rassemblé 300,000 hommes munis de tout sur la Loire ; si ces jeunes gens avaient réellement prouvé leur valeur par *une grande victoire remportée sur une forte portion de l'armée ennemie*, il pouvait paraître inconcevable qu'on ne fît rien pour le salut de Paris. L'influence de l'heureuse ouverture de la campagne commençait déjà à s'effacer... ; la sécurité du Gouvernement exigeait une action

---

(1) *La Première Armée de la Loire*, par le général d'Aurelle de Paladines.

rapide. Le mot de Freycinet : « Paris a faim et nous appelle ! » commençait pour lui à devenir une loi à laquelle il ne pouvait se soustraire. »

« Et justement au moment où la situation était le plus difficile, le commandant en chef de l'armée résistait avec plus d'opiniâtreté. Sans se préoccuper des suites politiques qu'une telle conduite pouvait avoir pour Gambetta et ses amis, il demandait du temps pour compléter son organisation et prônait avant tout la défensive qui, à son avis, pouvait seule assurer le salut (1). »

Lorsque la Délégation de Tours, sans même donner connaissance de ses projets au général en chef, lui enleva les 17ᵉ, 18ᵉ et 20ᵉ corps pour les aventurer dans les démonstrations d'Illiers et de Beaune-la-Rolande, la situation fut encore bien plus tendue, et on ne pouvait prévoir comment les choses allaient tourner, lorsque des nouvelles reçues de Paris apportèrent une solution en faisant de la reprise de l'offensive une nécessité absolue.

Les armées de Paris avaient projeté, pour le 19 novembre, une sortie par Neuilly, Bezons et Cormeilles, vers Rouen et la Normandie. Cette opération fut préparée avec soin. Déjà, le matériel était réuni dans la presqu'île de Gennevilliers, lorsque la nouvelle de la victoire de Coulmiers parvint, le 14 novembre, à Paris.

« Dès lors, l'opinion publique réclama impérieusement une marche directe à la rencontre de l'Armée de la Loire ; le Gouverneur de Paris dut renoncer à son premier projet (2). »

Mais, pour marcher directement sur Orléans, l'armée de Paris aurait à traverser les lignes d'investissement du sud, où les Allemands tenaient de fortes positions. Il fut donc décidé qu'elle sortirait par le sud-est, vers Champigny, et qu'elle se rabattrait ensuite, par Lagny et Nogent-sur-Seine, vers Fontainebleau. La sortie fut fixée au 29 novembre.

Le Gouverneur de Paris fit connaître ce plan à la Délégation

____

(1) *Gambetta et ses armées*, par le baron Colmar von der Goltz, page 71.
(2) *Cours d'histoire militaire*, par le commandant Ferré, page 241.

de Tours par une dépêche en date du 24 novembre. Le sort voulut que le ballon, porteur de cette dépêche, fût entraîné par les vents jusqu'en Norwège ; il était parti de Paris le 24 novembre, la dépêche ne parvint à Tours que le 30. Comme l'Armée de Paris devait déjà être en route depuis deux jours, la Délégation de Tours résolut de mettre l'Armée de la Loire immédiatement en marche vers le point de rendez-vous. Or, cette armée n'était pas concentrée, et il aurait fallu deux ou trois jours pour préparer le mouvement.

« Ainsi la nouvelle du succès de Coulmiers portait préjudice aux opérations de l'Armée de Paris en amenant l'abandon d'un plan conçu et préparé avec soin, tandis que l'annonce de la sortie du 29 causait une offensive précipitée de l'Armée de la Loire et devait la conduire à sa perte (1). »

Les divers corps de l'Armée de la Loire se trouvaient alors :

Le 17ᵉ corps, entre Beaugency et Marchenoir ;

La 1ʳᵉ division du 16ᵉ corps, entre Coinces et Saint-Sigismond ;

La 2ᵉ division, entre Gémigny et Coulmiers ;

La 3ᵉ division, aux Barres ;

La 1ʳᵉ division du 15ᵉ corps, à Chilleurs-aux-Bois ;

La 2ᵉ division, entre Chevilly et Gidy ;

La 3ᵉ division, entre Gidy et Boulay ;

Les 18ᵉ et 20ᵉ corps, à Bellegarde.

Vis-à-vis de la gauche de l'Armée de la Loire se trouvait la subdivision d'armée du grand-duc de Mecklembourg-Schwerin :

Le Iᵉʳ Bavarois, à Orgères ;

La XVIIᵉ division d'infanterie, à Allaines ;

La XXIIᵉ division d'infanterie et la IIᵉ division de cavalerie, à Toury ;

La IVᵉ division de cavalerie, à Baigneaux.

Ensuite, se prolongeait l'armée du prince Frédéric-Charles :

Le IXᵉ corps, à Pithiviers ;

Les IIIᵉ et Xᵉ corps, à Beaune-la-Rolande ;

Les Iʳᵉ et VIᵉ divisions de cavalerie, en avant du front.

____

(1) *Cours d'histoire militaire*, par le commandant Ferré, page 241.

Le général d'Aurelle de Paladines « aurait voulu réunir les trois divisions du 15e corps et rapprocher les 18e et 20e du reste de l'armée (1). » Il réclamait au moins la concentration des 15e et 16e corps, émettant l'avis « qu'avant de marcher sur Pithiviers, il fallait battre l'armée allemande qui se trouvait à Janville (2) et qu'on ne pouvait, sans péril, laisser des forces aussi considérables sur notre flanc gauche. M. de Freycinet soutint avec opiniâtreté que le corps de Chanzy était plus que suffisant pour battre le duc de Mecklembourg. »

Les observations du général d'Aurelle de Paladines ne furent pas acceptées et l'on s'en tint au plan d'opérations apporté de Tours par M. de Freycinet.

Un 21e corps, formé au Mans sous le capitaine de vaisseau Jaurès, viendrait à Marchenoir remplacer le 17e corps, et le 17e corps viendrait à Orléans garder le camp retranché. Les 15e, 16e, 18e et 20e corps, formant l'armée d'opération, se porteraient au-devant de l'Armée de Paris en débouchant par Pithiviers. Le changement de front nécessaire pour orienter l'Armée de la Loire dans cette nouvelle direction, s'opérait par une immense conversion à droite, le 16e corps formant l'aile marchante.

C'est ainsi que le 16e corps commença le mouvement le 1er décembre. Cette journée fut heureuse pour les Français qui bousculèrent à Terminiers, Gommiers et Villepion les avant-postes du Ier bavarois, et les rejetèrent en désordre sur Orgères et Loigny.

En présence de ce mouvement offensif inattendu, le grand-duc de Mecklembourg-Schwerin concentra sa subdivision d'armée, dans la matinée du 2 décembre, sur la ligne Tanon-Baigneaux, tandis que le prince Frédéric-Charles ramenait la majeure partie du IXe corps de Pithiviers sur Bazoches-les-Gallerandes, et faisait venir le IIIe corps de Beaune-la-Rolande à Pithiviers.

Le 2 décembre, le 16e corps reprit sa marche, ayant Bai-

___

(1) *La Première Armée de la Loire*, par le général d'Aurelle de Paladines, pages 275 et 277.
(2) La subdivision d'armée du grand-duc de Mecklembourg-Schwerin.

gneaux et Loigny pour objectifs. Les 3° et 2° divisions du
15° corps entamaient à leur tour le mouvement de conversion
pour se porter à hauteur du 16° corps. Le général Chanzy
engagea ses trois divisions, à Loigny et à Poupry ; des fractions du 15° corps intervinrent ; le général de Sonis amena,
jusqu'à Loigny, quelques détachements de son corps d'armée.
Après un combat très sérieux, les Allemands restèrent maîtres
du terrain.

Dans la soirée du 2 décembre, la marche de l'aile gauche de
l'Armée de la Loire était enrayée, comme avait été brisée, quatre
jours auparavant, l'offensive de son aile droite sur Beaune-la-
Rolande.

A ce même moment la France lisait la proclamation suivante
de Gambetta :

> « Tours, 1er décembre, 8 heures soir.

> « Le génie de la France, un moment voilé, reparaît !

> « Grâce aux efforts du pays tout entier, la victoire nous
revient ; et comme pour nous faire oublier la longue série
de nos infortunes, elle nous favorise sur presque tous les
points. En effet, notre Armée de la Loire a déconcerté,
depuis trois semaines, tous les plans des Prussiens et
repoussé toutes leurs attaques. Leur tactique a été impuis-
sante sur la solidité de nos troupes, à l'aile droite comme à
l'aile gauche.....

> « Nos troupes d'Orléans sont vigoureusement lancées en
avant ; nos deux grandes armées marchent à la rencontre
l'une de l'autre. Dans leurs rangs, chaque officier, chaque
soldat sait qu'il tient dans ses mains le sort même de la
Patrie. Cela seul les rend invincibles.

> « Qui donc douterait désormais de l'issue finale de cette
lutte gigantesque ? Les Prussiens peuvent mesurer aujour-
d'hui la différence qui existe entre un despote qui se bat
pour satisfaire ses caprices, et un peuple armé qui ne veut
pas périr. Ce sera l'éternel honneur de la République d'avoir
rendu à la France le sentiment d'elle-même, et l'ayant

trouvée désarmée, abaissée, trahie, occupée par l'étranger, de lui avoir ramené l'honneur, la discipline, les armées, la victoire !

« L'envahisseur est maintenant sur la route où l'attend le feu de nos populations soulevées. Voilà ce que peut une grande nation qui veut garder intacte la gloire de son passé, qui ne verse son sang et celui de l'ennemi que pour le triomphe du droit et de la justice du monde.

« La France et l'univers n'oublieront jamais que c'est Paris qui, le premier, a donné cet exemple, enseigné cette politique, et fondé ainsi sa supériorité morale en restant fidèle à l'héroïque esprit de la Révolution.

« Vive Paris ! Vive la France ! Vive la République une et indivisible.

« Signé : Léon GAMBETTA. »

À l'heure où les Français prenaient connaissance de cette proclamation, le destin de la France était fixé, et la fortune ne devait plus lui sourire jusqu'à la fin de la guerre.

Quand tout était compromis, dans la soirée du 2 décembre, le Ministre de la guerre remit au général d'Aurelle de Paladines le commandement de toute l'armée, et lui rendit la disposition des 17e, 18e et 20e corps (1). Dès qu'il eut en mains la direction effective, le général en chef s'efforça de concentrer l'Armée de la Loire.

Les 16e et 17e corps furent placés sous le commandement du général Chanzy ; les trois divisions du 15e corps furent réunies sous les ordres du général Martin des Pallières, et l'ordre fut

____

(1) Une assez vive polémique s'est engagée, après la guerre, au sujet de la date précise de cette remise du commandement. Il semble que la dépêche officielle suivante lève tous les doutes :

Tours, 2 décembre 1870, 4 heures soir.

Il demeure entendu qu'à partir de ce jour, et par suite des opérations en cours, vous donnerez directement vos instructions stratégiques aux 15e, 16e, 17e, 18e et 20e corps.

J'avais dirigé jusqu'à hier les 18e et 20e, et par moments le 17e. Je vous laisse ce soin désormais.

Signé : Léon GAMBETTA.

donné à ces deux généraux de ramener leurs troupes sur le camp retranché d'Orléans. Enfin, les 18e et 20e corps étaient mis sous la direction du général Bourbaki auquel on donnait l'ordre de se rapprocher d'Orléans.

L'Armée de la Loire allait donc se trouver concentrée. Mais les ordres du général en chef ne purent être exécutés, car les Allemands prenaient à leur tour une vigoureuse offensive.

Le Grand État-Major allemand, qui n'avait plus rien à craindre de l'Armée de Paris, envoyait au prince Frédéric-Charles, le 2 décembre, l'ordre d'attaquer directement Orléans. En conséquence, le prince mettait toute son armée en mouvement, le 3 décembre, en la faisant converger vers cette ville.

Le IXe corps, partant de Bazoches-les-Gallerandes, gagna la grande route de Paris et s'avança par Artenay, Chevilly, Cercottes, pour entrer dans Orléans par le nord.

Le IIIe corps, partant de Pithiviers, arrivait par l'est, et s'interposait entre le centre et l'aile droite de l'Armée de la Loire.

La subdivision d'armée du Grand-Duc abordait la ville par l'ouest.

Le Xe corps servait de réserve générale derrière le IXe corps.

Ces mouvements s'exécutèrent les 3 et 4 décembre pour se terminer, dans la soirée du 4 décembre, par l'entrée des Allemands dans Orléans. L'Armée de la Loire, coupée en trois tronçons, avait perdu dans ces deux journées 20,000 hommes, dont 18,000 prisonniers. Les pertes allemandes s'élevaient à 1,700 hommes environ.

CHAPITRE V

Situation sur la Loire dans les premiers jours de Décembre 1870

———

A la suite du désastre d'Orléans, l'armée française battit en retraite dans trois directions différentes.

Les 18e et 20e corps, remontant la vallée de la Loire, traversèrent le fleuve à Sully et Jargeau.

Le 15e corps se retira en Sologne, par la Ferté-Saint-Aubin, Lamotte-Beuvron et Salbris.

Les 16e et 17e corps, restant sur la rive droite de la Loire, se repliaient vers Beaugency et Marchenoir.

La retraite de ces colonnes s'effectua au prix des plus cruelles privations et, très souvent, dans un désordre inouï ; on cite des détachements qui ne s'arrêtèrent qu'à Limoges. Le froid devenu très vif depuis le 1er décembre (1), la neige tombée avec abondance, le verglas couvrant les routes, augmentaient les souffrances des soldats dont le moral fut sérieusement ébranlé.

La Délégation de Tours accusa le général d'Aurelle de Paladines d'être la cause de ces malheurs, lui retira son commandement et décréta, le 6 décembre, une nouvelle organisation de l'armée.

Les 15e, 18e et 20e corps, sous les ordres du général Bourbaki, formeraient la Première armée de la Loire ; les 16e et 17e corps, sous les ordres du général Chanzy, formeraient la Deuxième armée de la Loire.

---

(1) Le thermomètre descendit à 6 ou 7 degrés sous zéro.

Après des hésitations qui causèrent des allées et venues énervantes pour la troupe, le général Bourbaki obtint du ministre de la guerre l'autorisation de ramener son armée jusqu'à Bourges ; le 11 décembre seulement, les trois corps furent réunis autour de Bourges.

L'histoire de leur retraite à travers la Sologne, du 5 au 11 décembre, serait pleine d'intérêt. « S'il y a peu de profits tactiques ou stratégiques à tirer de cette étude, on pourrait y puiser de grands enseignements sur la façon dont on doit conduire les troupes et ménager leurs forces..... Par suite des ordres et contre-ordres venant de plusieurs directions, la Première armée de la Loire ne fit rien pendant six jours, et cependant ne se reposa pas. Des marches et des contre-marches lui prirent son temps et ses forces (1). »

Cette armée devait être pour longtemps hors d'état de participer à aucune action de guerre. A peine reconstituée, elle fut transportée dans l'Est, et nous ne la verrons plus prendre part aux opérations sur la Loire.

Tout l'effort de l'armée du prince Frédéric-Charles allait donc désormais se porter sur la Deuxième armée de la Loire.

Toutefois, dans les premiers jours qui suivirent les combats d'Orléans, le Prince avait dispersé son armée, à la poursuite des colonnes françaises, dans les trois directions principales qu'elles avaient prises.

La Ire division de cavalerie et le IIIe corps furent lancés à la poursuite des 18e et 20e corps français ; la VIe division de cavalerie et une partie du Xe corps s'engageaient, par la grande route de Sologne, sur les traces du 15e corps ; la subdivision d'armée du grand-duc de Mecklembourg-Schwerin suivait, sur la rive droite de la Loire, les 16e et 17e corps, et son mouvement était appuyé par une partie du IXe corps qui descendait par la rive gauche de la Loire, en se maintenant à hauteur du Grand-Duc.

Après quelques jours d'une poursuite assez molle, il apparut

____

(1) *Les Armées de la Loire*, par le capitaine Gordier, page 200.

que, dans les deux premières directions, les Français se retiraient trop loin pour qu'il fût prudent de s'engager à leur suite jusqu'au cœur même du pays, tandis que, sur la Loire, à deux marches d'Orléans, le Grand-Duc se heurtait à une résistance opiniâtre.

Le prince Frédéric-Charles ne laissait alors en Sologne, pour surveiller l'armée de Bourges, que la VI⁰ division de cavalerie appuyée par un détachement d'infanterie, et il concentrait toutes ses forces vis-à-vis de la Deuxième armée de la Loire.

Les 16ᵉ et 17ᵉ corps français, qui composaient cette armée, avaient été beaucoup moins éprouvés que le 15ᵉ corps aux combats d'Orléans. Coupés du reste de l'armée dont ils formaient l'aile gauche, ils avaient été rejetés, dans la journée du 4 décembre, derrière les bois de Bucy-Saint-Liphard et de Montpipeau où le général Chanzy avait réussi à rallier la 1ʳᵉ division du 16ᵉ corps et le 17ᵉ corps.

Le lendemain, 5 décembre, tandis que les 2ᵉ et 3ᵉ divisions du 16ᵉ corps arrivaient dans un complet désordre à Mer, à Beaugency et jusqu'à Blois, la retraite du 17ᵉ corps et de la 1ʳᵉ division du 16ᵉ s'effectuait, sous la direction du général Chanzy, « avec beaucoup de précision et d'ordre (1), » et ces troupes s'établissaient sur une ligne allant de Lorges à Beaugency, s'appuyant par la droite à la Loire et par la gauche à la forêt de Marchenoir. En rendant compte au ministre de la guerre de cette décision qu'il avait prise, le général Chanzy annonçait qu'il « tiendrait sur cette ligne jusqu'à ordre contraire (2) ».

Le ministre répondit au général en approuvant sa conduite et en lui notifiant le lendemain, 6 décembre, sa nomination au commandement de la Deuxième armée de la Loire.

La Deuxième armée de la Loire comprenait les 16ᵉ et 17ᵉ corps ; on la renforça d'un 21ᵉ corps, de formation récente, et d'une division de toutes armes, la division Camô.

Le vice-amiral Jauréguiberry reçut le commandement du

____

(1) *La Deuxième Armée de la Loire*, par le général Chanzy, page 17.
(2) Lettre du général Chanzy, datée de Baccon, 5 décembre, 1 heure soir.

16e corps; le général de Colomb celui du 17e corps, et le contre-amiral Jaurès celui du 21e corps. Ce dernier corps comptait de nombreuses et excellentes troupes de marine, mais on y voyait, par contre, les premiers gardes nationaux sédentaires mobilisés.

A la date du 6 décembre, la Deuxième armée de la Loire s'élevait au chiffre approximatif de 120,000 rationnaires, dont (1) :

100,000 fantassins ;
10,000 cavaliers ;
5,000 artilleurs ;
1,000 soldats du génie ;
4,000 soldats du train et des services administratifs ;
360 bouches à feu environ, mitrailleuses et pièces de montagne comprises.

Mais, sur cet effectif, on ne pouvait mettre en ligne que 75,000 combattants ainsi répartis (2) :

Le grand quartier-général, à Josnes ;

Le 21e corps, à Morée, Ecoman, Saint-Laurent-des-Bois, Marchenoir ;

La division de cavalerie Michel, à Poisly ;

La 1re division du 16e corps, à Lorges ;

Le 17e corps, entre le Plessis et Loynes ;

La division de cavalerie Guépratte, à Clos-Moussu et Boygnes ;

La division Camo, à Beaumont, le Mée et Beaugency, avec une avant-garde, — régiment de gendarmerie à pied —, à Meung-sur-Loire.

L'armée allait encore être renforcée de la division Gougeard, du 21e corps, qui terminait au Mans son organisation, et des 2e et 3e divisions du 16e corps, qui se reconstituaient à Blois.

Le général en chef était décidé à tenir ferme sur ces positions et à attendre ainsi, « le plus près possible de Paris, que les circonstances et le concours que la Première armée de la Loire pourrait prêter, une fois organisée, lui permissent de

(1) *Les Armées de la Loire*, par le capitaine Cordier, page 205.
(2) *La Deuxième Armée de la Loire*, par le général Chanzy, pages 108 et 109.

reprendre les opérations vers le Nord..... Si l'ennemi lui en laissait le répit, son intention était de rappeler sur ces positions celles de ses troupes qui étaient en arrière, et d'y former complètement son armée (1). »

Le prince Frédéric-Charles, de son côté, avait prescrit au grand-duc de Mecklembourg-Schwerin de s'avancer, sur la rive droite de la Loire, par Beaugency, vers Tours. Le Ier corps bavarois, les XVIIe et XXIIe divisions d'infanterie, les IIe et IVe divisions de cavalerie venaient ainsi se heurter, dès le 6 décembre, aux positions occupées par la Deuxième armée de la Loire.

Les 6, 7, 8 décembre, des actions s'engagèrent sur ce front, principalement à l'aile droite des Français, et avec des chances diverses. Les Allemands subirent des pertes sérieuses. Leur matériel d'artillerie était dans un état pitoyable, et leurs troupes très fatiguées (2). « L'infanterie n'était pas en état de mettre en ligne plus de 17,000 fusils. »

Très surpris de cette résistance inattendue, le prince Frédéric-Charles rappelait, le 9 décembre, le IIIe corps, le Xe corps et la Ire division de cavalerie lancés à la poursuite de la Première armée de la Loire, et il pressait la marche du IXe corps qui descendait le long du fleuve, par la rive gauche, cherchant un passage qui lui permît de prendre à revers la position des Français.

Jusqu'à l'arrivée de ces renforts, et en attendant les effets de la manœuvre du IXe corps, le Grand-Duc renonçait à toute idée d'offensive. Dans la journée du 9 décembre, il dessinait même un mouvement de retraite. Mais le général Chanzy, prenant l'offensive dès le matin, le forçait à combattre encore toute la journée.

Le ministre de la guerre était arrivé le 9 décembre, à 6 heures du soir, au quartier-général de Josnes où il passa la nuit : « Il put se rendre compte de la vigueur avec laquelle l'armée nouvelle résistait à l'ennemi de la France... Nos troupes pouvaient

(1) *La Deuxième Armée de la Loire*, par le général Chanzy, page 103.
(2) *Blume*, page 184.

tenir encore, mais leur résistance avait pour limite leurs forces, et leur grande fatigue faisait prévoir que cette limite était prochaine.... Il fallait donc prendre un parti. Deux se présentaient : continuer la lutte sur les positions qu'on occupait, dans le cas où les corps de la rive gauche pourraient, de leur côté, reprendre leurs opérations et attirer sur eux une partie de l'armée du prince Charles ; sinon, battre en retraite sur Vendôme ou sur le Mans, pour se reconstituer derrière le Loir ou la Sarthe, si aucune diversion n'était possible. Dans le premier cas, on pouvait encore avoir l'espoir d'user l'ennemi dont les troupes étaient déjà très éprouvées par la fatigue, réduites par les pertes, et le réjeter dans l'Est en reprenant Orléans (1). »

Le général Chanzy était partisan de la première hypothèse, et il avait foi dans le succès d'une opération combinée avec le général Bourbaki.

Il ne savait pas dans quel déplorable état se trouvait, à cette date, la Première armée de la Loire. Le ministre de la guerre l'en informa. Il ajouta que la retraite sur le Loir avait été prévue à Tours comme une chose inévitable et que, dans cette prévision, le siège de la Délégation du Gouvernement allait être transporté à Bordeaux.

Fixé sur les intentions du ministre par cet entretien avec lui, le « commandant en chef de la Deuxième armée, tout en prenant sa résolution d'une retraite sur le Loir d'abord, voulut essayer encore de tenir tête à l'ennemi, comptant sur les changements de fortune si fréquents à la guerre (2). »

La lutte recommença donc le 10 décembre, et cette journée fut plutôt favorable aux Français.

« Ils avaient fait 400 prisonniers. L'ennemi, refoulé sur toute la ligne, avait sensiblement perdu du terrain...., nous restions maîtres de nos positions.

« Ce jour-là encore, si une diversion sérieuse avait pu être faite sur l'autre rive de la Loire, nous eussions refoulé l'ennemi

---

(1) *La Deuxième Armée de la Loire*, par le général Chanzy, page 142.
(2) *Ibid.* *Ibid.* page 143.

sur ses positions autour d'Orléans ; l'ardeur des troupes était telle qu'à diverses reprises, pendant l'action, le général en chef avait dû donner l'ordre aux divisions de ne pas se laisser entraîner trop loin, tout mouvement de l'armée [en dehors de ses positions étant imprudent et inutile..... Aussi, avant de prendre un parti définitif, le général en chef voulut encore faire une tentative auprès du ministre de la guerre, qui était alors à Bourges. Il lui télégraphia, ainsi qu'au général Bourbaki, le 10 au soir, ce qui suit :

« Le mouvement qu'il est possible et indispensable de faire pour rétablir, coûte que coûte, notre situation, est le suivant : marcher de Bourges sur Vierzon ; pousser le gros de la Première armée, par Romorantin, sur Blois ; prendre position entre la Loire et le Cher pour intercepter les communications de l'ennemi entre Orléans et son armée engagée sur Tours, de façon à couper cette dernière de sa base d'opérations. Si ce mouvement se fait, je me charge de tenir sur la rive droite de la Loire (1). »

Le ministre répondit que la Première armée n'était pas en état d'entreprendre une opération importante ; le général Chanzy n'avait à compter que sur lui-même.

« D'ailleurs, la situation se compliquait sur la Loire (2), » et les graves événements qui s'étaient déroulés sur la rive gauche du fleuve, à Chambord et à Blois, dans les journées des 9 et 10 décembre, allaient déterminer le général Chanzy à mettre son armée en retraite pour lui éviter un désastre.

____

(1) *La Deuxième Armée de la Loire,* par le général Chanzy, pages 150, 151.
(2)   *Ibid.*   *Ibid.*   page 151.

CHAPITRE VI

Manœuvre du IXe corps allemand
sur la rive gauche de la Loire. — Surprise
de Chambord

Tandis que la subdivision d'armée du grand-duc de Mecklembourg-Schwerin combattait de front, sur la rive droite de la Loire, l'armée du général Chanzy, le IXe corps allemand, renforcé de la IIIe brigade de cavalerie (1), descendait la vallée de la Loire, sur la rive gauche, en se maintenant à hauteur du Grand-Duc, pour appuyer son mouvement.

Le IXe corps d'armée, commandé par le général de Manstein, se composait :

De la XVIIIe division d'infanterie prussienne, lieutenant-général baron de Wrangel ;

De la XXVe division d'infanterie composée du contingent hessois, sous les ordres du prince Louis de Hesse ;

De la XXVe brigade de cavalerie hessoise.

Avec le renfort de la IIIe brigade de cavalerie prussienne, le détachement avait un effectif de 23 bataillons, 12 escadrons et 90 bouches à feu. Il marchait en deux colonnes : la XVIIIe division d'infanterie et la IIIe brigade de cavalerie longeant la Loire, la division hessoise et sa brigade de cavalerie plus à gauche.

Le général de Manstein ne rencontrait d'abord aucun obstacle.

Dans la vallée de la Loire, sur la rive gauche, il n'y avait

_____

(1) Détachée de la IIe division de cavalerie.

plus de troupes françaises depuis le désastre d'Orléans, sauf les francs-tireurs de la Sarthe, sous le commandant de Foudras, qui occupaient Saint-Laurent-des-Eaux, et les francs-tireurs Lipouski qui gardaient le parc de Chambord avec les mobiles de la Haute-Vienne.

Le 6 décembre, le commandant de Foudras informait le général Chanzy que des uhlans traversaient Cléry et, suivis d'autres troupes, s'engageaient sur la levée de la Loire. Tous les ponts, entre Orléans et Blois, étant coupés, l'objectif de l'ennemi devenait le pont de Blois. « Il fallait donc bien veiller sur cette ville dont le pont, qui pouvait nous être si utile, ne devait être détruit qu'à la dernière extrémité (1). »

Ce pont devait en effet servir de liaison entre les deux armées de la Loire au cas où l'action combinée, si vivement réclamée par le général Chanzy, aurait eu lieu ; il importait pour cela de le conserver. Mais, d'un autre côté, si le IX⁰ corps allemand sur-prenait ce passage, il pouvait y franchir le fleuve, et la Deuxième armée de la Loire attaquée de front par la subdivision d'armée du Grand-Duc, et prise à revers par le IX⁰ corps, se trouvait dans une situation des plus dangereuses.

Telle était l'importance du pont et de la position de Blois.

Cette ville était occupée, depuis le 5 décembre, par des troupes de toutes sortes qui s'y étaient réfugiées, à la suite des combats d'Orléans.

Le général Peitavin, commandant la 3⁰ division du 15⁰ corps, au lieu de suivre la ligne de retraite de son corps d'armée, avait dirigé les débris de sa division sur Blois, par la rive gauche de la Loire. Il y amenait ainsi, le 5 décembre, une partie du 33⁰ et du 16⁰ de ligne, des mobiles du Puy-de-Dôme, une cinquantaine de dragons, son peloton d'escorte, une batterie d'artillerie et l'ambulance de la division, soit 1,500 hommes environ.

Il y avait encore à Blois des fractions du 17⁰ corps et des divisions Barry et Morandy du 16⁰ corps. Des détachements entiers de ces deux divisions y étaient arrivés, dans le plus

______

(1) *La Deuxième Armée de la Loire*, par le général Chanzy, page 111.

grand désordre, après le combat d'Orléans (1), et le général Chanzy avait donné l'ordre aux généraux Barry et Morandy de se rendre à Blois pour y reconstituer entièrement leurs divisions.

Le général Barry « devait ensuite rentrer, le plus promptement possible, à sa place au 16° corps, tandis que le général Morandy devait occuper Blois et y reformer complètement sa division pour défendre les ouvrages qui avaient été préparés autour de la ville, et principalement le parc de Chambord (2). »

Le général Morandy reçut ces ordres, le 7 décembre à 2 heures du soir, à Beaugency où il se trouvait avec une partie de sa division. Il se mit aussitôt en route pour Blois, où il arriva dans la soirée.

Le lendemain matin, 8 décembre, « il envoya sa 1re brigade, — colonel Marty, 36° de marche et 8° mobiles —, s'établir à Chambord, dans l'intérieur du parc, avec ordre d'occuper les portes de Muides et de Saint-Dyé. La 2° brigade suivait la 1re, et devait faire occuper les autres portes du parc par de l'infanterie. L'artillerie, soutenue par des bataillons d'infanterie, devait placer une batterie derrière les épaulements construits en avant du château de l'Orme, une seconde derrière les ouvrages de défense de Bracieux, la troisième dans l'intérieur du parc, comme réserve. Le convoi, escorté par 4 compagnies, devait s'arrêter à Huisseau-sur-Cosson (3). » Les francs-tireurs Lipouski et leurs éclaireurs à cheval étaient placés sous le commandement du colonel Marty, qui leur confiait la mission de surveiller les abords du parc.

Le général Morandy complétait ces mesures de défense en décidant que la batterie amenée par le général Peitavin serait placée sur la rive droite de la Loire, près de La Chaussée-Saint-Victor, sur une position reconnue depuis longtemps par le Comité de défense de Blois, et qui avait des vues et un champ de tir étendu sur la rive gauche.

---

(1) Voir annexe, documents n°° 11, 12, les rapports des généraux Barry et Morandy.

(2) *La Deuxième Armée de la Loire*, par le général Chanzy, page 111.

(3) Rapport du général Morandy au général Chanzy. — Voir annexe, document n° 17.

— 123 —

On pouvait espérer, par ces mesures, retarder la marche du
IX° corps allemand. Mais les événements allaient en disposer
autrement.

Dans cette journée du 8 décembre, par suite d'un malentendu,
l'aile droite de la Deuxième armée de la Loire avait évacué
Beaugency et battu en retraite, non sans désordre, jusqu'à Mer,
dont le pont fut rompu. Ces nouvelles parvinrent à Blois dans la
nuit du 8 au 9 décembre.

Le général Michaux, commandant de la subdivision de région,
convoqua immédiatement les généraux Morandy, Peitavin et le
Comité de défense de Blois, et leur exposa la situation. Ne sachant
où s'arrêterait le mouvement de retraite de l'armée, les généraux prirent l'initiative de concentrer à Blois, sur la rive droite,
toutes les troupes dont ils disposaient, afin de soutenir l'aile de
l'armée qui battait en retraite. Le général Morandy fit revenir
à Blois les troupes qu'il venait d'envoyer à Chambord, et rendit
compte de cette détermination au général Chanzy.

Un peu plus tard, le général Peitavin reçut une dépêche du
général Chanzy confirmant les nouvelles reçues à Blois dans la
nuit. Le général Peitavin était plus ancien de grade que le général
Morandy. Il crut bien faire en lui ordonnant, à 11 heures du
matin (9 décembre), de se porter immédiatement sur Mer, avec
sa division, au secours de l'armée.

Le général Morandy était sur le point de se mettre en route
lorsqu'il reçut, à son tour, une dépêche du général Chanzy
« lui ordonnant de ne recevoir d'ordres que du général en chef
lui-même, de reprendre position en avant de Blois, sur la rive
gauche, en se ménageant la possibilité d'une retraite s'il y était
amené (1). »

C'est que le général Chanzy avait reformé, derrière le ravin
de Tavers, son aile droite un instant en désordre. Il n'avait
besoin d'aucun soutien en arrière. Il était, au contraire, préoc-
cupé des progrès du IX° corps allemand sur la rive gauche ; il

---

(1) Rapport du général Morandy au général Chanzy. — Voir annexe, document n° 17.

craignait d'être tourné et pris à revers de ce côté, et les déterminations prises à Blois par les généraux, déterminations qu'il venait d'apprendre par le compte rendu du général Morandy, lui semblaient dangereuses.

Le général Morandy renvoya, dans l'après-midi, sa division à Chambord, sur les positions indiquées la veille.

« Afin de mieux surveiller le mouvement, raconte le général Morandy, je précédai la deuxième brigade, et rejoignis bientôt la tête de la 1re compagnie qui se trouvait en avant de Huisseau-sur-Cosson......

« En arrivant près du château, je trouvai l'état-major des francs-tireurs Lipouski, — le colonel était absent, et remplacé par le commandant La Cecilia. — J'étais en train de leur demander des renseignements sur les mouvements de l'ennemi et sur l'emplacement de leurs postes, lorsqu'arriva un sous-officier annonçant l'arrivée des Prussiens aux portes nord du parc. En même temps, la canonnade et la fusillade se faisaient entendre, et les bataillons dirigés vers les portes étaient atteints par le feu de l'ennemi avant d'arriver aux murs. Nos troupes étaient frappées par les créneaux percés par nous. L'action s'engageait donc dans des conditions déplorables que j'aurais évitées si j'avais été prévenu plus tôt de la présence de l'ennemi et des points occupés par lui, par les francs-tireurs de Paris et leurs éclaireurs à cheval.

« Nos troupes ainsi attaquées ne tinrent guère et se replièrent en désordre, par le bois, sur le reste de la colonne et la batterie qui était en réserve. Ces dernières troupes, suivant une route bordée à droite et à gauche par des taillis, ne pouvaient pas prendre position.

« Je savais la porte de Bracieux gardée par les francs-tireurs de Cathelineau que j'avais vu dans la journée à Blois. J'avais une retraite assurée ; j'ordonnai de prendre cette direction.....

« Dans le désordre amené, près du château, par les troupes repoussées, l'ennemi prit cinq pièces de 4 et fit un certain nombre de prisonniers.

« Les forces qui nous ont attaqués sont évaluées à 15,000 hommes et 18 canons.

« En résumé, cette surprise aurait été évitée si les francs-tireurs avaient fait leur devoir (1). »

La colonne ennemie, entrée par surprise dans Chambord, était la pointe d'avant-garde de la division hessoise, 50 hommes environ (2). Ce faible détachement arriva au château à la nuit tombante, « prit 5 canons, 12 caissons, 60 chevaux et plus de 200 hommes (3). »

Comme la nuit était venue, que les routes, toutes à travers bois, étaient coupées et encombrées d'abattis, les Hessois ne firent aucune poursuite et prirent seulement possession du château et des portes du parc (4).

Les Français, dont un grand nombre avaient abandonné leurs sacs et leurs fusils, se retirèrent par la route de Bracieux, traversèrent ce bourg dans un désordre inexprimable (5), et gagnèrent Chaumont, tout d'une traite, par la vallée du Beuvron.

Tandis que la division hessoise s'emparait de Chambord, la XVIIIᵉ division d'infanterie prussienne et la IIIᵉ brigade de cavalerie s'avançaient sur Blois par Muides, Saint-Dyé et Montlivault.

Le 8 décembre, le détachement s'était heurté à Saint-Laurent-des-Eaux, vers 3 heures du soir, aux francs-tireurs du commandant de Foudras et à un bataillon du 31ᵉ régiment de marche, renforcé d'une batterie d'obusiers (6). Les Français se replièrent

------

(1) Rapport du général Morandy au général Chanzy. — Voir annexe, document n° 17.

(2) De la 8ᵉ compagnie du 4ᵉ régiment d'infanterie hessoise.

(3) *Grand État-Major Allemand*, 14ᵉ livraison, page 635.

(4) En fuyant de Chambord, des francs-tireurs appartenant au corps Lipouski mirent le feu dans une des salles du château. Il y avait longtemps d'ailleurs qu'ils parlaient de brûler le château et toute la forêt. L'incendie prit des proportions inquiétantes et M. Arnoux, régisseur du château, secondé par son garde-chef M. Michou, dut s'adresser aux Allemands pour organiser des secours, tous les habitants du village s'étant enfuis dans les bois. Une escouade de vingt soldats hessois fut mise à leur disposition ; on parvint heureusement à se rendre maître du feu.

(5) Voir : *Le Corps de Cathelineau pendant la Guerre* (1870-1871), par le général Cathelineau, pages 345 et suivantes.

(6) Ce bataillon et cette batterie avaient été envoyés de Mer à Saint-Laurent-des-Eaux, le 7 décembre, avant la rupture du pont de Mer. Le général Chanzy n'avait pas approuvé cette mesure prise sur l'initiative du colonel Baille. (Voir annexe, document n° 15).

sur Muides, puis sur Saint-Dyé et Montlivault, les francs-
tireurs formant l'arrière-garde en combattant sans cesse (1). A
Montlivault se trouvait un bataillon d'infanterie qui gardait des
ouvrages de fortification exécutés, le mois précédent, par le Comité de défense de Blois ; les Français se décidèrent à tenter
quelque résistance sur cette position. Les Allemands, continuant
leur marche sur Blois, parurent dans l'après-midi du 9 décembre.
Un combat s'engagea et, après une courte résistance, les
Français, abandonnant la partie, se replièrent sur Blois, où ils
arrivèrent à la nuit. Les Allemands, qui estimaient avoir devant
eux une division entière (2) alors qu'il y avait 2 bataillons d'infanterie, 225 francs-tireurs et 6 obusiers, ne firent pas de
poursuite. Ils avaient perdu dans ces divers engagements, le
9 décembre, tant à Chambord qu'à Montlivault, une cinquantaine
d'hommes et un officier.

Le IX⁰ corps allemand se trouvait donc, dans la soirée du
9 décembre, à une demi-marche de Blois et il n'y avait plus,
sur la rive gauche de la Loire, aucune troupe française pour
enrayer son mouvement. Il n'était pas douteux qu'il essayerait
le lendemain, 10 décembre, de forcer, à Blois, le passage de la
Loire. De graves complications pouvaient alors surgir, car le
général Chanzy avait résolu de tenir encore sur les lignes de
Josnes pendant toute la journée du 10 décembre et nous voyons,
par ses ordres, combien il se préoccupait de la situation sur la
rive gauche de la Loire et des menaces du IX⁰ corps allemand
qui pouvait franchir le fleuve et prendre à revers l'armée
française :

Général Chanzy au général Michaux, à Blois

Josnes, 10 décembre 1870.

Tenez-moi exactement renseigné sur la marche des Prussiens
par la rive gauche ; communiquez cette dépêche au général
Peitavin qui devra se placer sous vos ordres avec tout ce qu'il
a du 15⁰ corps.

---

(1) Trente-sept francs-tireurs furent tués dans cette retraite. (*Les Francs-
Tireurs de la Sarthe*, par le comte de Foudras, pages 109 et 110).
(2) Voir annexe, document n⁰ 30.

Où est le général Morandy ?

Ne dirigez personne sur Tours.

Continuez à bien surveiller le fleuve en amont et en aval de Blois ; il faut à tout prix empêcher l'ennemi d'établir un pont de bateaux ; ses forces sur la rive gauche ne peuvent être considé-rables. Je donne l'ordre à Blois de résister à outrance...

Signé : CHANZY.

Général Chanzy à général Camô, à Mer

Josnes, 10 décembre 1870, 2 h. matin.

D'après avis donné par préfet de Loir-et-Cher, les Prussiens ne sont pas à Blois ; on les dit entre Saint-Dyé et Montlivault, ayant jeté un pont à Saint-Dyé. Vous avez à Mer tout ce qu'il faut pour défendre ce point... Si le pont de Mer est réellement coupé, et si vous n'avez rien à craindre, envoyez à Blois, pour la défense de cette ville, les deux batteries qui vous restent. Rendez-moi compte.

Signé : CHANZY.

Général Chanzy au préfet de Blois

Josnes, 10 décembre 1870.

Il importe que je sache exactement où est l'ennemi sur la rive gauche, quelle est sa force et si, réellement, il a jeté un pont à Saint-Dyé.

Si Blois est réellement menacé, j'y enverrai deux batteries d'artillerie qui sont à Mer, si la route est sans danger. Le général Morandy doit défendre la rive gauche et ne se replier sur Blois qu'en cas de nécessité. J'ai toute confiance dans son énergie.

Signé : CHANZY.

Général Chanzy au général Peitavin, à Blois

Josnes, 10 décembre 1870.

Faites reconnaître et sachez me dire au plus vite ce que tente l'ennemi le long de la Loire et quelles peuvent être sa force et sa position. Empêchez, par tous les moyens possibles, un

passage sur un pont de bateaux ou en bateaux et cherchez à bien
protéger la ligne du chemin de fer.

Signé : CHANZY.

Général Chanzy à général Peitavin, à Blois

Josnes, 10 décembre, 3 h. soir.

L'ennemi ne peut être que peu nombreux sur la rive gauche, à
hauteur de Blois. Réorganisez donc toutes les forces que vous
avez sous la main et tenez bon. Préparez la destruction du pont,
mais ne l'exécutez qu'à la dernière extrémité. Il est facile de le
défendre et de la plus haute importance de le conserver, si c'est
possible. Méfiez-vous des exagérations des fuyards. Appréciez
par vous-même les choses, et ne faites sauter le pont que si
l'ennemi forçait le passage.

Tenez-moi exactement informé.

Signé : CHANZY.

Quand il donnait ces ordres, le commandant en chef de la
Deuxième armée de la Loire ignorait à quel point la situation
s'était compliquée devant Blois par la surprise de Chambord et
le combat de Montlivault. Tout dépendait maintenant de l'attitude de la ville et de l'énergie de ses défenseurs.

Et il ne suffisait pas, pour interdire aux Allemands le passage
du fleuve, de faire sauter une arche du pont ; cette destruction
aurait peu d'importance si on s'en tenait là. En quelques heures,
les Allemands, maîtres de la rive gauche, auraient rétabli le
passage s'ils ne rencontraient aucune opposition sur la rive
droite.

Il importait donc, une fois le pont coupé, de défendre la
position de Blois et de s'opposer à toute tentative d'un passage
de vive force ; cette défense était facile, même à de faibles
troupes. Et le salut d'une armée entière tenait à la résolution
qui serait prise !

Blois avait donc une belle occasion, dans de graves circonstances, d'égaler la gloire récemment acquise par Châteaudun.
La municipalité avait pleinement adhéré au Gouvernement de

la Défense nationale, et accepte le principe vital de ce Gouvernement qui voulait la guerre à outrance et le soulèvement national. Dans la séance du 17 septembre 1870, la Commission municipale de Blois avait décidé, à l'unanimité, d'envoyer à Paris l'adresse suivante :

Aux membres du Gouvernement de la Défense nationale :

Citoyens !

Le jour où la France voyait le gouvernement personnel disparaître et où la Patrie se trouvait en danger,

Vous avez relevé le Drapeau de 1792 et proclamé la République.

Tous les hommes de cœur ont approuvé votre dévouement et admiré l'énergie que vous aviez apportée dans les circonstances pénibles que nous traversions.

La Commission municipale de Blois, nommée depuis quelques jours, vient donner l'adhésion la plus complète à ce que vous avez fait.

Tous, nous voulons la France républicaine et l'intégralité du territoire.

Les fils ne failliront pas au mandat que leur ont légué leurs pères !

Le moment étant venu de passer des paroles aux actes, on pouvait croire que l'occasion serait avidement saisie par tous ceux qui avaient manifesté si souvent, les semaines précédentes, leurs belliqueuses intentions.

Or, voici ce qui se passa :

CHAPITRE VII

Attaque de Blois par le IXe corps allemand

Dès le 9 décembre, la situation qui allait être faite à Blois apparaissait assez clairement pour provoquer de violentes discussions entre les autorités civiles et les autorités militaires.

Les généraux Peitavin et Morandy avaient examiné avec le préfet, dans la matinée du 9 décembre, la conduite à tenir en présence de l'ennemi. « Le général Morandy, après avoir délibéré quelques instants avec son collègue, proposa un plan qui consistait à faire sauter le pont de Blois et à défendre la ville dans la ville même. Le préfet opposa à cette résolution une résistance énergique, disant que l'on devait d'abord s'en tenir au plan du Comité de défense, lequel plan avait toujours consisté à ne défendre la ville que hors de la ville et dans les lignes mêmes où des travaux avaient été exécutés.

« A midi, les généraux Morandy, Peitavin, et Michaux se réunirent de nouveau à la préfecture avec leurs états-majors et leurs chefs de corps. A ce moment, le préfet les adjura de prendre la résolution qu'il leur avait indiquée le matin ; et, comme ils semblaient nier la possibilité d'agir avec le genre de troupes dont ils disposaient, le préfet leur reprocha de dénigrer eux-mêmes leurs soldats, et leur dit qu'ils hésitaient à faire ce que le général Chanzy faisait héroïquement depuis huit jours en se battant sans relâche, avec les mêmes troupes.... (1). »

(1) D'après un article paru le 18 juillet 1871, dans le journal *Le Temps*. Cet article, non signé, a été attribué, et la chose paraît très vraisemblable, au préfet de Loir-et-Cher, M. Lecanu.

« La discussion, dit un témoin, était animée. M. le préfet se plaignait des généraux et de l'armée. Il reprochait à ces messieurs de n'avoir pas su communiquer aux soldats la bravoure et l'amour du pays. Il disait qu'il était honteux de les voir fuir comme un troupeau effrayé ; que cependant le Gouvernement n'avait épargné aucun sacrifice, qu'il avait accordé tout ce qu'on avait demandé. Un général répondit qu'on leur avait donné des hommes, et beaucoup trop, mais qu'on ne leur avait pas fourni de soldats, et que si lui, M. le préfet, se croyait assez puissant pour arrêter les fuyards, il l'engageait à user de toute son influence à cet effet... (1). »

C'est pendant ces discussions qu'eut lieu l'échange d'ordres et de contre-ordres qui causèrent la surprise de Chambord.

Une grande agitation régnait également en ville, surtout dans la soirée, après l'arrivée de fuyards de la division Morandy, échappés de Chambord, et à la rentrée des troupes qui avaient combattu à Montlivault. Tous racontaient les nouvelles les plus exagérées. « Chacun s'attendait pour le lendemain aux plus graves événements. Un grand nombre de personnes s'empressèrent de prendre, pendant qu'il en était temps encore, le chemin de fer pour échapper aux Prussiens (2). »

« Tous les convois, une grande partie des troupes d'artillerie, et d'infanterie évacuèrent en désordre la ville, se dirigeant sur Château-Renault (3) ».

Au milieu de cette panique, les Allemands pouvaient se présenter inopinément devant Blois, et s'emparer du pont sans coup férir.

C'est alors que le général Peilavin, « décidé à gagner Mer avec ses troupes, *après qu'il eut été décidé que la ville ne se défendrait pas, prit la résolution, malgré la vive opposition des habitants et de l'autorité civile*, de faire sauter le pont (4) ».

---

(1) Voir : *Le Corps de Cathelineau pendant la Guerre (1870-71)*, par le général Cathelineau, pages 340 et suivantes.
(2) *Les Prussiens à Blois*, par P. Dufresne, page 5.
(3) Rapport du général Barry au général Chanzy, sur les événements de Blois. Voir annexe, document n° 26.
(4) *Ibid.*.

Le général Barry arrivait à ce moment à Blois où se trouvaient des détachements de sa division qu'il cherchait à rallier. Il approuva la décision prise par le général Peitavin, et convint avec lui que la destruction serait opérée le lendemain matin, 10 décembre, avant le jour.

Vers six heures du matin, le feu était mis aux fourneaux de mine, et une arche du pont s'écroulait dans la Loire (1). M. Jollois, ingénieur, membre du Comité de défense, avait dirigé l'opération, obéissant à une réquisition écrite par le général Peitavin.

La Commission municipale de Blois se réunissait aussitôt à la préfecture et, après délibération, rédigeait et faisait afficher dans la ville la protestation suivante :

La Commission municipale de Blois réunie à la préfecture, le préfet étant présent, après avoir délibéré sur la gravité et l'opportunité de l'opération commandée par le général Peitavin, exécutée ce matin à 6 heures 1/2, pour faire sauter le pont de Blois ;

Considérant qu'une dépêche du général de Chanzy, en date de ce jour, à 6 heures 55 du matin, s'exprime en ces termes : « J'ai donné au général Peitavin l'*ordre formel* de ne faire sauter le pont qu'après l'avoir défendu et avoir acquis la certitude qu'il ne pouvait en interdire le passage à l'ennemi » ;

Considérant que l'ordre dont parle de Chanzy était antérieur à la dépêche, qu'ainsi les généraux n'en ignoraient point ;

Considérant que sans attaque de l'ennemi, et par conséquent sans défense, et sans qu'aucun avertissement ait été donné à la Commission municipale en vue de sauvegarder les personnes et les denrées de toute nature qui se trouvaient sur la rive gauche ; qu'enfin malgré les protestations des ingénieurs du département, qui n'ont voulu agir que sur un ordre écrit, les généraux ont fait sauter le pont ce matin, à 6 heures 1/2 précises ;

Tous les membres présents déclarent protester énergiquement contre le fait des généraux, déclarant en décliner toute responsabilité et en référer immédiatement au Gouvernement.

Fait à la préfecture de Blois, en l'absence de MM. Dufay

---

(1) La 5ᵉ arche, à compter de la rive gauche.

et Dauge, membres de la Commission municipale, le 10 décembre 1870.

> A. Contant — J. Guéritté — Robin — Joly-Barbot — Auriau — Estribaud — Dardan — E. Lesguillon — Chavigny — Pousset-Péan — A. Thomas — Postole — Chambellan — Poulain — Delagrange — E. de Sonnier — Yvonneau, membres de de la Commission municipale.

Les membres, soussignés, du Comité militaire, déclarent adhérer pleinement à la protestation ci-dessus.

> A. Maurice — Jollois — Charrier — E. Burat — G. Tattet.

Le préfet de Loir-et-Cher, après avoir provoqué la protestation ci-dessus, déclare s'y conformer et y adhérer dans tous ses termes.
Blois, 10 décembre 1870.

> Signé : Alph. Lecanu.

Dans ces conditions, la situation des généraux était très difficile.

Le général Barry « rallia quelques centaines d'hommes de sa division..... et s'occupa de reconstituer, avec les éléments de toute nature qui composaient la garnison de la ville, quelques troupes à peu près organisées, afin de pouvoir faire une défense vigoureuse contre toute tentative de rétablissement du pont (1). »

Dans le même temps, le général Peitavin préparait l'évacuation de la ville, formait des détachements qu'il dirigeait sur Mer, et demandait l'autorisation de renvoyer sur Tours les non-valeurs.

Général Peitavin à général Chanzy, à Josnes

Blois, 10 décembre 1870, 9 h. 20 matin.

Des détachements de la division Morandy sont rentrés à Blois cette nuit. Ce matin, il nous est arrivé le régiment de marche et deux compagnies de discipline. Avec les 1,000 hommes de ma

____
(1) Rapport du général Barry au général Chanzy.

division, je puis organiser une brigade ; mais les mobiles et les isolés qui sont ici me gênent beaucoup et m'empêchent de me porter en avant (1). Ne pourrais-je les évacuer sur Tours ? C'est une colonne avec laquelle il n'est guère possible de marcher.

Les forces de l'ennemi sont : 12,000 hommes d'infanterie, nombreuse cavalerie et six batteries d'artillerie.

Signé : Peitavin.

Trois détachements organisés furent successivement acheminés sur Mer dans la matinée ; l'évacuation avançait.

« Vers midi, suivant le récit du journal *Le Temps* (2), le général Peitavin avertit le préfet qu'il y avait lieu de prévenir la municipalité pour le cas où elle aurait à capituler, l'engageant à tenir le plus longtemps possible et à gagner quelques heures pour assurer l'évacuation complète.

« Le préfet se rendit en toute hâte à la mairie, où il fut délibéré sur les résolutions à prendre. L'ennemi était signalé se rapprochant de plus en plus ; il n'y avait pas un instant à perdre.

« Le résultat de la délibération ne pouvait pas être douteux, car il ne faut pas s'attendre qu'une autorité civile entreprenne jamais par elle-même une résistance à laquelle les forces militaires déclarent renoncer. Ce que renonçaient à faire trois généraux disposant de 10,000 hommes et de plusieurs batteries d'artillerie, ne pouvait être entrepris par une municipalité qui disposait seulement d'une garde nationale incomplètement armée. »

Ces considérations étaient justes. Mais, parce que le général Peitavin, pour des raisons auxquelles l'attitude de la ville n'était pas étrangère, prenait une détermination regrettable pour l'intérêt même de l'armée, la municipalité devait-elle suivre son exemple ?

Il restait à Blois un grand nombre de gardes nationaux sédentaires armés et équipés. Dans la position avantageuse que leur offrait le pont rompu et le fleuve dont les eaux étaient

______

(1) Pour rejoindre l'armée, à Mer.
(2) Numéro du 18 juillet 1871.

hautes et charriaient de nombreux glaçons, ils pouvaient facilement empêcher un passage de vive force. Des villes et des villages voisins, Châteaudun, Ourcelles, Binas, Lailly, avaient accepté, dans des conditions bien plus défavorables et pour des causes moins graves, des combats qui les avaient couverts de gloire. Lorsque le préfet de Loir-et-Cher, la Commission municipale de Blois, la garde nationale sédentaire affichaient, quelques semaines auparavant, leur enthousiasme pour les théories de la Défense nationale, pouvaient-ils espérer jamais une si belle occasion d'appliquer leurs principes, et de donner à l'armée régulière, qu'ils accusaient si souvent, une magnifique leçon d'honneur et de patriotisme ?

La Commission municipale, avisée de l'évacuation de la ville par les troupes, délibéra et décida ainsi qu'il suit :

Séance du 10 Décembre 1870

M. Pousset, président, expose que l'ennemi marchant sur Blois par la rive gauche de la Loire, l'autorité militaire a, dans la nuit, fait sauter une des arches du pont de la ville, et que la Commission, représentée par une très grande majorité de ses membres, à l'hôtel de la préfecture, en présence de M. le préfet et conjointement avec lui, a, ce matin, protesté vis-à-vis du Gouvernement contre cet acte de destruction inutile, et que la dite protestation, imprimée immédiatement, a été affichée dans toute la ville.

Le président ajoute que, vu la retraite opérée par l'armée française sur la rive gauche du fleuve (1), on peut s'attendre à chaque instant à voir l'armée ennemie venir occuper le faubourg de Vienne et, de là, menacer le reste de la ville ;

Il demande en conséquence à la Commission de vouloir bien délibérer sur le parti qu'il convient de prendre.

La Commission, après en avoir délibéré, décide :

L'avis suivant sera immédiatement imprimé et affiché :

Habitants de Blois,

« L'ennemi approche de Blois, notre pont est coupé par ordre de l'autorité militaire, l'armée a quitté la ville, nous sommes seuls avec des armes imparfaites.

---

(1) Allusion à la retraite de la division Morandy, surprise à Chambord.

— 136 —

« La défense dans ces conditions paraissant impossible à la
Commission municipale, elle invite les gardes nationaux à porter
immédiatement au chemin de fer leurs armes et munitions. »

Cette délibération est à peine terminée que les avant-gardes
prussiennes paraissent en vue de la salle du Conseil et viennent se
masser sur les quais de la rive gauche.

Des coups de feu sont entendus, et plusieurs balles tombent
dans la salle (1).

Sont présents, MM. Pousset, Dufay, Poulain, Sureau, Jolly,
Auriau, Chavigny, Guéritte, Contant, Daridan, Yvonneau,
Razouer, Postole, Chambellan, Delagrange fils, Estribaud, de
Sonnier et Thomas.

Effectivement, l'ennemi arrivait.

Une de ses batteries, établie près de Vineuil, échangeait, par-
dessus la Loire, un feu assez vif avec la batterie française en
position près de La Chaussée-Saint-Victor. De nombreux cavaliers se montraient dans les prairies entre Montlivault et Saint-
Claude, et une forte colonne d'infanterie descendait par le
déversoir et entourait le faubourg de Vienne, en face de Blois.
Un certain nombre de gardes nationaux, de francs-tireurs et de
troupes régulières étaient restés isolés dans ce faubourg à
la suite de la rupture du pont. Ils tirèrent quelques coups de
fusils et se retirèrent par la levée de Chailles ; d'autres se réfu-
gièrent dans des maisons pour se dévêtir et cacher leurs
uniformes et leurs armes.

Les Allemands eurent bientôt occupé tout le faubourg et garni
de tirailleurs les quais de la Chaîne et de l'Hôpital, de chaque
côté du pont.

Il pouvait être environ 2 heures de l'après-midi.

Le général Barry « dirigeait lui-même le feu de tirailleurs
qu'il avait placés le long du quai, sur la rive droite ; il disposait
de quelques centaines d'hommes seulement (2). » Le préfet le
rejoignit, et demeura près du pont pendant une partie de l'action,

----

(1) Cette partie a été ajoutée au crayon.
(2) Rapport du général Barry au général Chanzy.

« afin de donner l'exemple à quiconque voudrait prendre part à la lutte (1). »

Mais personne ne se joignait à ces rares défenseurs. Les gardes nationaux sédentaires, exécutant l'ordre de la municipalité, « avaient porté leurs fusils à la gare du chemin de fer qui les dirigea sur Tours, de telle sorte qu'au moment de l'attaque, le préfet voulant faire appel aux gardes nationaux, ne trouva plus que des gardes désarmés (2). »

« Dans la ville, toutes les maisons se fermaient ; les rues, sillonnées par les balles, étaient absolument désertes ; un certain nombre d'habitants, craignant un bombardement qui ne devait pas tarder à avoir lieu, s'enfuyaient avec leurs familles vers les villages environnants, dans la direction de Villebarou et de Villejoint.

« Beaucoup de jeunes gens, et même d'hommes mariés, ajoutant foi à un bruit absurde d'après lequel les Prussiens levaient et incorporaient tous les hommes de 20 à 40 ans, abandonnant leurs maisons et leurs familles, couraient, affolés de terreur, jusqu'à Chouzy et Onzain ; plusieurs même allèrent jusqu'à Tours (3). »

La fusillade durait depuis une heure environ lorsque, « (4) à la suite de vives discussions engagées à la mairie entre l'autorité militaire et la Commission municipale, il fut convenu qu'on allait tenter de parlementer.

« M. Contant, un des membres de la Commission, prit le drapeau blanc et se préparait à sortir, mais aussitôt entouré, renversé par un certain nombre d'ouvriers qui ne lui ménagèrent pas les épithètes énergiques, il fut obligé de rentrer à la mairie avec son drapeau. Surexcité par les injures qu'on lui adressait, craignant que l'on se méprît sur le sentiment qui l'avait fait se charger du périlleux honneur de porter le drapeau parlementaire, il saisit un fusil, monta dans les combles de la mairie et,

---

(1) Journal *Le Temps*, numéro du 18 juillet 1871.
(2)   *Ibid.*   *Ibid.*
(3) *Les Prussiens à Blois*, par P. Dufresne, page 8.
(4)   *Ibid.*   *Ibid.*   pages 9, 11.

par une étroite lucarne qui s'ouvre sur les toits à la manière
d'une trappe, il tira quelques coups de feu sur l'ennemi ; mais
à peine était-il à ce poste dangereux depuis quelques minutes
qu'une balle vint le frapper à la poitrine et qu'il tomba pour ne
plus se relever.

« Vers 4 heures du soir, la fusillade se ralentissait sensiblement du côté des Allemands, et ils ouvraient sur la ville le feu
d'une batterie, en position sur le déversoir de la Loire. Leur
bombardement était dirigé vers la caserne et les hauteurs du
quartier de la Cathédrale. Un obus cependant tomba sur la
mairie ; la caserne en reçut une douzaine ; la maison de
M. Massé, sur la place Saint-Louis, et celle de M. l'abbé Pigé,
dans la rue Pierre-de-Blois, furent également atteintes...

« Après une demi-heure de bombardement, sur les instances
de la Commission municipale, on se décida à parlementer. Deux
drapeaux blancs furent hissés, l'un sur la cathédrale et l'autre
sur la mairie », « malgré les protestations et les menaces du
général Barry (1) ».

Le feu cessa.

« Un officier supérieur prussien se présenta à la brèche du
pont, du côté du faubourg, pendant que le général Barry,
accompagné du maire, M. Pousset, et du commissaire de police,
s'avançaient de l'autre côté.

« L'officier prussien s'enquit, avec beaucoup de soin, si la
rupture du pont était le fait des habitants de la ville ou de
l'autorité militaire, si les gardes nationaux avaient pris part au
feu, et demanda, comme condition expresse de la cessation du
bombardement, le rétablissement immédiat de l'arche détruite,
ajoutant que, si dans 35 minutes, ces conditions n'étaient pas
acceptées, le feu recommencerait aussitôt (2). »

Si le général Barry et la municipalité acceptaient ces conditions, le IX⁰ corps allemand pouvait franchir la Loire dans la
nuit même et, dans la journée du lendemain 11 décembre,

---

(1) Rapport du général Barry au général Chanzy.
(2) *Les Prussiens à Blois*, par P. Dufresne, pages 10 et 11.

tomber sur la droite et en arrière de la Deuxième armée de la Loire.

Un événement imprévu vint heureusement modifier la situation.

Pendant qu'on parlementait, « Gambetta arrivait à la préfecture dans un état de surexcitation extrême, ne parlant de rien moins que de faire fusiller celui qui avait fait hisser le drapeau blanc ; il ordonna de résister à outrance. En vain, plusieurs personnes essayèrent de lui démontrer l'inutilité de la prolongation de la lutte ; en vain Monseigneur l'Évêque de Blois, dans un but d'humanité, envoya M. l'abbé Venot, son secrétaire, pour demander que l'on ne continuât pas une résistance qui allait amener la destruction de la cité ; Gambetta n'écouta rien ; les conditions prussiennes furent repoussées (1). »

Le ministre se rendait compte du danger que courait l'armée du général Chanzy si le passage de Blois était forcé :

« Quelque pénible qu'il puisse être d'attirer les horreurs de la guerre sur une ville ouverte, on ne saurait qu'applaudir à cette mâle résolution. Il y allait du salut de l'armée de Chanzy qui aurait été infailliblement tournée si l'ennemi avait pu traverser la Loire. Or, cette armée importait plus à la France que la destruction même de la ville de Blois (2). »

Le général Barry fut investi par le ministre des pouvoirs que comporte le commandement d'une place en état de siège ; il s'engagea solennellement à opposer la plus vive résistance à l'ennemi et il prit ses dispositions en conséquence. Certains gardes nationaux sédentaires vinrent chercher des fusils qui restaient à l'hôtel de ville. Les détachements partis le matin pour Mer furent rappelés ; tous les hommes disponibles furent ramassés.

« Le général fit garnir le quai, à droite et à gauche du pont, par une longue chaîne de tirailleurs embusqués derrière le parapet, en plaçant les réserves dans les rues parallèles au lit du fleuve et en occupant les maisons proches du pont, de manière à

---

(1) *Les Prussiens à Blois*, par P. Dufresne, page 11.
(2) *La Guerre en province pendant le siège de Paris*, par M. de Freycinet, page 198.

résister à toute attaque de vive force ; en même temps, il ordonna la construction d'épaulements pour recevoir quatre pièces de 12 sur la terrasse de l'évêché. D'autres épaulements furent ordonnés sur la gauche des premiers ; un bataillon et une batterie furent postés à La Chaussée-Saint-Victor (1). »

Compte rendu de la situation fut envoyé au général en chef :

Général Barry à général Chanzy

Blois, 10 décembre 1870.

Copie de l'ordre laissé par le Ministre au général Barry :

« La ville de Blois mise en état de siège. Vous tiendrez jusqu'à ce que le général Chanzy vous ait autorisé à céder. »

J'ai pris toutes mes dispositions ; je crains de manquer de cartouches d'infanterie, et je n'ai pas ma réserve divisionnaire.

Signé : Barry.

Le général Chanzy réitéra au général Barry l'ordre de résister à outrance (2).

Il avait connaissance, à ce moment, des événements qui venaient de se passer, et ses ordres arrivaient, pressants et nombreux, démontrant bien toute l'importance qu'il attachait à la position de Blois :

Général Chanzy au général Barry et au préfet de Blois

Josnes, 10 décembre 1870.

Il est de la plus haute importance que l'ennemi qui est sur la rive gauche ne puisse passer la Loire. D'après les renseignements que j'ai recueillis aujourd'hui à Tavers et à Mer, il n'aurait encore fait aucune tentative pour établir un pont de bateaux.

Faites surveiller le fleuve de Mer à Blois, et tenez-moi exactement renseigné. Il faut qu'à Blois on défende à outrance toute tentative de passage. On a fait sauter le pont de Blois avec trop

---

(1) Rapport du général Barry au général Chanzy.
(2) *La Deuxième Armée de la Loire*, par le général Chanzy, page 153.

de précipitation, puisque l'ennemi n'était pas en vue. Il faut agir
avec plus de calme pour celui de Chaumont, et ne le détruire
qu'après avoir bien constaté qu'il est impossible d'en interdire
l'accès à l'ennemi.

Signé : CHANZY.

Général Chanzy à général Barry, à Blois

Josnes, 10 décembre 1870.

Vous devez défendre Blois à outrance. Faites venir d'urgence
des munitions de Tours, si vous en manquez. Organisez toutes les
forces dont vous disposez et utilisez les travaux de défense préparés en vue d'une attaque sur Blois. Rappelez à vous la brigade
Desmaisons, qui est de votre division.

Nous maintenons l'ennemi depuis quatre jours en luttant avec
avantage, du matin jusqu'au soir, et vous ne pouvez avoir affaire
qu'à des forces relativement faibles : avec celles dont vous disposez, vous pouvez bien certainement empêcher l'ennemi de passer
le fleuve devant vous ; il doit vous rester de l'artillerie, disposez-
en et rendez-moi compte.

Signé : CHANZY.

Les Allemands avaient fait savoir qu'ils recommenceraient le
bombardement à 6 heures 25 du soir (1) si la ville ne voulait pas
livrer le passage.

A l'heure dite, ils n'ouvrirent pas le feu. Néanmoins, sous la
pression de leurs menaces, les discussions reprirent entre les
généraux et la municipalité ; le général Barry eut encore un
instant d'incertitude :

Général Barry à général Chanzy

Il m'est arrivé ici, depuis ce matin, quelques centaines de traînards. Je les dispose le long des parapets et sur la grande terrasse
de l'évêché, pour prévenir toute insulte des tirailleurs ennemis.

*La ville ne veut pas se défendre et le préfet se dispose à partir
en parlementaire.*

Que faut-il faire ?

Signé : BARRY.

---

(1) Rapport du général Barry au général Chanzy.

En effet, « à 9 heures 1/2, une seconde tentative fut faite auprès des Prussiens ; de nouveau, les parlementaires s'avancèrent de chaque côté, sur le bord de la brèche, et le général Michaux demanda, au nom de l'humanité, une suspension de vingt-quatre heures, afin que les femmes, les enfants, les vieillards pussent être éloignés de la ville ; l'officier ennemi refusa, disant qu'il ne serait même pas accordé une minute et que le bombardement allait recommencer aussitôt ; il n'en fut rien heureusement.....

« D'heure en heure seulement, jusqu'à minuit environ, les Prussiens tirèrent quelques coups de canon, afin sans doute de tenir la population en alerte, et de l'empêcher de se livrer au repos (1). »

La nuit du 10 au 11 décembre fut donc tranquille et, en fin de compte, la parole donnée au ministre fut gardée. Le général Barry fit exercer une active surveillance le long du fleuve et commencer les épaulements pour l'artillerie, sur la terrasse de l'évêché, malgré le froid intense qui gelait la terre à une grande profondeur.

Le lendemain matin, 11 décembre, le commandant du IX⁰ corps allemand prit le parti de chercher ailleurs un passage. Comme il disposait d'un équipage de pont, il fit commencer la construction d'un pont de bateaux à Saint-Dyé. En même temps, laissant la XVIIIᵉ division d'infanterie devant Blois, il dirigea la division hessoise sur Candé et la IIIᵉ brigade de cavalerie vers Ouchamps, pour reconnaître les directions de Chaumont et d'Amboise, et tenter un passage sur les ponts de ces localités (2).

Le général de Manstein voyait très bien qu'aucune tentative de vive force ne pouvait être entreprise devant Blois, tant que la ville ferait mine de résister. Un bombardement n'était

(1) *Les Prussiens à Blois*, par P. Dufresne, pages 11 et 12.
(2) Le pont de Chaumont fut coupé, le 11 décembre, par les soins du génie ; mais cette destruction était incomplète. Le commandant de Foudras la fit terminer dans la soirée du même jour. « ...Comme on achève cette opération, des cavaliers allemands débouchent au-dessus de Chaumont ; la 2ᵉ compagnie (des francs-tireurs de la Sarthe), de grand'garde sur la rive droite, échange avec eux de nombreux coups de fusils. » *(Les Francs-Tireurs de la Sarthe*, par le comte de Foudras, page 115).

qu'un procédé d'intimidation, sans aucun effet sur des gens décidés ; d'ailleurs, le général manquait de munitions et avait de grandes difficultés pour se ravitailler. Sa démonstration sur Blois étant manquée, il cherchait un autre moyen de remplir sa mission.

Le général Chanzy avait pénétré les projets de son adversaire et, tout en renouvelant au général Barry l'ordre de résister à outrance, il prenait les mesures de précaution nécessaires :

Général Chanzy à général Barry, à Blois

Josnes, 11 décembre 1870, 2 h. matin.

Faites bien surveiller le fleuve entre Blois et Mer. Le général Camô, auquel j'envoie du monde, surveillera de son côté à Mer et en amont. Il faut empêcher l'ennemi de jeter un pont de bateaux, dans votre intérêt à Blois, et surtout dans l'intérêt de mon armée.

Je prescris au général Morandy de se porter de suite sur Blois et de s'y placer sous vos ordres (1).

Signé : CHANZY.

Général Chanzy à général Barry, à Blois

Josnes, 11 décembre, 9 h. 45 matin.

Dites-moi ce que vous avez de monde, avec tout ce que j'ai mis sous votre commandement, pour tenir à Blois et empêcher l'ennemi de passer le fleuve. Vous ferez détruire tous les ponts en aval de Blois, dans le Loir-et-Cher, si l'ennemi continue son mouvement et menace. Je donne le même ordre au commandant militaire d'Indre-et-Loire.

Mon quartier-général sera ce soir à Talcy, en communication avec vous par Marchenoir.

Signé : CHANZY.

____

(1) Le général Morandy, après avoir rallié une partie de sa division, s'était retiré à Amboise.

*Général Chanzy au commandant militaire et au préfet
d'Indre-et-Loire*

Josnes, 11 décembre 1870.

Si l'ennemi continue son mouvement vers Tours, faites détruire successivement les ponts sur le fleuve s'il est impossible d'en assurer la défense ; il est de la dernière importance que les Prussiens ne puissent pas traverser la Loire.

Surveillez leur marche, empêchez-les d'établir des ponts de bateaux. Renseignez-moi exactement.

Signé : CHANZY.

Le général Barry reçut, dans cette journée du 11 décembre, de l'artillerie et des renforts d'infanterie et, dans la soirée, le général Chanzy lui envoya la brigade de cavalerie du 17ᵉ corps, général de Landreville, pour surveiller le cours de la Loire en amont et en aval de Blois. La situation était maintenant assurée.

D'ailleurs, les Allemands ne faisaient plus aucune démonstration offensive et se contentaient d'interdire la circulation sur la ligne du chemin de fer de Tours :

Général Barry à général Chanzy, à Josnes

Blois, 11 décembre 1870, 2 h. 20 soir.

Je viens de parlementer pendant une demi-heure avec l'ennemi ; toute communication par convoi de chemin de fer entre Tours et Blois et réciproquement, doit être suspendue, parce qu'à partir de 3 heures les trains seraient canonnés (1).

Je me tiens sur la défensive en réprimant, avec la dernière vigueur, toute tentative ayant pour objet de s'approcher de la ville et de passer la rivière. De cette manière, je parviendrai peut-être à éviter à la ville une destruction inévitable, tout en garantissant son intégrité.

L'ennemi a établi la nuit dernière des batteries en position

---

(1) La disposition de la voie entre Blois et Chouzy expose les trains au feu des batteries établies sur la rive gauche de la Loire.

devant la ville. Il paraît assez nombreux dans ses cantonnements. J'ai transmis tous ces détails à Tours. Le général Desmaisons s'est replié sur Tours avec les débris qu'il commande.

Signé : BARRY.

Le général Chanzy répondit le soir par une dépêche qui confirmait toutes les instructions données précédemment au général Barry :

Général Chanzy à général Barry, à Blois

Josnes, 11 décembre, 8 h. soir.

Vous êtes chargé de la défense de Blois, et toutes les troupes qui s'y trouvent sont sous vos ordres. Vous êtes également chargé de la défense du fleuve en amont et en aval ; agissez donc d'après les renseignements que vous devez avoir le premier et le mieux connaître.

Vous avez à Amboise le général Morandy et le général Desmaisons. Appelez à Blois la brigade Desmaisons, qui est reposée, et laissez à Amboise le général Morandy, en faisant passer sur la rive droite ses troupes et son artillerie.

Signé : CHANZY.

Disposant de forces suffisantes pour défier toute tentative de l'ennemi, muni de pleins pouvoirs, le général Barry était résolu à se défendre énergiquement lorsqu'il reçut, dans la nuit du 11 au 12 décembre, une dépêche du général Chanzy lui apprenant que la Deuxième armée de la Loire battait en retraite sur Vendôme, et qu'après le départ de l'armée, les Allemands, venant de Beaugency, pourraient, dans la matinée du 12 décembre, se présenter devant Blois, par la rive droite de la Loire.

La situation militaire de la ville de Blois se trouvait dès lors complètement modifiée. -

10

CHAPITRE VIII

Retraite de la Deuxième Armée de la Loire
Evacuation de Blois par les Français

Dans la soirée du 10 décembre, le général Chanzy avait appris que la Première armée de la Loire, décidément hors d'état d'entreprendre une opération importante, ne pourrait détourner sur elle une partie des forces du prince Frédéric-Charles. On savait que le Prince concentrait toutes ses troupes vis-à-vis de la Deuxième armée de la Loire et que les X° et III° corps allemands pressaient leur marche pour rallier la subdivision d'armée du grand-duc de Mecklembourg-Schwerin. Les têtes de colonne et l'artillerie du X° corps apparaissaient à Beaugency dans la soirée du 9 décembre, et le corps tout entier pouvait entrer en ligne dans la matinée du 11. Le III° corps se rassemblait à Orléans le 11 décembre. La présence du IX° corps devant Blois était une menace permanente. « Il n'y avait plus à compter sur l'occupation certaine de cette position importante et, si les Allemands parvenaient à y rétablir le pont ou à réussir à en faire un avec des bateaux malgré la difficulté que créaient les glaçons charriés par le fleuve, l'armée française pouvait, d'un moment à l'autre, être prise à revers (1). »

Dans ces conditions, pressé sur son front et menacé en arrière, le général Chanzy décidait, dans la nuit du 10 au 11 décembre, de battre en retraite sur le Loir.

« Le 11 décembre, la retraite de la Deuxième armée, pivotant

---

(1) *La Deuxième Armée de la Loire*, par le général Chanzy, page 182.

sur sa gauche, commença vers 10 heures du matin. L'ennemi, qui s'était retiré la veille très fatigué, et qui n'avait rien pénétré de nos projets, fut longtemps avant de se rendre compte de ce qui se passait. C'est à peine s'il chercha à nous inquiéter en dirigeant sur la 3ᵉ division du 17ᵉ corps une canonnade que l'artillerie de cette dernière fit bientôt cesser. Vers 3 heures, toutes les troupes étaient au bivouac sur les positions assignées (1) : »

Le grand quartier-général, à Talcy ;

La division Camô, à Avaray ;

La 1ʳᵉ division du 16ᵉ corps, à Séris ;

La cavalerie du 16ᵉ corps, à Bourrichard ;

Le 17ᵉ corps, entre Séris et Concriers, sa cavalerie à Moret.

Le 21ᵉ corps, pivot de la conversion, n'avait pas bougé. Quand la nuit fut tombée, la 2ᵉ division de ce corps, allumant des feux dans tous ses bivouacs pour donner le change à l'ennemi, recula jusqu'à Lorges et La Motte-Potain.

Le mouvement de retraite devait continuer le lendemain, 12 décembre.

« Cette journée qui se préparait pouvait être la plus difficile de celles que l'armée avait eues à traverser jusque-là, si l'ennemi était audacieux. Nous avions, en effet, abandonné la Loire à laquelle s'appuyait notre aile droite, et celle-ci allait avoir à se retirer à travers une plaine où aucun de ses mouvements ne pouvait être dissimulé, et où elle ne pouvait rencontrer aucune position réellement avantageuse pour s'arrêter et se défendre, si elle était attaquée (2). »

Le général Chanzy n'avait pas perdu l'espoir qu'une démonstration du général Bourbaki faciliterait sa retraite en détournant, vers la Sologne, l'attention du prince Frédéric-Charles. Pendant plusieurs jours, le général Bourbaki fut vivement pressé dans ce sens, tant par son collègue que par le ministre de la guerre et son délégué.

« Je sais bien, lui écrivait le 10 décembre M. de Freycinet, que

____

(1) *La Deuxième Armée de la Loire*, par le général Chanzy, page 156.
(2)   *Ibid.*   *Ibid.*   page 162.

si j'étais à votre place je rallierais immédiatement mes trois
corps, je châtierais les bandes qui se sont dirigées sur Vierzon (1)
et qui ont compté beaucoup plus sur l'imagination de vos
troupes que sur leurs propres forces pour refouler votre armée.
Je repousserais vivement l'ennemi au delà de Salbris, et je dirigerais une forte colonne dans la direction de Blois.

« Vous dites vous-même que l'ennemi veut tourner les débris
de l'Armée de la Loire. Je voudrais lui prouver que ces débris
ne se laisseront pas ainsi jouer et, tant que j'aurais un soldat sur
pied, je ne permettrais pas à des troupes aussi peu nombreuses
de semer l'épouvante dans la Sologne, et de chercher à donner
la main au prince Charles pour achever les braves phalanges de
Chanzy. Voilà, général, ce que je ferais…..

« Briare, Ouzouer, Gien, lui écrivait-il encore le même jour,
sont évacués en hâte… Tout indique concentration rapide des
Prussiens sur Orléans… D'autre part, les dépêches de nos généraux m'informent qu'une colonne de 20,000 hommes environ, —
j'ai des raisons de la croire moins forte, — descendue d'Orléans
sur Blois par la rive gauche, cherche à s'emparer de Blois et à
tourner l'armée de Chanzy.

« Il est donc évident qu'un effort suprême est tenté pour écraser
l'armée de Chanzy et que, selon toute apparence, vous n'avez
devant vous que des rideaux.

« A moins donc que vous n'ayez la preuve du contraire et que
vous ayez la certitude d'être vous-même en présence d'une nombreuse armée, je vous demande, dans l'intérêt commun, de
tenter un effort suprême. Laissez à Bourges la partie de vos
forces qui est incapable de marcher et, avec la partie valide,
mettez-vous immédiatement en marche sur Blois, de manière à
couper court à tout mouvement des Prussiens sur la rive gauche,
et à jeter dans le fleuve la partie qui s'y trouve déjà engagée.

« Avertissez Chanzy de vos mouvements pour que lui-même
au besoin, se repliant sur Blois, s'il le juge opportun, puisse
vous donner la main sur ce point.

____

(1) La XIVᵉ brigade de cavalerie allemande avec un détachement d'infanterie.

« Mais il n'y a pas un instant à perdre pour agir, si vous devez
le faire.

« .....Je ne puis vous donner l'ordre formel de marcher,
parce que je ne suis ni ministre, ni général, et que si par une
cause quelconque il vous arrivait un échec, vous en attribueriez
toute la responsabilité à mon ingérence. Mais je sens bien que je
suis dans le vrai en vous conseillant de marcher sur Blois, non
avec toutes vos forces, mais avec celui de vos corps qui voudra
marcher. Il doit se trouver autour de vous un général qui
consentira à se dévouer pour marcher au secours de Chanzy,
ne fût-ce qu'avec une colonne de 15,000 hommes choisis. Interrogez vos officiers généraux et, si l'un d'eux veut accepter cette
mission, permettez-lui de l'accomplir. Faites qu'on ne puisse
pas dire un jour qu'une armée française a laissé écraser une
autre armée française dans son voisinage (1). »

À ces appels qui étaient inspirés par une juste connaissance
de la situation, le général Bourbaki répondait par une fin de
non-recevoir.

Il « qualifiait ses trois corps du nom de troupeau d'hommes et
caractérisait la marche du 15ᵉ corps en l'appelant débandade (2). » « Je vous dis, écrivait-il à Gambetta, que vous vous
faites illusion sur le nombre et sur la qualité des soldats que
nous opposons aux Allemands... Chanzy a peut-être devant lui
une partie de l'armée du prince Frédéric-Charles, mais il est
certain que j'en ai une autre partie devant mon front et sur mon
flanc gauche ; en outre, un corps de 15,000 hommes menace
Nevers... Si je marchais en ce moment sur Blois, vous ne
reverriez probablement pas un seul des canons ni des hommes
composant les trois corps dont vous m'avez prescrit de diriger
les mouvements... Si vous voulez sauver l'armée, il faut la
mettre en retraite ; si vous lui imposez une offensive qu'elle est
incapable de soutenir dans les conditions actuelles, vous vous
exposez à la perdre (3). »

____

(1) Voir annexe, documents nᵒˢ 18 à 22.
(2) Dépêche du 10 décembre 1870 du délégué de la guerre à Gambetta.
(3) Dépêche du 10 décembre 1870 de Bourbaki à Gambetta. — Voir annexe,
document nᵒ 20.

C'est à ce moment que le général Chanzy s'adressa directement à son collègue pour le prier d'agir. Il écrivit, en effet, le 11 décembre, au chef d'état-major et au général Bourbaki lui-même :

Général Chanzy à général Borel (1), à Bourges

Josnes, 11 décembre 1870, 4 h. 1/2 matin.

Nous sommes établis depuis quatre jours de Lorges à Tavers, faisant tête à l'ennemi, nous battant du matin au soir et ayant affaire au gros de l'armée du prince Charles, au grand-duc de Mecklembourg et au corps bavarois. Tout l'effort est donc sur nous. Un corps prussien descend la Loire sur la rive gauche, menace Blois, Tours, et cherche à me tourner. Je suis dans une position des plus critiques si vous ne vous portez pas en avant.

Vous n'avez devant vous que très peu de monde. Venez donc sans perdre une minute, et prévenez-moi.

Signé : CHANZY.

Général Chanzy à général commandant en chef, à Bourges

Josnes, 11 décembre 1870, 4 h. 1/2 matin.

Établi entre la forêt de Marchenoir et la Loire, je lutte depuis cinq jours, du matin au soir, avec le gros du prince Charles.

L'ennemi n'a que peu de monde à Orléans ; un corps qui ne dépasse pas bien certainement 20,000 hommes du côté de Vierzon, et un autre, de 12,000 à 15,000 hommes qui menace Blois, Tours, arrive d'Orléans, en passant la Loire.

Marchez donc carrément et sans perdre une minute. Ma position est des plus critiques, et vous pouvez me sauver.

Signé : CHANZY.

Ce que n'avaient pu faire tous les raisonnements du Délégué du ministre de la guerre, l'appel d'un camarade le fit. Le général Bourbaki répondit aussitôt au général Chanzy « qu'il lui était impossible, vu l'état de ses troupes, d'entreprendre une opéra-

---

(1) Le général Borel était le chef d'état-major de la Première armée de la Loire.

tion sérieuse, mais qu'il allait faire tout ce qu'il pourrait pour descendre le Cher et se présenter devant Blois ; il ajoutait toutefois qu'il ne pourrait être en face de cette ville que dans six jours au plus tôt (1). Ce secours arriverait dès lors trop tard (2). »

Mais la seule nouvelle de cette diversion pouvant causer de grandes inquiétudes aux Allemands, le général Chanzy accepta l'offre de son collègue.

Le 12 décembre, le général Bourbaki quittait Bourges et portait son armée sur Vierzon. On vit, trois jours après, combien ce mouvement était approprié aux circonstances, et quelle influence il eut sur les opérations ultérieures de la Deuxième armée de la Loire. Malheureusement, les résultats ne pouvaient s'en faire sentir pour la journée du 12 décembre.

Réduit à ses seules ressources pour effectuer, le 12 décembre, une retraite qu'il jugeait lui-même si périlleuse, le général Chanzy prit les mesures suivantes.

Il ne craignait pas une attaque sur son centre, « en raison de la solidité de ses lignes et de l'ordre avec lequel elles se retiraient de chaque position, dans une formation qui permettait toujours de combattre (3) », mais il redoutait de voir l'ennemi le devancer sur le Loir, en passant au nord de la forêt de Marchenoir, ou encore d'être débordé sur son flanc droit, l'effort principal de l'ennemi se portant sur Blois.

En conséquence, tous les francs-tireurs disponibles, la brigade Collet, du 21ᵉ corps, un bataillon et une section d'artillerie de la division Gougeard furent envoyés tenir la partie nord de la forêt de Marchenoir, et garder la vallée du Loir, à Saint-Hilaire-la-Gravelle.

Quant à la défense de Blois, le général Barry reçut de nouvelles instructions :

---

(1) C'est-à-dire le 17 décembre.
(2) *La Deuxième Armée de la Loire,* par le général Chanzy, page 163.
(3)   *Ibid.*   *Ibid.*   page 157.

Général Chanzy à général Barry, à Blois

Talcy, 11 décembre 1870, 8 h. soir.

L'armée a commencé aujourd'hui son mouvement de retraite sur Vendôme. Mer sera évacué demain au jour, et les troupes qui s'y trouvent, formant l'aile droite avec celles du général Tripart, se replieront sur Pontijou.

Il peut donc arriver que les forces ennemies qui sont sur la rive droite descendent sur Blois, dès qu'elles auront le passage libre. Tenez le plus longtemps possible à Menars, n'évacuez Blois qu'à la dernière minute et demain, dans la nuit, si vous y êtes contraint. Retirez-vous sur Amboise en ralliant successivement les troupes dans le val en arrière de vous, et, d'Amboise, dirigez-vous sur Saint-Calais, par Château-Renault et Montoire.

Je compte, après-demain, couvrir Vendôme, tout en prenant position derrière le Loir.

Faites partir cette nuit pour Vendôme tout le matériel qui peut se trouver encore à Blois. Il importe que cette évacuation soit faite le plus rapidement possible.

Votre mission est des plus importantes. Faites donc pour le mieux, en ne vous retirant que le plus tard possible, et en empêchant le plus que vous pourrez le passage sur la rive droite du corps ennemi qui est sur la rive gauche.

Accusez réception de cette dépêche; télégraphiez-moi par Marchenoir, jusqu'à demain matin à 7 heures, et ensuite, par Vendôme, pour le château des Noyers, à côté d'Épiais, où sera mon quartier-général.

En vous retirant de Blois, faites couper le chemin de fer de Vendôme et de Tours. Communiquez cette dépêche au préfet.....

Signé : Chanzy.

Ainsi couverte sur ses deux flancs, la Deuxième armée de la Loire reprit, dans la matinée du 12 décembre, son mouvement de retraite. Il tombait une pluie fine et serrée, et les terres dégelées, les chemins défoncés, présentaient de grandes difficultés à la circulation. Les éclaireurs ennemis suivaient de près les arrière-gardes françaises. Il y eut de légers engagements à Maves et à Nuisement.

« Comme fatigue et comme souffrance pour les hommes et pour les animaux, cette journée fut une des plus pénibles de la campagne. Néanmoins, la marche put s'effectuer avec assez de régularité et, le soir, tous les corps étaient établis exactement sur les positions qui leur avaient été assignées (1) : »

Le grand quartier-général, au château des Noyers, — route d'Oucques à Villetrun ;

La 1re division du 16e corps, à Pontijou ;

Le 17e corps, autour de Frouville ;

Le 21e corps, autour de Viévy-le-Rayé.

Le prince Frédéric-Charles n'avait pas poursuivi ce jour-là davantage que la veille. L'énergique attitude de la Deuxième armée de la Loire, dans les combats du 7 au 10 décembre, lui en avait imposé et, pour l'attaquer à nouveau, il avait décidé d'attendre que le IIIe corps fût arrivé en première ligne, ce qui ne pouvait avoir lieu avant le 13 décembre.

Il demeurait sur l'expectative jusqu'à l'arrivée de cet important renfort, et il arrêtait, le 12 décembre, la subdivision d'armée du Grand-Duc sur la ligne Villexanton-La Madeleine-Marchenoir.

Tout en constatant la réserve de son adversaire, le général Chanzy restait dans une grande inquiétude au sujet de Blois, et sur le plus ou moins de sécurité qui pouvait résulter, pour son aile droite et ses derrières, de l'occupation ou de l'abandon de cette ville. Il écrivit dans ce sens au général Barry :

Général Chanzy à général Barry, à Blois

Les Noyers, 12 décembre 1870, 4 h. 1/2 soir.

Je suis sans nouvelles de vous depuis hier soir : faites-moi connaître de suite par télégramme, à Vendôme, d'où il me parviendra par cavalier, les renseignements que vous avez sur l'ennemi, sur les deux rives de la Loire, votre position, et jusqu'à quand vous pouvez tenir, et vos dispositions en cas de retraite.

---

(1) *La Deuxième Armée de la Loire,* par le général Chanzy, page 164.

L'armée sera demain, dans la journée, en position devant Vendôme et de l'autre côté du Loir, de Vendôme à Fréteval.

Je vous rappelle que vous devez me rallier quand vous quitterez Blois, avec les troupes de Morandy, par les routes qui vous paraîtront les plus sûres.

Plus vous tiendrez longtemps à Blois, mieux vous assurerez le mouvement difficile que nous exécutons en ce moment.

Donnez-moi des nouvelles de Morandy et des troupes au-dessous de vous.

L'ennemi n'a pas inquiété notre mouvement aujourd'hui. D'après des renseignements, assez vagues du reste, il exécuterait une marche rétrograde assez pressée sur les deux rives, et sur Orléans.

Signé : CHANZY.

Le général en chef faisait part des mêmes inquiétudes dans des lettres adressées, le même jour, au ministre de la guerre et au général Bourbaki. « Je n'ai pas aujourd'hui de nouvelles de Blois, écrivait-il. J'en attends cette nuit. J'ai prescrit au général Barry de tenir jusqu'à la dernière extrémité, pour éviter d'être tourné pendant mon mouvement de retraite. Il se repliera ensuite, avec la division Morandy, qui est à Amboise, de façon à me rejoindre dans la direction de Saint-Calais (1). »

Le général en chef ne reçut de nouvelles de Blois qu'après minuit. Voici ce qui s'était passé :

Le général Barry avait reçu, dans la nuit du 11 au 12 décembre, le télégramme du général Chanzy, en date du 11 décembre, 8 heures du soir (2), par lequel on lui apprenait que la Deuxième armée de la Loire avait commencé son mouvement de retraite, que Mer était évacué, et que Blois pouvait maintenant être attaqué de ce côté, c'est-à-dire à la fois par la rive gauche et par la rive droite.

« Cet événement renversait de fond en comble les conditions de la défense de Blois ; l'ennemi étant maître de la rive droite, l'objet de ma mission à Blois, dit le général Barry, se trouvait annulé.

______

(1) *La Deuxième Armée de la Loire*, par le général Chanzy, page 165.
(2) Voir plus haut, page 152.

« D'un autre côté, la défense de Menars était impossible, parce que les batteries prussiennes, établies sur la rive gauche, prenaient cette position en écharpe et à revers ; Blois, ville ouverte, allait être cernée. Ma retraite sur Amboise n'était pas possible parce que la route, sur la rive droite, était complètement sous le feu des batteries prussiennes établies de l'autre côté (1). »

Le général Barry réunit un conseil de guerre composé des généraux Peitavin, Michaux, de Landreville, des commandants du génie et de l'artillerie, du préfet et du sous-intendant militaire Guillemin.

Le conseil conclut à faire partir, le 12 décembre, de bonne heure, tous les impedimenta sur Saint-Amand, à prescrire au général Morandy de s'y rendre de son côté et, dans la soirée du 12 décembre, à la nuit tombante, à diriger sur Saint-Amand, et non sur Amboise, la garnison de Blois.

Une copie de cette décision fut adressée au général Chanzy, le 12 décembre, à 2 heures du matin. Le général Barry ajoutait : « Si Blois est attaqué demain, 12 décembre, par la rive gauche, comme je m'y attends, je résisterai énergiquement. »

Le général en chef répondit de suite :

Général Chanzy à général Barry, à Blois

12 décembre 1870.

J'ai reçu votre dépêche du 12, 2 heures du matin. J'approuve ce qui a été décidé en conseil de défense de Blois. Faites tous vos efforts pour tenir *le plus tard possible* à Blois, comme vous le dites, et dirigez-vous ensuite sur les points que vous m'avez indiqués.

Prévenez le général Morandy en lui donnant l'ordre de quitter Amboise de manière à se joindre à vous au point que vous lui aurez fixé.

Signé : CHANZY.

____

(1) Rapport du général Barry au général Chanzy. — Voir annexe, document n° 26.

Mais le général Barry ne resta pas à Blois toute la journée du 12 décembre, comme il l'avait annoncé. Il croyait les Allemands maîtres de Mer depuis la veille, et il s'attendait à les voir paraître devant Blois dans la journée du 12 (1).

Très inquiet de ce côté, et craignant aussi d'être coupé du reste de l'armée si l'ennemi se portait de Mer sur Herbault, par La Chapelle-Vendômoise, le général résolut d'évacuer Blois sans retard.

Il rappela l'infanterie et l'artillerie de La Chaussée-Saint-Victor, rallia tout son monde et, quittant Blois vers 2 heures de l'après-midi, — 12 décembre, — il massa ses troupes à l'entrée de la forêt de Blois, sous la protection de la brigade de cavalerie de Landreville. Une arrière-garde laissée devant le pont, pour dissimuler le mouvement, abandonna la ville à son tour, à la nuit close, et toutes les troupes du général Barry gagnèrent Saint-Amand, dans la nuit.

Le 12 décembre, « il ne restait plus un uniforme à Blois, à 6 heures du soir.... On s'attendait à chaque instant à voir les Prussiens arriver par la route de Paris (2). Ce ne fut cependant que le lendemain que ces craintes se réalisèrent, grâce à l'ignorance dans laquelle se trouvaient les Allemands du faubourg de l'évacuation de Blois ; pour leur laisser croire que l'armée française occupait toujours la ville, il était urgent de maintenir à l'extrémité du pont les factionnaires qui surveillaient l'autre rive ; aussi le commandant de la garde nationale s'étant vainement adressé à plusieurs gardes nationaux, M. Boulay, commissaire de police, dont on ne saurait trop louer l'énergie et la présence d'esprit dans ces tristes circonstances, plaça ses agents en sentinelles ; ils passèrent en faction toute la nuit du 12 au 13, se relevant à tour de rôle (3). »

Le général Chanzy apprit, le 13 décembre, vers 1 heure du matin, l'évacuation de Blois.

---

(1) Les Allemands n'entrèrent à Mer que le 12 décembre. Si le général Barry en avait été informé, il aurait conclu que les Allemands ne pouvaient arriver à Blois que le 13.

(2) Sur la rive droite de la Loire.

(3) *Les Prussiens à Blois*, par P. Dufresne, page 15.

Cette retraite prématurée avait laissé en l'air l'aile droite de la Deuxième armée de la Loire. « Si les Allemands s'étaient aperçus à temps que Blois était évacué, ils pouvaient y avoir déjà pénétré et réparé le pont pour faciliter le passage de leurs troupes sur la rive droite...

« Le préfet de Blois, M. Lecanu, qui avait montré dans toutes ces circonstances la plus grande énergie et le plus grand dévouement, était arrivé, à 1 heure du matin, au quartier-général des Noyers. Il n'avait quitté Blois qu'après nos dernières troupes, et était passé par Vendôme. Il confirmait la présence de forces ennemies assez considérables sur la rive gauche de la Loire, et ne mettait pas en doute que le pont ne fût facilement et promptement réparé dès que les Allemands, qui s'avanceraient sur la rive droite, pénétreraient dans la ville.

« Nous pouvions donc avoir, dès le matin, des forces considérables sur notre droite, nous précédant sur Vendôme (1). »

Le général en chef, inquiet de cette situation, donna immédiatement l'ordre au général Barry de se débarrasser de tous ses bagages et de revenir à Blois, ou du moins de se poster à Herbault pour observer l'ennemi :

Général Chanzy à général Barry, à Saint-Amand

Château des Noyers, 13 décembre 1870, 1 h. matin.

Je viens d'apprendre que vous avez quitté Blois...

Si vos troupes peuvent le faire, reportez-vous immédiatement sur Blois, par Herbault, et faites tout au moins une démonstration qui en impose à l'ennemi si vous ne pouvez rentrer à Blois et vous y maintenir.

Signé : Chanzy.

« Le général en chef envoya en même temps un officier qui devait pénétrer dans la ville même, avant le jour, voir le maire ou les autorités et rapporter, le plus promptement possible, des renseignements certains sur ce qui s'était passé.

______

(1) *La Deuxième Armée de la Loire*, par le général Chanzy, pages 170-171.

« Cet officier rentra vers 8 heures ; il avait vu le maire vers
6 heures ; aucun Prussien n'était dans la ville, et il n'avait encore
aperçu aucun mouvement de ce côté en se retirant (1). » Son rapport rassura le général en chef.

Entre temps, le général Barry avait répondu que l'état de ses
troupes ne lui permettait de faire aucune démonstration en ce
moment, et surtout de rentrer à Blois. Étant donné que la
situation de ce côté ne présentait plus de danger immédiat,
le général Chanzy lui ordonna de rester à Saint-Amand.

Général Chanzy à général Barry, à Saint-Amand

Château des Noyers, 13 décembre 1870.

Extrême urgence. — Un officier envoyé ce matin par moi, à
Blois, et qui a parlé au maire, m'affirme, qu'à 6 heures, aucun
Prussien n'était en vue sur la rive droite......

Puisque vous déclarez ne pouvoir faire une démonstration sur
Blois, prenez vos dispositions pour tenir à Saint-Amand, coûte
que coûte, pour vous éclairer en avant de vous et dans la direction
de la Loire, pour faire venir des vivres si vous en manquez, et
pour ne me fournir que des renseignements sérieux et contrôlés.

Signé : CHANZY.

L'inaction du prince Frédéric-Charles permit à la Deuxième
armée de la Loire de terminer ce jour-là, 13 décembre, sa retraite
sur le Loir, sans être trop inquiétée. Il y eut un léger engagement à hauteur d'Oucques, et des rencontres partielles auprès
de Villetrun, entre la cavalerie allemande et les éclaireurs algériens du colonel Goursaud.

Malgré un temps affreux, les Français laissèrent peu de traînards aux mains des cavaliers allemands, et la plupart de ces prisonniers, « il faut bien le dire, avaient cherché eux-mêmes cette
occasion de ne pas continuer la campagne. Cette retraite de la
Deuxième armée, des lignes de Josnes sur Vendôme, dans les
conditions de mauvais temps, de fatigue et de dangers dans les-

---

(1) *La Deuxième Armée de la Loire*, par le général Chanzy, page 171.

quelles elle s'était effectuée, faisait le plus grand honneur aux troupes. Elle avait assez imposé à l'ennemi pour qu'il n'eût pas osé l'inquiéter et profiter des chances qu'il avait de détruire cette armée, s'il avait su les mettre à profit (1). »

Le 13 décembre au soir, la Deuxième armée de la Loire campait enfin, à l'abri, sur les positions qui lui étaient assignées, et qui étaient les suivantes :

Le grand quartier-général, à Vendôme, hôtel de Cossette ;

La 1re division du 16e corps, le long de la Houzée, appuyant sa droite à Malignas, sur la route Blois-Vendôme ;

La division Camo, à hauteur de Sainte-Anne, joignant la 1re division du 16e corps par sa droite, et appuyant sa gauche à Chanteloup, sur le Loir ;

Le 17e corps, sur la rive droite du Loir, entre le Poirier et Pezou, avec des détachements sur la rive gauche, à Bel-Essort, Haut-Fontenay, la ferme de la Touche, et au pont de Meslay ;

Le 21e corps, entre Pezou et Saint-Hilaire-la-Gravelle, occupant fortement la gare et le vieux château de Fréteval, sur la rive gauche du Loir ;

La division Gougeard, à Cloyes ;

La cavalerie du 16e corps, à Courtiras, sauf quelques escadrons qui surveillaient, avec les éclaireurs du capitaine Bernard, les routes de Vendôme à Blois et de Vendôme à Château-Renault ;

La cavalerie du 17e corps, à La Ville-aux-Clercs.

Dans cette nouvelle situation, l'armée française ne craignait plus d'être tournée et prise à revers par les troupes allemandes qui menaçaient sa droite depuis quatre jours.

La position de Blois avait joué, depuis le 7 décembre, un rôle important dans les opérations militaires. Sa possession et sa défense avaient été d'une importance capitale pour l'armée, et de regrettables circonstances avaient failli compromettre cette défense.

La ville avait-elle compris la grandeur de la mission qui lui

____

(1) *La Deuxième Armée de la Loire*, par le général Chanzy, page 172.

était échue par suite des hasards de la guerre, et maintenant, son rôle fini, pouvait-elle se flatter d'avoir accompli tout son devoir ?

En voyant, sur le pont et dans les rues, défiler les colonnes allemandes prenant la direction de Vendôme, « chacun, dit un journaliste blésois (1), se demandait, le cœur serré, à quoi avait servi le simulacre de défense dont le résultat le plus clair était le bombardement de la cité et la rupture du pont, puisque, quatre jours après, l'arche rétablie et la ville occupée, l'ennemi avait effectué son mouvement contre l'armée de Chanzy, dont on entendait encore gronder le canon dans la direction de Vendôme. »

Nous savons maintenant quelle était la véritable situation, et comment des Français qui tenaient dans leurs mains, sans le comprendre, le sort de la Deuxième armée de la Loire, avaient agi comme s'ils voulaient attirer sur leur patrie une nouvelle catastrophe.

(1) *Les Prussiens à Blois*, par P. Dufresne.

CHAPITRE IX

Entrée des Allemands à Blois
Opérations militaires dans la vallée du Loir

« Le 12 décembre, le mouvement des glaces sur la Loire avait tellement décru que le IXe corps allemand pouvait jeter un pont de bateaux à Saint-Dyé (1), » et faire passer sur des barques, dans la matinée du 13 décembre, quatre bataillons hessois. Ce détachement se joignit au Xe corps allemand qui marchait sur Blois, par la rive droite de la Loire.

« Le Xe corps allemand était invité à attaquer Blois, le 13 décembre, vers 1 heure du soir, avec des forces sérieuses, de concert avec le IXe corps (2). » Or, Blois étant évacué par les Français depuis la veille, l'avant-garde de cavalerie allemande entra dans la ville, par la route de Paris, vers 10 heures du matin, sans rencontrer aucun obstacle.

« Sept à huit mille hommes environ occupèrent Blois, se logeant chez les habitants où ils se casèrent, suivant leur caprice ou l'apparence des maisons, par groupes de dix, quinze, vingt, quelquefois même davantage. Des postes prussiens étaient établis à la mairie et à la préfecture, des sentinelles placées à l'extrémité de toutes les avenues (3). »

Les commandants des IXe et X[e] corps faisaient immédiatement commencer, chacun de leur côté, les travaux nécessaires pour la réparation du pont et, dès le lendemain 14 décembre,

(1) Blume, page 191.
(2) *Grand État-Major Allemand*, 14e livraison, page 645.
(3) *Les Prussiens à Blois*, par P. Dufresne, page 16.

vers 3 heures du soir, une travée de madriers supportés par de gros troncs d'arbres était jetée sur l'arche rompue. « Ce tablier n'avait guère plus que la largeur d'une voie, et les voitures ne pouvaient y passer qu'espacées (1). »

La jonction étant faite entre les IXe et X^e corps, la plus grande partie du IXe corps fut maintenue sur la rive gauche de la Loire. « La XVIIIe division d'infanterie formait un demi-cercle de huit kilomètres autour du faubourg de Vienne. Dans la division hessoise, la LIXe brigade, avec le IIe régiment de cavalerie et quatre batteries, était aux Montils et aux environs, et à Candé-sur-Beuvron, ayant ses avant-postes vers Amboise ; la LXe brigade, avec le Ier régiment de cavalerie et deux batteries, vint à Blois, ayant ses avant-postes sur la Loire d'aval et vers Herbault-en-Beauce. La réserve d'artillerie restait à Vineuil et alentours, les convois à La Chaussée-Saint-Victor (2) ».

La IIIe brigade de cavalerie poussait des reconnaissances jusqu'à Montrichard, par Ouchamps et Pontlevoy, et faisait sa jonction avec la XVe brigade de cavalerie qui revenait de Sologne où elle surveillait, depuis le 6 décembre, les rassemblements français dans la région de Bourges.

L'évacuation de Blois par le général Barry, l'occupation de cette ville par les Allemands, l'apparition des patrouilles allemandes à Pontlevoy, Chaumont, Herbault-en-Beauce, avaient provoqué de proche en proche, jusqu'à Tours, une panique générale.

Le pont de Chaumont fut rompu. Le général Morandy quitta Amboise et se retira sur Montoire, laissant la surveillance de la forêt d'Amboise aux francs-tireurs Lipouski, qui l'abandonnèrent à leur tour. L'administration du chemin de fer évacua le matériel accumulé à Tours et à Saint-Pierre-des-Corps. Les employés du télégraphe désertèrent leurs postes, causant ainsi de grandes préoccupations au général Chanzy.

« Il est de la dernière importance pour la Deuxième armée, écrivait-il, que tous les services militaires, le chemin de fer et le

____

(1). *Militair Wochenblatt*, année 1871, n° 64.
(2)   *Ibid.*

télégraphe restent organisés à Tours jusqu'à la dernière extrémité. Rien ne m'explique la panique qui s'est produite dans cette ville. La marche de l'ennemi sur Tours ne me paraît pas inquiétante jusqu'ici..... Aucun des renseignements que je reçois des préfets n'est contrôlé, tous sont exagérés. Je crains qu'on ne fasse sauter tous les ponts sur le reste de la Loire (1). »

L'attitude de la II⁵ armée allemande ne justifiait en rien cette panique, car le prince Frédéric-Charles ne décidait encore, ni de marcher carrément sur le Loir, ni de continuer le mouvement vers Tours.

Pour des motifs impérieux, le Prince ne pouvait s'éloigner indéfiniment de la Loire moyenne et s'enfoncer dans le nord-ouest, à la suite des Français.

Le Grand État-Major allemand savait, à ce moment, qu'une armée française était réunie près de Bourges, que cette armée comprenait les 15⁵, 18⁵ et 20⁵ corps, qu'elle était commandée par le général Bourbaki. « En considérant l'opiniâtreté avec laquelle la Deuxième armée de la Loire avait repris les hostilités sur la Loire, dès le 7 décembre, pour les poursuivre sans discontinuer pendant quatre jours, il n'était pas inadmissible que, de leur côté, les forces de Bourbaki pourraient, elles aussi, se reconstituer promptement et profiter peut-être du mouvement de l'armée du prince Frédéric-Charles vers l'ouest pour tenter, par Nevers et Gien, et ensuite le long du Loing, une opération offensive contre l'armée d'investissement de Paris (2). »

Cette même armée de Bourges pouvait encore déboucher par Vierzon, Romorantin et Blois pour tomber sur le flanc de l'armée allemande, si elle s'avançait jusqu'à Tours.

Ces considérations stratégiques rendaient le prince Frédéric-Charles très perplexe, et elles avaient d'autant plus de poids que l'armée de Bourges avait esquissé un mouvement, et que le Prince le savait.

Nous avons vu que le général Bourbaki, vivement sollicité

(1) Extraits de dépêches du général Chanzy au général Sol, commandant à Tours, au préfet d'Indre-et-Loire et au ministre de la guerre. Voir annexe, documents nᵒˢ 24 et 25.
(2) Blume, page 193.

par le ministre de la guerre et par le général Chanzy de prendre
l'offensive, avait cédé à leurs instances, et quitté, le 12 décembre, les environs de Bourges pour établir son quartier-
général à Mehun-sur-Yèvre. Le 18e corps vint à Saint-Martin-
d'Auxigny, le 20e à Allogny, le 15e à Mehun-sur-Yèvre. Un
détachement d'avant-garde poussa jusqu'à Vierzon, y entra le
13 décembre, et « fit 15 prisonniers, dont un cadet (1). »

Le général Bourbaki ne fit rien de plus, estimant que « si le
général Chanzy avait devant lui une partie de l'armée du prince
Frédéric-Charles, il était certain d'en avoir une autre partie
devant son front et son flanc gauche, plus un corps de 15,000
hommes, qui menaçait Nevers (2). » Or, le 12 décembre, le
général Bourbaki n'avait pas devant lui 70,000 Allemands, ainsi
qu'il le croyait, mais seulement la XIVe brigade de cavalerie
prussienne et un faible détachement d'infanterie bavaroise à
Gien.

Mais en admettant qu'il connût l'exacte situation, l'état de la
Première armée de la Loire était si précaire qu'il ne fallait pas
compter sur un concours efficace de sa part. Gambetta, qui
s'était rendu à Bourges pour vaincre les résistances du général
Bourbaki, fut forcé, lui-même, d'en convenir.

« Je laisse, écrivait-il de Bourges le 12 décembre 1870, se
prononcer le mouvement sur Vierzon, mais je l'arrête là, car les
15e, 18e et 20e corps sont en véritable dissolution. C'est encore
ce que j'ai vu de plus triste.... »

Ainsi, « Gambetta était venu en hâte à l'armée pour la forcer
à marcher sur Blois, et maintenant c'était lui qui l'immobilisait.
En voyant de plus près les choses et en constatant sur place les
difficultés de la situation, l'énergie de résolution s'émoussa
jusque chez cet homme hardi et entier. Ceux qui ont pu trouver
facile d'émettre des jugements tranchants sur les événements
de la guerre et sur les hommes qui y ont joué un rôle trouveront là un enseignement. Quiconque a l'expérience peut seul, en

____

(1) Lettre en date du 14 décembre 1870, du général Bourbaki au ministre de la
guerre.
(2) Lettre en date du 10 décembre 1870, du général Bourbaki au ministre de la
guerre.

effet, savoir de combien de milliers d'obstacles et de quelles difficultés de toute nature les généraux se trouvent, en temps de guerre, entourés chaque jour et à chaque heure. Il faut une grande réunion de qualités rares pour qu'un homme puisse, en pareilles circonstances, avoir toujours son but devant les yeux, et le poursuivre d'une manière inflexible (1). »

D'ailleurs, la marche sur Blois n'avait plus le même intérêt après que l'armée de Chanzy s'était repliée sur le Loir. Le général Bourbaki revint à Bourges.

Il parlait même de « se retirer sur Saint-Amand, et plus loin au besoin, afin de refaire l'armée (2). »

« Je vous en supplie, en grâce, écrivait le 14 décembre M. de Freycinet au ministre de la guerre, empêchez Bourbaki de quitter sa position de Vierzon et même à l'ouest de Vierzon. Cette retraite sur Saint-Amand nous couvrirait de honte. Il n'a rien en face de lui; l'ennemi s'est plutôt replié sur Orléans qu'il n'est descendu sur Tours. Pourquoi donc reculer sans cesse? Il y a un intérêt de premier ordre à ne pas éloigner nos deux armées l'une de l'autre. Ne pouvez-vous, au besoin, lui donner un ordre formel et, mieux encore, le remplacer?..... A votre place, je n'hésiterais pas un instant à remplacer Bourbaki par Billot. Avec Bourbaki, vous immobilisez, clair et net, la moitié de l'Armée de la Loire. Comment pouvez-vous faire fond encore sur Bourbaki après tout ce qui s'est passé dans cette campagne, et auparavant dans le nord? C'est le fétichisme des vieilles gloires militaires qui nous a perdus.

« Je sais bien que, si j'étais le maître, il y a longtemps que j'aurais rompu avec le préjugé. »

Gambetta « n'osa cependant pas toucher à la renommée de Bourbaki, et les choses en restèrent là (3). »

Toutefois, la démonstration de Bourbaki sur Vierzon, si timide qu'elle fût, avait causé de vives inquiétudes aux Alle-

---

(1) *Gambetta et ses Armées*, par le baron Colmar von der Goltz, page 176.
(2) Lettre en date du 11 décembre 1870, du général Bourbaki au ministre de la guerre. Voir annexe, document n° 20.
(3) *Gambetta et ses Armées*, par le baron Colmar von der Goltz, page 179.

mands. Le prince Frédéric-Charles attendait, pour prendre un parti, que la situation fût éclaircie, et la Deuxième armée de la Loire avait pu quitter les lignes de Josnes, le 11 décembre, sans qu'il la fît poursuivre sérieusement. Le 14 décembre seulement, voyant que décidément Bourbaki ne bougeait plus, le Prince donnait l'ordre de marcher sur le Loir.

Il maintint à Blois le IX° corps et une partie du X°, face à Vierzon, et le reste de l'armée fut orienté sur Vendôme.

Dans cette journée du 14 décembre, le X° corps fit appuyer des forces considérables de Blois vers Vendôme. Le III° corps atteignit Maves ; il était épuisé et marchait lentement. Le grand-duc de Mecklembourg-Schwerin recevait l'ordre d'occuper la ligne Oucques-Morée avec sa subdivision d'armée réduite à la IV° division de cavalerie, aux XVII° et XXII° divisions d'infanterie, à une brigade d'infanterie et une brigade de cavalerie bavaroises, avec 8 batteries de ce corps. Le reste du I°ʳ corps bavarois avait été renvoyé à Orléans, le 12 décembre, pour s'y refaire ; il avait perdu beaucoup d'hommes et un grand nombre d'officiers ; son matériel d'artillerie était très abîmé, et ses chevaux épuisés.

La Deuxième armée de la Loire, qui venait de prendre position sur le Loir, entre Vendôme et Cloyes, ne fut donc pas encore inquiétée ce jour-là, 14 décembre, sauf à son extrême gauche où le mouvement du Grand-Duc provoqua des engagements à Morée, à Fréteval et à Cloyes.

Mais, le lendemain 15 décembre, le contact fut pris sur tout le front des deux armées.

Le X° corps et la I°ʳᵉ division de cavalerie, qui s'avançaient de Blois sur Vendôme par La Chapelle-Vendômoise, attaquèrent la droite des Français ; au centre, le III° corps, qui marchait de Maves sur Vendôme par Villetrun, enlevait une position avancée des Français à Bel-Essort ; le Grand-Duc s'engageait de nouveau à Fréteval, Morée et Cloyes avec la gauche des Français.

Ces combats s'étaient déroulés avec des chances diverses pour la Deuxième armée de la Loire. Sa droite et sa gauche gardaient leurs positions, et avaient même combattu avec succès. Au centre, la perte de Bel-Essort pouvait créer une complication pour les opérations du lendemain.

« Toutefois, le commandant en chef était tellement convaincu que les Allemands eux-mêmes étaient à bout de forces et qu'il n'y avait pas à craindre de leur part d'effort sérieux pour le lendemain, qu'il résolut de se maintenir sur ses positions (1). »

Le prince Frédéric-Charles souhaitait, lui aussi, d'en finir avec l'armée de Chanzy pour revenir ensuite sur la Loire où son attention était de nouveau attirée.

« Juste au moment où il faisait ses préparatifs pour l'action décisive, il apprit, à son quartier-général de Suèvres, que les Bavarois avaient été délogés de Gien (2). » Ce succès avait été remporté par des troupes territoriales de la Nièvre, mais on croyait au quartier-général allemand qu'il s'agissait d'un nouveau mouvement de l'armée de Bourbaki. « Le faible corps d'armée de von der Tann, qui occupait Orléans, ne pouvait, en aucun cas, résister longtemps à toute l'armée française, surtout si l'attaque, venant de l'est, était faite par la rive droite de la Loire. La reprise d'Orléans aurait eu pour résultats de rendre aux Français les pièces de gros calibre qu'ils avaient perdues récemment, et de faire tomber entre leurs mains des milliers de soldats allemands qui gisaient, malades ou blessés, dans les hôpitaux. La prise d'une ville pour laquelle le prince Frédéric-Charles avait, quelques semaines auparavant, livré une bataille avec toutes ses forces, eût été regardée par le peuple français comme une grande victoire.

« Le général allemand devait donc forcément retourner. C'est pourquoi il résolut de livrer une bataille décisive sur le Loir, si le général Chanzy voulait l'attendre et, immédiatement après, il retournerait avec la plus grande partie de son armée vers la moyenne Loire..... Il ordonna donc de pousser plus avant les combats préliminaires avec les avant-postes français afin de pouvoir commencer, dans la matinée du 17, une attaque décisive (3). »

---

(1) *La Deuxième Armée de la Loire*, par le général Chanzy, p. 195.
(2) *Gambetta et ses Armées*, par le baron Colmar von der Goltz, page 190.
(3)   *Ibid.*   *Ibid.*   page 191.

En vue de cette bataille, le Prince concentrait toutes ses forces. Les troupes laissées à Blois reçurent l'ordre de prendre, dans la matinée du 16 décembre, la route de Vendôme, sauf un détachement, — la L^e brigade d'infanterie, le Ier régiment de cavalerie de Hesse, et une batterie, — qui restaient pour garder le pont et la position. Tout ce dont disposait le prince Frédéric-Charles devait se trouver en ligne, sur le Loir, le 17 décembre.

Mais au moment où les fils se nouaient pour le nœud décisif, le général Chanzy refusa la bataille.

Dans la soirée du 15 décembre, il était encore décidé à tenter la fortune. Il remarquait cependant, depuis quelques jours, de graves symptômes de désorganisation dans son armée.

« Les troupes étaient campées dans la boue et dans la neige, sans pouvoir allumer les feux de bivouac. Il y avait chez elles une lassitude qui ne permettait pas d'attendre de leur part une grande vigueur si la lutte devait recommencer le 16 décembre; les chefs de corps ne dissimulaient point leurs appréhensions à ce sujet. Le général en chef recevait, de son côté, à chaque instant, des rapports peu rassurants sur le moral des hommes, et l'amiral Jauréguiberry lui-même, sur la ténacité duquel il était habitué à compter, venait, à 5 heures du matin, lui déclarer qu'il ne croyait plus à une résistance sérieuse. Il fallut prendre une décision; le temps pressait. Pour rendre la retraite possible, il était indispensable de la commencer dès le jour (1). »

Les ordres furent donnés en conséquence, et la Deuxième armée de la Loire se mit en retraite, le 16 décembre, avant le jour, dans la direction du Mans.

____

(1) *La Deuxième Armée de la Loire*, par le général Chanzy, page 203.

CHAPITRE X

Retraite de la Deuxième armée de la Loire
vers le Mans
et retour de la IIe armée allemande à Orléans

————

Le général Chanzy quittait le Loir avec la pensée de conduire son armée sur de nouvelles positions défensives dans la vallée de la Sarthe, qui ne l'éloignaient pas de Paris, le rapprochaient des renforts organisés en Bretagne et en Normandie, et où il pourrait reconstituer ses forces. En raison des ressources que présentait la ville du Mans, il la choisit pour son quartier-général, et l'armée française arriva sur la Sarthe, le 19 décembre, précédée d'une nuée de fuyards qui l'avait devancée dans la région. Pour quelque temps, l'armée devait se trouver hors de cause.

La perspective d'une bataille immédiate ayant disparu, le prince Frédéric-Charles ne se lança pas à la poursuite des Français. Il chargea seulement le grand-duc de Mecklembourg-Schwerin de les suivre pendant quelques jours avec sa subdivision d'armée et le Xe corps, et il se hâta de ramener vers Orléans le reste de son armée (1).

———

(1) C'est à ce moment que le IXe corps allemand exécuta la marche qui est restée célèbre.

Le 16 décembre, ce corps d'armée, appelé à concourir aux opérations sur le Loir, quittait ses cantonnements autour de Blois, en laissant dans la ville la I^e brigade d'infanterie, le Ier régiment de cavalerie de Hesse et une batterie pour garder le pont et la position.

A partir de 8 heures du matin, la XVIIIe division, éparse sur la rive gauche de

Cette détermination déjouait une fois de plus les projets de Gambetta.

Le ministre de la guerre avait décidé que la Première armée de la Loire se rendrait à Nevers et se dirigerait de là sur Gien, Montargis et Fontainebleau.

« Général, écrivait-il le 17 décembre à Bourbaki, la dernière dépêche de Chanzy montre ce général engagé avec presque toutes les troupes du corps de Frédéric-Charles et du duc de Mecklembourg... Plus que jamais, il est nécessaire que la diversion énergique à laquelle vous êtes décidé soit exécutée aussi vivement que possible, pour gagner, par la marche seulement, un grand avantage sur l'ennemi.

« Je crois, et vous penserez comme moi, qu'il n'y a pas une minute à perdre, et qu'il faut plutôt précipiter le mouvement par Montargis que le retarder. Représentez-vous quelle gloire il y aurait pour vous de vous avancer jusqu'à Fontainebleau presque sans tirer un coup de fusil !

« Je suis informé de bonne source qu'il n'y a pas un seul Prussien dans Seine-et-Marne. On doit tirer parti aussi vite que possible de cette situation. A Fontainebleau, d'où l'on aperçoit les forts et les ouvrages avancés de la capitale, on n'est qu'à deux journées de marche de Paris. Vos troupes doivent être reposées aussi bien par le temps que parce que depuis huit jours elles n'ont pas vu l'ennemi. Vous avez des commandants jeunes et actifs qui ne demanderont qu'à aller de l'avant. Vos troupes mêmes, bien qu'elles soient jeunes, retrouveront dans cette offensive les meilleures qualités de la race franque. Vous leur parlerez, vous le leur expliquerez, vous les entraînerez..... »

---

la Loire, ralliait ses détachements de Candé, Saint-Gervais, Vineuil, et, passant la Loire à Blois, prenait la route de Vendôme.

A 11 heures 1/2, lorsque la tête de colonne arrivait en avant de La Chapelle-Vendômoise, le commandant du IXe corps reçut l'ordre d'arrêter ses troupes, de changer sa direction de marche, et de porter immédiatement sur Orléans, à marche forcée, tout le IXe corps, sauf 3 bataillons d'infanterie et le Ier régiment de cavalerie hessoise qui resteraient à Blois.

Le IXe corps tout entier se trouva concentré à Orléans le 20 décembre. Certains de ses détachements avaient parcouru 82 kilomètres en 53 heures. (Voir *Militair Wochenblatt*, année 1871, n° 64.

Il semblait que ce plan pouvait réussir. « Le prince Frédéric-Charles était sur le Loir, éloigné de dix-huit lieues du Loing supérieur, et son armée était fatiguée par les efforts extraordinaires qu'elle avait faits. S'il se laissait attirer par Chanzy dans le labyrinthe du Maine et s'il y engageait le combat, il ne pouvait plus revenir à temps pour empêcher Bourbaki d'opérer son mouvement pour délivrer la capitale... Et il paraissait que le Prince n'eût rien de mieux à faire que de poursuivre avec plus d'ardeur l'ennemi contre lequel, abandonnant ses autres plans, il avait mis presque toutes ses forces en mouvement sans pouvoir le contraindre à livrer une bataille.

« L'armée de Chanzy était aussi près de sa désorganisation que celle de Bourbaki, et même, après les derniers engagements et les dernières marches, elle se trouvait dans une situation encore plus triste. Gambetta pouvait croire que les succès, qui paraissaient s'offrir sans peine sur ce point au prince Frédéric-Charles, avaient assez d'attraits pour lui faire oublier des plans stratégiques plus importants. Encore une fois, il tendit donc hardiment, et plein d'espoir, la main vers la palme (1). »

Bourbaki, qui n'était pas encore très décidé, reçut l'ordre d'agir. Il obtint seulement de se diriger plus à l'est, et de s'acheminer vers la Seine en passant entre le Loing et l'Yonne. « Le cours du Loing devait le protéger contre le prince Frédéric-Charles, et l'Yonne contre les troupes allemandes venant de l'est..., car il craignait que le prince Frédéric-Charles ne se portât entre l'armée de Chanzy et la sienne, ne les battît l'une après l'autre, et ne fît ainsi tout avorter. Aussi, voulait-il que la distance qui le séparait de son adversaire fût aussi grande que possible.

« Il ne se laissait pas aller, comme Gambetta, à l'espoir que le Prince suivrait indéfiniment la Deuxième armée de la Loire. En cela, il avait raison. Là où il ne s'agissait que de porter un simple jugement sur les principes et les nécessités de le guerre, sa pénétration allait plus loin que celle du dictateur.....

(1) *Gambetta et ses Armées*, par le baron Colmar von der Goltz, pages 183-184.

« L'armée française commença donc sa marche. Le 19 décembre, Bourbaki prit son quartier-général à Baugy et ses trois corps d'armée se portèrent en avant, sur Nevers......

« A ce moment, le prince Frédéric-Charles était déjà revenu à Orléans, où il l'attendait avec deux de ses corps d'armée.

« Il avait considéré l'occupation de Gien par l'ennemi comme une introduction à la campagne de la Première armée de la Loire sur Paris. Bien que cet événement ne fût, en réalité, que le produit d'une entreprise isolée, on n'en pénétrait pas moins, au quartier-général allemand, les véritables intentions de Gambetta.

« Le bouillant dictateur dut voir alors avec étonnement que son adversaire connaissait et traversait ses plans bien avant qu'il en eût entrepris l'exécution. La marche sur Montargis et Fontainebleau, sur laquelle il avait fondé de si belles espérances, ne devait plus être qu'une chimère dont son cœur, avide d'action, s'était réjoui trop tôt. Il comprit la nécessité de modifier ses plans (1). »

Ces considérations générales suffisent à expliquer comment l'armée de Chanzy ne fut pas vigoureusement poursuivie pendant sa retraite du Loir sur la Sarthe, et pourquoi le prince Frédéric-Charles se hâta de revenir à Orléans.

A partir de ce moment, et pour quelque temps, une nouvelle orientation fut donnée aux opérations sur la Loire, et nous en trouvons le sens dans les instructions adressées, le 17 décembre, aux différentes armées par le grand quartier-général allemand.

Nous ne pouvons, écrivait le comte de Moltke (2), suivre l'adversaire jusque dans ses derniers points d'appui, comme Lille, Le Havre et Bourges ; notre intention n'est pas d'occuper d'une façon permanente des provinces éloignées comme la Normandie, la Bretagne ou la Vendée ; il est même certaines villes telles que Dieppe, et peut-être Tours, que nous devons nous décider à évacuer afin de concentrer nos forces sur un petit nombre de points principaux.

---

(1) *Gambetta et ses Armées*, par le baron Colmar von der Goltz, pages 187, 188, 192.
(2) *Grand État-Major Allemand*, 15ᵉ livraison, supplément CVIII.

Ces points seront occupés, autant que possible, par des unités constituées, — brigades, divisions ou corps d'armée. — Des colonnes mobiles en rayonneront, mais seulement aux abords immédiats, pour les dégager de la présence des francs-tireurs. Ainsi postés, nous attendrons le moment où les armements ennemis auront pris corps de nouveau et se seront réorganisés en armées, pour nous jeter sur elles par de courts mouvements offensifs.

De cette façon, nous parviendrons, sans aucun doute, à ménager à nos troupes une certaine période de repos dont elles ont besoin pour se refaire, recevoir leurs hommes de complément, reconstituer leurs munitions et remettre en état leur équipement.

En conséquence, Sa Majesté le Roi ordonne ce qui suit :

«... A l'ouest, la subdivision d'armée du Grand-Duc, qui est actuellement à la poursuite de l'ennemi, se rassemblera sous Chartres, sa mission terminée, avec un fort détachement à Dreux.

Au sud, la II⁰ armée concentrera la masse principale de ses forces autour d'Orléans. Elle abandonnera le pays situé sur la rive gauche de la Loire, et se bornera à observer dans la direction du Cher; mais elle continuera d'occuper, sinon Tours, au moins Blois et Gien (détruire, autant que possible, les ponts en amont).

En cas d'offensive de la part de l'ennemi, les points principaux indiqués ci-dessus pourront, selon toute prévision, être soutenus en temps utile par la position centrale dont ils ressortent... »

En exécution de ces instructions, le grand-duc de Mecklembourg-Schwerin s'établissait, le 24 décembre, en cantonnements resserrés autour de Chartres, avec les II⁰, IV⁰ et V⁰ divisions de cavalerie (1).

Le prince Frédéric-Charles transportait son quartier-général à Meung-sur-Loire le 18 décembre, et à Orléans le 19.

Le I⁰ʳ corps bavarois occupait Orléans et Ouzouer-sur-Loire.

Le III⁰ corps, prenait ses cantonnements le long de la rive droite de la Loire, entre Orléans et Beaugency, une de ses brigades dans Orléans.

----

(1) Les XVII⁰ et XXII⁰ divisions d'infanterie, réunies en un corps d'armée qui prit le numéro XIII, étaient à Chartres, avec le quartier-général du Grand-Duc. La II⁰ division de cavalerie autour de Bonneval; la IV⁰ division de cavalerie en arrière de Chartres; la V⁰ division de cavalerie entre Vernon et Dreux, par Houdan.

Le IXe corps s'étendait entre Orléans et Châteauneuf-sur-Loire, avec un fort détachement à Montargis.

La IVe division de cavalerie, cantonnée autour d'Orléans, lançait la XVe brigade au delà du Loiret, pour surveiller la Sologne.

Le Xe corps et la Ire division de cavalerie s'établissaient autour de Vendôme et de Blois.

Pendant ce temps, les deux armées françaises étaient, l'une dans la région Nevers-Bourges, et l'autre autour du Mans.

Il se produisit, dans les opérations militaires sur la Loire, une accalmie d'une quinzaine de jours.

Ce repos était indispensable aux Allemands pour se remettre de leurs fatigues. « Les armées allemandes sur la Loire étaient forcées de doubler, de tripler leurs avant-postes et d'occuper beaucoup plus de terrain que ne le permettaient les effectifs. Le service des relais et celui des communications s'étaient accrus dans les mêmes proportions. Les combats en étaient devenus moins énergiques ; ils étaient menés avec moins de vivacité et, ce qui est caractéristique, la fusillade à grande distance et la canonnade avaient crû en importance..... Un corps d'armée comptait à peine autant d'infanterie qu'une division au début de la guerre, et les meilleurs éléments en avaient disparu, enlevés par les balles et les fatigues..... Quelques divisions, la XXIIe entre autres, ne comptaient, en infanterie, que la valeur d'une brigade ; tout le 1er corps bavarois était à peu près de la même force..... Beaucoup d'officiers de réserve à la tête des troupes ; beaucoup de troupes de dépôts dans les rangs..... Dans beaucoup de bataillons les hommes étaient pieds nus ; d'autres avaient des sabots et des jambières de linge. Dans l'armée du Grand-Duc, il y avait des compagnies où quarante hommes n'avaient pas de chaussures. Enfin, on n'avait pu compléter les munitions. Il en restait bien encore pour quelques combats, mais pas assez pour entreprendre une série d'opérations (1). »

Nous allons voir, en prenant l'exemple du Xe corps à Blois,

---

(1) Baron Colmar von der Goltz, *passim*.

comment les Allemands s'installaient dans leurs cantonnements pour goûter le repos dont ils avaient besoin, quelle charge cette occupation faisait subir aux habitants, et comment s'écoulèrent les jours d'un calme relatif qui séparent les opérations militaires sur le Loir et la reprise de l'offensive sur la Sarthe.

CHAPITRE XI

Détails sur l'occupation de Blois
par le X⁰ corps allemand

Le X⁰ corps d'armée et la I⁰ᵉ division de cavalerie s'établirent en cantonnements autour de Blois et de Vendôme ; la XX⁰ division d'infanterie, — major-général de Kraatz-Koschlau, — et la II⁰ brigade de cavalerie, — major-général de Baumgarth, — à Vendôme, Herbault-en-Beauce et environs ; la XIX⁰ division d'infanterie, — lieutenant-général de Schwartzkoppen, — et la I⁰ᵉ brigade de cavalerie, — colonel de Luderitz, — à Blois et environs.

Étaient à Blois même, ou dans le faubourg de Vienne :

Le quartier-général du X⁰ corps ;

Les états-majors de la I⁰ᵉ division de cavalerie et de l'artillerie du corps d'armée ;

La XXXVII⁰ brigade d'infanterie, — colonel Lehman, — comprenant les contingents de la Frise orientale et du duché d'Oldenbourg ;

Le X⁰ bataillon de chasseurs ;

La III⁰ compagnie de pionniers avec l'équipage léger de pont ;

La II⁰ batterie légère du X⁰ régiment d'artillerie, contingent du Hanovre ;

La I⁰ᵉ batterie à cheval de l'artillerie de corps ;

Les 1ᵉʳ et 2⁰ escadrons du IX⁰ régiment de dragons (Iᵉʳ du Hanovre) ;

Trois escadrons du VIII⁰ régiment de uhlans, contingent de Prusse orientale et de Lithuanie ;

La moitié du détachement sanitaire n° III (1).

Ces troupes étaient couvertes par des avant-postes éloignés et établis, face au nord-ouest, jusqu'à la ligne du chemin de fer de Tours à Vendôme, et jusque vers la Braye.

Dans la direction du sud, les avant-postes étaient placés sur la rivière du Beuvron.

Un service très actif de patrouilles et de reconnaissances s'étendait au delà des avant-postes, les reliait entre eux, et maintenait les communications avec les corps voisins.

Le général d'infanterie de Voights-Rhetz, commandant le X° corps d'armée, exerçait son autorité sur toute la région, et résidait à Blois.

Depuis l'entrée des Allemands dans cette ville, le 13 décembre, tous les journaux avaient cessé leurs publications ; on ne recevait plus de nouvelles, et l'angoisse de ces tristes jours était rendue plus pénible encore par une complète ignorance de la véritable situation.

« L'occupation prussienne, dans les premiers jours surtout, arrêta complètement le travail ; les usines et les chantiers se fermèrent, les différentes administrations cessèrent de fonctionner, la poste et le télégraphe passèrent aux mains des Prussiens qui ne les firent servir qu'à leur usage exclusif. La préfecture, abandonnée par le préfet, fut livrée au pillage..... Tout ce que put obtenir M. de Besson, secrétaire général, fut de conserver intact le dépôt des archives.....

« La plupart des magasins restaient fermés, et il fallut un ordre affiché du commandant de place, le colonel Cordemann, menaçant de 50 francs d'amende tout commerçant qui tiendrait sa maison close, pour faire ouvrir les portes et les devantures des magasins ; mais le soir, à peine à la nuit tombante, tout se fermait de nouveau, et, dès 4 heures 1/2, les rues devenaient complètement désertes (2). »

Les habitants furent informés, par voie d'affiches, qu'ils

---

(1) Il est difficile de fixer l'effectif de cette garnison ; il s'y produisait d'ailleurs de fréquents changements.

(2) *Les Prussiens à Blois*, par P. Dufresne, page 19.

étaient soumis au Code militaire allemand et qu'ils auraient à subvenir à toutes les charges de logement et d'entretien des troupes d'occupation. Cet avis était rédigé sous la forme suivante :

ORDRE DU JOUR

Dans toutes les communes occupées par les troupes sous mes ordres, les hommes et les chevaux seront nourris par les habitants.

On devra donner chaque jour :

1° Aux sous-officiers et aux soldats :

A midi, une soupe, 500 grammes de viande, un plat de légumes, un demi-litre de vin.

Le soir, une soupe, 200 grammes de viande ou de fromage.

Le matin, du café avec du sucre.

Chaque jour un kilogramme de pain et 100 grammes de beurre.

2° Aux officiers :

A midi, un dîner composé d'une soupe, d'un plat de légumes avec de la viande, d'un rôti et d'un litre de vin.

Le soir, un souper de thé avec pain, beurre, viande froide, ou un plat chaud avec de la viande.

Le matin, un déjeuner de café ou de thé avec pain et beurre.

3° pour chaque cheval :

6 kilogrammes d'avoine.

3 kilogrammes de foin.

3 kilogrammes de paille.

Le général en chef,
Signé : De VOIGHTS-RHETZ.

Pour permettre aux gens peu aisés de subvenir à ces exigences, la municipalité de Blois faisait délivrer des bons de pain et de viande. « Il suffisait de déclarer à la mairie que l'on avait tant de Prussiens à nourrir, pour obtenir un nombre égal de kilogrammes de pain et de demi-kilogrammes de viande. Quelques habitants en abusèrent par des déclarations qui n'étaient pas toujours exactes ; d'autres en profitèrent, car il arrivait souvent que les Prussiens, en s'installant dans un ménage pauvre, apportaient une ration de viande plus que suffisante pour leur nourriture. Le contrôle, on le conçoit, était à peu près impossible, et la ville, privée depuis l'invasion du droit d'octroi, le plus clair de son revenu, dépensait chaque jour, de cette façon, une moyenne de 3,000 francs (1). »

Cette question des subsistances devint bientôt une réelle difficulté.

La Commission municipale de Blois avait constitué au mois d'octobre, dans la ville, une réserve de 2,200 sacs de farine (2), et cherché vainement à faire baisser le prix du pain par une entente avec les boulangers (3). Ces mesures de prévoyance, qui suffisaient au mois d'octobre, ne purent faire face à la consommation des mois suivants, après les grands mouvements de troupes qui eurent lieu dans la région. La municipalité de Blois se trouva donc dans un réel embarras, et les difficultés d'administration devinrent d'autant plus grandes que le Conseil municipal, déjà bouleversé au lendemain de la Révolution du 4 Septembre, fut encore une fois profondément modifié par les Allemands.

Six personnes notables de la ville, MM. Besnard, — Duchalais, — Henri Lemaignen, — Pernet, — Riffault, — Refoulé, avaient reçu une convocation ainsi conçue (4) :

PLACE DE BLOIS

Colonel Cordemann ordonne à M..... de se rendre à la mairie de Blois pour agir de concert avec les membres de la Commission municipale et leur prêter son concours journalier.

---

(1) *Les Prussiens à Blois*, par P. Dufresne, page 26.

(2) Dans la séance du 29 septembre 1870, la Commission municipale de Blois, sur la proposition de M. Pousset-Péan, avait autorisé M. Lenormant à acheter, pour le compte de la ville, 1,000 sacs de farine au cours, payables dans un délai de 3 mois. Les boulangers de la ville firent en outre une provision de 1,200 sacs, sous la garantie de la ville. (Voir séances de la Commission municipale de Blois. 29 septembre et 12 octobre 1870).

(3) Une Commission composée de MM. Pousset-Péan, Dufay, Poulain, Chavigny, Daridan, Joly et Auriau fut chargée de s'entendre avec les boulangers de Blois, afin d'arriver, s'il était possible, à réduire le prix du pain. (Voir séance du 4 octobre 1870 de la Commission municipale de Blois).

Dans la séance du 12 octobre, cette Commission rendait compte que les boulangers ne pouvaient baisser le prix du pain, en raison du cours élevé de la farine et du grain, mais que, « pour donner, autant que possible, satisfaction au public, ils offraient de faire cuire le pain qu'on leur apporterait moyennant une rétribution de 0 fr. 02 par kilogramme. » La question fut ajournée.

(4) Voir séance du 20 décembre 1870 de la Commission municipale de Blois.

Son refus ou son absence nécessiteraient des mesures pénibles contre sa personne ou contre ses biens.

Blois, le 20 décembre 1870.

Pour ordre du Commandant,
Signé : De Rentz.

Ces notables ayant demandé que les membres de l'ancien Conseil municipal de Blois fussent appelés au même titre qu'eux, l'autorité allemande convoqua, par une lettre identique, MM. de Bizemont, — Deloynes, — Jollois, — Dulin, — de Saint-Vincent, — Deniau, — Oudine, — Garrier, — Delagrange (père), — Duclos, — Martin-Monestier, — Yvon, — Brillard, — Lutier (Auguste), — de Laduye, — Cohan, — Arnoult.

La nouvelle Commission se réunit le 20 décembre, décida que M. Pousset-Péan conserverait les fonctions de maire, institua six sous-commissions, — voitures, fourrages, logements, subsistances, bons de denrées, comptes de dépenses, — et s'occupa de la question des subsistances.

Dans la séance du 26 décembre, sur la proposition de M. Besnard, la Commission décidait de tenter une démarche auprès de l'autorité allemande pour l'inviter à pourvoir elle-même à la nourriture de ses hommes, et demander que la police de l'armée prussienne fût faite de manière à éviter le retour de faits regrettables que le président dit avoir signalés lui-même au commandant de place, en les précisant.

La délégation désignée pour porter ces requêtes (1) se présenta, le 27 décembre 1870, chez le général en chef et fut reçue par son chef d'état-major, qui répondit que « l'armée d'occupation ne possédant qu'une seule voie ferrée était dans l'impossibilité de se ravitailler ailleurs que dans le pays occupé, qu'il connaissait notre détresse et que, sans doute, nous aurions de mauvais jours à traverser, — le mot de famine possible a même été prononcé par lui, — mais qu'un général en chef devait avant tout assurer le succès des opérations de son armée (2). »

---

(1) MM. Pousset-Péan, Estribaud, Lesguillon, Yvonneau, de Laduye, Besnard, Riffault.
(2) Voir séance du 29 décembre 1870 de la Commission municipale de Blois.

— 181 —

La Commission municipale discutait alors s'il ne serait pas opportun de faire sortir de Blois les vieillards, les femmes et les enfants, projet qui fut repoussé.

On décidait seulement de demander au commandant du Xe corps qu'il ne fût exercé aucune réquisition au nom de l'autorité prussienne sur les grains, bestiaux, volailles, fourrages et denrées amenés sur les marchés de Mer et d'Herbault-en-Beauce le lundi, d'Oucques le mercredi, de Bracieux le jeudi, de Contres le vendredi, de Beaugency et de Blois le samedi. Cette demande fut agréée, mais les soupçonneux paysans se gardaient bien d'apporter sur les marchés, où les Prussiens auraient pu les saisir, les dernières ressources qu'ils avaient pu cacher, et cette mesure, sur laquelle on comptait pour rendre un peu de vie au commerce, produisit peu d'effets.

Le prix des denrées montait donc rapidement. « Le sucre, par exemple, qui, avant l'invasion, valait 0 fr. 70 le demi-kilogramme, se vendit bientôt 2 francs et même 2 fr. 50 ; l'huile à brûler se paya 5 francs le litre, le café 2 fr. 50 les 500 grammes, le sel doubla de valeur..... ; le pain monta progressivement de 2 francs à 2 fr. 60 ; la viande se maintint seule à peu près à son prix habituel ; les œufs, les légumes étaient introuvables ; les pommes de terre doublèrent de valeur.... (1) »

Il faut reconnaître que des commerçants de la ville abusaient de la situation à ce point que le Commission municipale, sur la proposition de M. Robin, en délibéra dans la séance du 29 décembre 1870. M. Robin fit observer que les commerçants de la ville de Blois « profitent des circonstances actuelles pour vendre à des prix très élevés les marchandises alimentaires qu'ils ont en magasin, bien que ces marchandises, ayant été achetées par eux avant l'occupation de la ville, ne leur aient pas coûté plus cher qu'à l'ordinaire, et il propose que l'administration municipale soit invitée à taxer les denrées de première nécessité.

« Un membre de la Commission répond que la liberté du commerce doit être respectée, même dans ses excès. Un autre

____

(1) *Les Prussiens à Blois*, par P. Dufresne, page 24.

membre, M. Guéritte, fait remarquer que le respect de cette liberté, qui lui semble dégénérer en licence, nuira surtout aux familles peu aisées pour lesquelles les denrées ainsi renchéries deviendront inabordables. M. Besnard expose que, dans les circonstances présentes, les commerçants courent des risques extraordinaires dont eux seuls peuvent apprécier la gravité, et qu'il lui paraît juste de les laisser chercher la compensation de ces risques dans l'élévation du prix des marchandises (1). » Bref, la question fut ajournée.

Les Allemands n'admettaient aucune considération. Il leur fallait, quel qu'en fût le prix, les quantités de vivres prescrites par voie d'affiches, et ils les exigeaient sans tenir compte des charges de plus en plus lourdes que leurs exigences faisaient peser sur les habitants obligés de les nourrir.

A cet impôt des subsistances, s'ajoutait celui du logement.

Dans les premiers jours de l'occupation, « (2) la Commission municipale avait essayé d'obtenir du commandant de place de procéder elle-même à la désignation des logements militaires. De cette façon, la distribution des soldats ennemis dans chaque maison se fût faite d'après les règles établies, et eût été basée, autant que possible, sur la position ou la fortune de chacun. Mais l'autorité prussienne, qui ne voulait pas faire connaître la quantité des troupes renfermées dans la ville, repoussa ce moyen qui ne fut mis en pratique qu'exceptionnellement.....; aucune règle ne présida à la distribution des logements, et les soldats s'entassèrent à leur gré dans les demeures des habitants..... Une fois établis dans une maison, ils en étaient les maîtres absolus.....

« Le bois, avec l'énorme consommation qu'ils en faisaient, avait bien vite manqué ; mais grâce au voisinage des forêts de Blois et de Russy, qui furent mises au pillage, la ville se trouva bientôt abondamment pourvue..... Un grand nombre d'individus, bûcherons improvisés, travaillaient toute la journée à abattre les plus beaux arbres qu'ils débitaient ensuite et vendaient à

______

(1) Voir séance du 29 décembre 1870 de la Commission municipale de Blois.
(2) *Les Prussiens à Blois*, par P. Dufresne, pages 19, 23, 26.

très bas prix, comme bois de chauffage, à ceux des habitants de
la ville assez peu scrupuleux pour en acheter (1). »

Seuls, les ouvriers cordonniers de la maison Estribaud étaient
dispensés, par le commandant de place, de l'impôt du logement
et de l'entretien des troupes parce qu'ils étaient requis pour
confectionner 10,000 paires de chaussures pour l'armée allemande. Poussés par un sentiment généreux, ces ouvriers pro-
posèrent d'eux-mêmes une retenue sur leur paye au profit de
leurs camarades de la ville, restés sans ouvrage et imposés,
et M. Estribaud s'associait à la patriotique résolution de ses
ouvriers.

« Si Blois avait à souffrir de l'invasion, les communes voisines, Saint-Gervais, Vineuil, Cellettes, Candé, la Chaussée,
Saint-Denis, Villebarou, Chambon, n'étaient guère moins mal-
traitées : épuisées de réquisitions, s'étant vu enlever bestiaux,
grains, fourrages, elles avaient, en outre, plus que la ville peut-
être, à se plaindre des mauvais traitements de l'ennemi.....;
beaucoup de paysans frappés à coups de plat de sabre ou de
crosse, menacés de la baïonnette, avaient été obligés de donner
tout ce qu'ils avaient chez eux.....

« Les communes plus éloignées, telles que Cour-Cheverny,
Contres, les Montils, Sambin, Chouzy, n'avaient été occupées
que temporairement, mais elles recevaient, plusieurs fois par
semaine, la visite des uhlans réquisitionnaires, qui enlevaient
tous les approvisionnements de fourrages.....

« Chaque jour, on voyait entrer en ville, escortées d'une
demi-douzaine de uhlans, et conduites par le fermier lui-même,
d'énormes charrettes de foin, d'avoine, de paille ; les voitures,
les chevaux, les vivres, tout était pris par les Prussiens ; les

----

(1) Les gardes domaniaux et communaux des forêts ayant été mis à la disposition du gouvernement, la plupart de ceux du département de Loir-et-Cher
avaient été relevés de leurs postes. Ils avaient quitté Blois le lundi 29 août. Les
forêts, insuffisamment gardées, restèrent livrées au pillage.

D'après P. Dufresne, — *Les Prussiens à Blois*, page 27, — « les gardes
forestiers dressèrent cependant des procès-verbaux et, après la conclusion de la
paix, un certain nombre d'acheteurs et de vendeurs comparurent en police cor-
rectionnelle ; plusieurs furent condamnés à diverses amendes, quelques-uns
même à la prison. »

campagnes, à cinq ou six lieues à la ronde, étaient dévastées ; les champs, faute de semences, et aussi par suite du manque absolu de sécurité, restaient incultes ; partout, autour de Blois, régnaient la désolation et la terreur (1). »

La ville supportait en même temps la responsabilité et la lourde charge de l'entretien d'un grand nombre de malades et de blessés, tant Allemands que Français, qui étaient recueillis à l'hôpital, dans des ambulances improvisées et chez les particuliers. L'organisation de ce service de charité remontait au début de la guerre.

Le Gouvernement impérial avait fait voter (2) un premier crédit de 4 millions pour venir en aide aux familles pauvres privées de leurs soutiens appelés sous les drapeaux. Un Comité spécial était chargé de répartir cette somme sur l'ensemble du territoire, et le préfet de Loir-et-Cher (3) avait institué une Commission (4) pour seconder, dans le département, l'action du Comité central.

Une autre loi, votée le 27 août, portait ouverture d'un crédit de 50 millions « destinés à venir en aide aux femmes, enfants et ascendants des citoyens qui combattent pour la défense du pays ». Et la même loi rendait « les lois sur les pensions militaires applicables aux gardes nationaux mobiles et sédentaires blessés au service du pays, ainsi qu'aux veuves et aux enfants de ceux qui seraient morts dans des circonstances graves ».

Le ministre de la guerre avait décidé que les blessés et les malades seraient évacués de l'armée sur les points éloignés des frontières, et il avait ordonné de procéder au recensement des ressources dont chaque département disposait. M. Boscq, in-

----

(1) *Les Prussiens à Blois*, par P. Dufresne, page 25.
(2) Le 25 juillet 1870.
(3) Vᵗᵉ de Granville.
(4) Cette Commission était composée de MM. Dessaignes, député au Corps législatif ; Tassin, député au Corps législatif ; abbé Thoré, vicaire-général ; Riffault, maire de Blois ; Meurville, conseiller général ; Martinet, maire de Mur ; Cadet-Devaux, maire de Neung-sur-Beuvron ; Martellière, maire de Vendôme ; Mᵗ de Rochambeau, conseiller général ; Duchalais-Goûté, président du tribunal de commerce de Blois ; de la Bassetière, conseiller d'arrondissement ; Gobert, conseiller d'arrondissement ; Maigne, trésorier-payeur général ; docteur Arnoult, chirurgien de l'Hôtel-Dieu de Blois ; Estribaud, juge au tribunal de commerce.

tendant-général inspecteur, assisté de M. Lévy, médecin inspecteur, reçut cette mission pour le département de Loir-et-Cher (1).
Les habitants mirent le plus généreux empressement à se faire
inscrire pour des secours de toutes sortes.

Bientôt, un Comité de secours particulier au département s'organisa, à Blois, sous la présidence de M. Meurville, avec deux
sous-comités, à Vendôme sous la présidence du M¹⁵ de Rochambeau, et à Romorantin sous la présidence de M. Martinet. Des
lits, des provisions, des remèdes, furent préparés dans les hos-
pices, les mairies et beaucoup de maisons particulières.

Le château de Chambord fut offert au gouvernement, par son
propriétaire (2), pour en faire un vaste hôpital, proposition qui
ne fut pas agréée.

« Il convient encore de signaler Mᵐᵉ la M¹ˢᵉ de Vibraye qui
installa, dans son château de Cheverny, une ambulance, dont
les 26 lits furent constamment occupés pendant la dernière
période de la campagne. Les soins les plus assidus et les plus
généreux y furent prodigués pendant tout ce temps aux blessés
et aux malades (3). »

Le premier convoi de blessés arriva à Blois le 31 août (4) et,
à partir de ce moment, le nombre des victimes de la guerre
hospitalisées dans la ville alla toujours en augmentant.

On peut concevoir, d'après ce court aperçu, quelles devaient
être les préoccupations de toutes sortes des habitants de Blois
et de la région voisine. L'année 1870 finit pour eux au milieu de
ces tristesses.

Les Allemands, au contraire, bien nourris, logés dans les
maisons les plus confortables, brûlant le bois à pleines chemi-
nées, se reposaient de leurs fatigues et de leurs soucis, remet-
taient en ordre leur matériel et se préparaient ainsi, dans les
meilleures conditions, à reprendre la campagne. Ils savouraient,

(1) *Avenir de Loir-et-Cher* — Vendredi 12 août 1870.
(2) Lettre, en date du 22 août 1870, du Comte de Chambord à M. le Cᵗᵉ de
Flavigny.
(3) *Campagne sur la Loire*, par le général Pourcet.
(4) Ce premier convoi se composait d'une quinzaine de blessés et d'une
vingtaine de malades, qui furent installés à l'Hôtel-Dieu. (Voir *Indépendant de
Loir-et-Cher*, numéros du 17 août et du 4 septembre 1870).

dans ce repos momentané, la gloire acquise par leurs récents succès, gloire que le commandant du X⁰ corps d'armée rappelait avec complaisance dans l'ordre qu'il adressait à ses troupes à la fin de l'année 1870 :

Ordre d'armée du général de Voights-Rhetz
au X⁰ corps d'armée.

Quartier-général de Blois, le 31 décembre 1870.

Avec l'année qui finit, finit aussi pour l'armée une période riche en gloire, sur laquelle le X⁰ corps peut reposer ses yeux avec orgueil.

Dans les batailles du 16 et du 18 août, il a contribué à la victoire d'une manière décisive. Dans la tâche longue et pénible de l'investissement de Metz, il a supporté virilement privations et fatigues, et dans les combats, toujours victorieux, il a su faire preuve de courage et de persévérance. De grands efforts lui ont été demandés dans la marche de Metz à Orléans : il les a fournis.

Les tentatives de l'ennemi de battre le corps, isolé de l'armée, ont avorté dans une série de combats victorieux contre des forces numériques toujours supérieures, parmi lesquels la journée de Beaune-la-Rolande sera toujours un des plus beaux faits d'armes dans l'histoire du X⁰ corps.

Après que l'Armée de la Loire a été vaincue à Orléans, le corps d'armée, sans prendre un moment de repos, a poursuivi l'ennemi, lui a porté des coups nombreux, pris Vendôme après un combat victorieux, et forcé Tours à arborer le drapeau blanc, après y avoir culbuté l'ennemi.

En reportant ma pensée sur de pareils faits, je me vois naturellement conduit à exprimer aux officiers et aux soldats mon admiration et ma reconnaissance.

Autant je plains les lourds sacrifices que la guerre a, jusqu'à présent, réclamés de nous, autant je suis convaincu que le X⁰ corps saura, avec sa persévérance et sa bravoure ordinaires, remplir la tâche que la Patrie réclame encore de lui.

Puisse l'année qui vient apporter à nos armes la victoire, à notre patrie une paix glorieuse, et aux officiers et aux soldats du

Xᵉ corps la réalisation des vœux que je forme pour eux du plus profond de mon cœur.

Le général commandant,

Signé : V. Voights-Rhetz.

Le gros des troupes allemandes opérant sur la Loire passa dans les conditions que nous venons de voir, dans un repos presqu'absolu, la période qui s'écoula du 20 décembre 1870 au 2 janvier 1871.

Il ne faudrait pas croire cependant que cette période fut complètement inactive. Nous trouvons, en effet, quelques opérations de détail exécutées à ce moment, dans chaque parti, par des colonnes mobiles, opérations dont l'exposé, si décousu qu'il soit, n'est pas sans intérêt.

CHAPITRE XII

Reprise des opérations décisives
Marche de la IIe armée allemande sur le Mans

Tout en laissant reposer ses troupes dans les cantonnements
de Blois et de Vendôme, le général de Voights-Rhetz avait reçu
l'ordre de couper les voies ferrées dans le voisinage de Tours, et
de s'assurer que les deux Armées de la Loire n'opéraient pas
leur concentration, par Tours, dans la région du Mans. Le
général envoya donc de ce côté, sous les ordres du général von
Woyna, une forte reconnaissance (1).

L'avant-garde (2) de la colonne, sous le général de Luderitz,
était à Saint-Amand le 18 décembre, à Villedomer le 19, à Monnaie le 20. Là, se trouvait le général Ferri-Pisani, couvrant
Tours avec environ 15,000 hommes de troupes régulières, de
gardes mobiles et de gardes nationaux sédentaires mobilisés qui
se replièrent sur Notre-Dame-d'Oé, après un court engagement.

Le 21 décembre, la colonne allemande paraissait devant Tours,
lançait sur la ville une trentaine d'obus, et la contraignait d'arborer le drapeau parlementaire. Le 23 décembre, la colonne
revenait à Blois, après avoir coupé, à Mettray, le chemin de fer
de Tours au Mans.

Le général Ferri-Pisani, qui s'était retiré juqu'à Langeais,

---

(1) Douze bataillons d'infanterie, 2 compagnies de pionniers, 8 escadrons de
cavalerie et 8 batteries.

(2) Trois bataillons d'infanterie, une compagnie de pionniers, 4 escadrons de
cavalerie, une batterie.

après le combat de Monnaie, fut appelé à d'autres fonctions (1), et remplacé par le général Cléret.

Le général Chanzy donna l'ordre à ce dernier de se rendre à Château-la-Vallière, où se trouvaient déjà des troupes amenées de Poitiers par le général de Curten. De cette position, les Français pouvaient facilement arrêter, en menaçant son flanc droit et sa ligne de retraite, la colonne allemande qui était venue jusqu'à Tours, si cette colonne continuait son mouvement dans la vallée de la Loire.

Les Allemands étant remontés à Blois, après leur démonstration sur Tours, le général Chanzy fit rétablir la voie ferrée de Tours au Mans, qu'ils avaient sommairement coupée près de Mettray, et confia la garde de cette ligne de chemin de fer aux généraux Cléret et de Curten (2).

Le premier s'établit à Saint-Antoine-du-Rocher, avec ses avant-postes d'infanterie à Cérelles et à Notre-Dame-d'Oé ; le second vint à Neuillé-Pont-Pierre, avec ses avant-postes à Neuvy-le-Roi et à Beaumont-la-Ronce. Huit escadrons de cavalerie (3) éclairaient ces avant-postes, et envoyaient des reconnaissances dans les directions de Blois et de Vendôme.

Derrière eux, le général Barry avec 2,200 hommes d'infanterie et 10 pièces d'artillerie, débris de sa division, de celles des généraux Morandy et Peitavin (4), gardait le cours du Loir depuis Pont-de-Braye jusqu'au Lude, et surveillait le cours de la Braye.

Ces troupes étaient les avant-postes de la Deuxième armée de la Loire, concentrée autour du Mans. Elles rencontraient dans les vallées de la Braye et du Loir, et sur la ligne du chemin de fer de Tours à Vendôme, les avant-postes du Xe corps allemand, et avaient avec eux de fréquents engagements.

Le 27 décembre, le colonel d'Ehrenberg, avec deux bataillons du XVIIe régiment d'infanterie, un escadron du VIIIe uhlans, un peloton du XVIe dragons et une batterie, quittait Herbault,

______

(1) Le général Ferri-Pisani fut nommé au commandement d'une division du 25e corps d'armée en formation.
(2) Ordres donnés le 25 décembre 1870.
(3) De chasseurs d'Afrique et du 8e hussards.
(4) Renforcés par une partie de la brigade Paris, du 17e corps.

repoussait, à Auzouer, une bande de francs-tireurs, coupait, près de Villedomer, le chemin de fer de Tours à Vendôme, et revenait, le 28 décembre, à Herbault.

« La XIX° division d'infanterie allemande réunie entièrement autour de Blois, le 23 décembre, avait reçu la mission de surveiller la direction de Tours. A cet effet, elle faisait battre les deux rives de la Loire par de gros détachements, qui se heurtaient, à maintes reprises, avec de faibles détachements français, notamment le 27 décembre, auprès de Rilly (1). » Le major Dumin de Prychowsky, avec le X° bataillon de chasseurs et le 1er escadron du IX° dragons, repoussait ce jour-là, sans combat sérieux, dans la direction de Montrichard, un détachement français.

De son côté, le général Chanzy avait décidé d'envoyer de fortes colonnes mobiles pour se procurer des renseignements sur l'ennemi, et entretenir l'esprit d'offensive dans son armée. L'une de ces colonnes devait remonter la vallée de l'Huisne, et opérer contre le XIII° corps allemand (2) ; l'autre était envoyée contre le X° corps.

Elle était commandée par le général de Jouffroy qui partit du Mans, le 23 décembre, avec ordre « de se porter sur la Braye, surveiller le Loir et menacer Vendôme (3). » Les généraux Barry, de Curten et Cléret devaient, dans la mesure de leurs moyens, appuyer le général de Jouffroy.

Après divers engagements sur le Loir (4), le général de Jouffroy arriva, le 30 décembre, en vue de Vendôme, attaqua la ville le lendemain, échoua dans son entreprise et replia ses troupes entre Épuisay et Montoire.

Les généraux de Curten et Cléret, partant de Neuillé-Pont-Pierre et de Saint-Antoine-du-Rocher avec les troupes dont ils disposaient, avaient énergiquement appuyé le mouvement du général de Jouffroy sur Vendôme. Le 30 décembre, à 3 heures

---

(1) *Grand État-Major Allemand*, 15° livraison, pages 675-676.
(2) Ancienne subdivision d'armée du grand-duc de Mecklembourg-Schwerin.
(3) *La Deuxième Armée de la Loire*, par le général Chanzy, page 257.
(4) Voir, appendice n° 1, le résumé de l'expédition du général de Jouffroy dans le Vendômois.

du soir, le général de Curten entrait à Château-Renault et envoyait le général de Curten à Villedomer.

L'échec des Français à Vendôme arrêta le général de Curten, mais ce contretemps n'avait pas découragé le général Chanzy.

Il envoya d'abord au général de Curten un détachement d'infanterie et une batterie de 4, sous le colonel Jobey et, une seconde fois, « des renforts importants en infanterie, cavalerie et artillerie qui furent amenés à Château-Renault par le lieutenant-colonel de Lambilly (1). » Toutes ces troupes, — 12,000 hommes environ, — furent mises sous le commandement du général de Curten, avec mission de menacer Vendôme et Blois.

La cavalerie de cette colonne, sous le commandement du colonel Lacombe, entrait à Saint-Amand, après d'heureux engagements à Longpré le 1er janvier 1871, à Saint-Nicolas-des-Motèts, Seillac et Lancé le 2 janvier, avec la IIe brigade de cavalerie allemande qui perdait 5 hommes tués ou blessés et 18 prisonniers, dont un officier.

Le colonel Jobey occupait, le 4 janvier, Villeporcher, Villechauve et Monthadon. Mais les succès du général de Curten devaient s'arrêter là, car, le lendemain, de grosses colonnes allemandes faisaient leur apparition dans la vallée du Loir.

C'étaient les avant-gardes du prince Frédéric-Charles dont toute l'armée marchait vers Le Mans pour en finir avec la Deuxième armée de la Loire.

Les opérations décisives recommençaient, et si le prince Frédéric-Charles avait maintenant toute liberté pour manœuvrer contre l'armée de Chanzy, c'était grâce au nouveau plan de campagne imaginé dans l'Est à une trop grande distance, « sous le coup de la terrible échéance de Paris (2). »

M. de Freycinet « tenait beaucoup à délivrer Belfort, bloqué déjà depuis longtemps, mais qui continuait à résister. La pensée d'obtenir au loin, derrière les armées allemandes victorieuses, un succès inattendu, pour menacer leurs communications et

____

(1) *La Deuxième Armée de la Loire*, par le général Chanzy, page 269.
(2) *La Guerre en province pendant le siège de Paris*, par M. de Freycinet, page 218.

porter la terreur dans leurs rangs, lui paraissait aussi séduisante que celle que caressait Gambetta de marcher sur Fontainebleau (1). »

Le retour imprévu du prince Frédéric-Charles à Orléans, le 19 décembre, ayant fait renoncer à la marche sur Fontainebleau, Gambetta, cédant aux instances de M. de Serres, se rallia au projet d'une campagne dans l'Est. Le plan de l'opération fut ainsi arrêté.

Le 15⁰ corps d'armée resterait quelque temps encore à Bourges pour garder la position, et masquer le mouvement. Les 18ᵉ et 20ᵉ corps seraient transportés rapidement en chemin de fer jusqu'à Beaune. « Ces deux corps, conjointement avec Garibaldi et Cremer, sont destinés, écrivait le ministre (2), à s'emparer de Dijon, ce qui semble très réalisable, puisqu'on fait agir 70,000 hommes contre 35,000 à 40,000 ennemis. Pendant ce temps, Bressoles et son 24⁰ corps (3) sont portés, par chemin de fer, à Besançon où ils réunissent les 15,000 à 18,000 hommes de garnison. Cette force totale de 45,000 à 50,000 hommes, opérant de concert avec les 70,000 victorieux de Dijon, n'aura pas de peine à faire lever, même sans coup férir, le siège de Belfort, et offrira une masse compacte de 110,000 hommes, capable de couper les communications dans l'Est, malgré tous les efforts de l'ennemi. La seule présence de cette armée ferait lever le siège de toutes les places fortes du Nord, et permettrait au besoin de combiner plus tard une action avec Faidherbe. En tous cas, nous aurons la certitude de rompre définitivement la base de ravitaillement de l'ennemi... »

« Ce funeste plan de campagne devait préparer à la France une désillusion rapide et cruelle, semblable tout au moins à celle qu'elle avait éprouvée à Sedan. A Sedan, les avis étaient partagés sur l'entreprise de l'armée, tandis qu'ici chacun approuvait de grand cœur ce projet qui semblait à tous une œuvre de hardiesse et de génie (4). »

____

(1) *Gambetta et ses Armées*, par le baron Colmar von der Goltz, page 195.
(2) Lettre en date du 27 décembre 1870 de Gambetta au général Chanzy.
(3) Le général Bressoles avait formé, à Lyon, le 24ᵉ corps d'armée.
(4) *Gambetta et ses Armées*, par le baron Colmar von der Goltz, page 203.

— 193 —

Le général Chanzy, d'une imagination moins ardente, fit tous
ses efforts pour restreindre l'envergure de cette opération. Il
écrivit au ministre de la guerre à ce sujet, le 2 janvier, et ne fut
pas écouté. Il revint à la charge le 6 janvier.

« L'opération du général Bourbaki dans l'Est, entreprise
dans une pareille saison, avec des troupes nouvelles, dans un
pays de montagne que la neige recouvrait, et où tout était
difficulté, présentait une chance de réussite à une date d'échéance
telle que le général Chanzy crut devoir tenter un dernier effort
pour restreindre cette opération et ramener plus promptement la
Première armée sous Paris. Il adressa, le 6 janvier, la dépêche
chiffrée suivante à Bordeaux :

..... « Paris a des vivres jusqu'au 15 janvier seulement et,
à partir de là, ne vivra que d'expédients. L'armée de Paris a
beaucoup souffert ces derniers jours ; elle est fort réduite...... Je
trouverais bonne l'opération dans l'Est de Bourbaki, si le résultat pouvait en être plus immédiat pour Paris (1). »

Gambetta répondit par un nouveau et formel refus. Le sort
en était jeté et l'opération, déjà commencée, fut obstinément
poursuivie « dans l'hypothèse erronée que rien ne serait fait, ou
ne pourrait être fait, par les Allemands pour éviter ce danger (2). »

L'embarquement en chemin de fer des 18ᵉ et 20ᵉ corps, à
destination de l'Est, commença le 20 décembre ; le Grand État-
Major allemand connut l'opération vers la fin du mois. Quand il
fut bien fixé sur l'orientation et le départ définitif de la Première
armée de la Loire, il prit les mesures nécessaires pour lui faire
face dans l'Est, et le prince Frédéric-Charles, qui n'avait plus
en face de lui que l'armée de Chanzy, reçut l'ordre de concentrer ses troupes, et de marcher sur le Mans.

Cet ordre parvint au prince, le 1ᵉʳ janvier, à son quartier-
général d'Orléans ; les IIIᵉ, IXᵉ, Xᵉ, XIIIᵉ corps d'armée,
avec les Iʳᵉ, IIᵉ, IVᵉ et VIᵉ divisions de cavalerie, étaient mis à
sa disposition. Il décidait de prendre l'offensive avec toutes ses
forces et de laisser seulement, pour garder la Loire moyenne,

____

(1) *La Deuxième Armée de la Loire*, par le général Chanzy, page 252.
(2) *Militair Wochenblatt*, année 1871, nº 64.

la division d'infanterie hessoise, détachée du IXe corps, la brigade de cavalerie hessoise attachée à cette division, et la
1re division de cavalerie.

Déduction faite de ces forces, le prince Frédéric-Charles
disposait, pour marcher sur le Mans, « de 57,737 hommes
d'infanterie, 15,426 cavaliers et 318 canons (1). »

Il concentra de suite le XIIIe corps à Chartres, le IIIe à
Beaugency, le IXe à Orléans, et il indiqua comme points à
atteindre le 6 janvier :

Au XIIIe corps et à la IVe division de cavalerie, Brou avec
un détachement à Nogent-le-Rotrou ;

Au IIIe corps, Vendôme avec avant-garde sur le ruisseau
du Boulon, à Azay ;

Au Xe corps, aux 1re et VIe divisions de cavalerie, Montoire ;

A la XVIIIe division d'infanterie (2) et à la IIe division de
cavalerie formant réserve, Morée.

Cette marche concentrique vers la Deuxième armée de la
Loire amena, les 5 et 6 janvier, les avant-gardes allemandes en
forces très supérieures, au contact des colonnes mobiles des
généraux de Jouffroy et de Curten.

Depuis son échec à Vendôme, le 31 décembre, le général de
Jouffroy était toujours installé entre Montoire et Epuisay, pous-
sant ses reconnaissances jusqu'au Loir. Dans la nuit du 5 au
6 janvier, ses reconnaissances lui signalaient la concentration
de forces considérables à Vendôme. C'était l'avant-garde du
IIIe corps allemand qui continuait le lendemain sa marche en
avant pour occuper les positions qui lui étaient assignées.
Après une belle résistance sur le ruisseau du Boulon (3), les
Français battaient en retraite derrière la Braye.

Le même jour, 6 janvier, le Xe corps allemand se concentrait
par la jonction, à Montoire, de ses deux divisions d'infanterie,
le XXe arrivant de Vendôme par la vallée du Loir, le XIXe venant de Blois par Saint-Amand, Ambloy, Sasnières et Lavardin.

---

(1) Blume, page 209.
(2) Reste du IXe corps.
(3) Voir, appendice n° 1, le résumé de ces opérations.

Les Ire et VIe divisions de cavalerie se dirigeaient également sur Montoire.

Or, ce jour-là, le général de Curten, dont nous avons laissé les troupes en avant de Château-Renault, avait résolu de faire une démonstration sur Blois par la route de Château-Renault à Herbault. Dans ce chassé-croisé avec les Allemands, il tomba sur la XXXVIIIe brigade d'infanterie westphalienne qui se rendait de Blois à Montoire avec des fractions des Ire et VIe divisions de cavalerie.

Le combat s'engagea, vers 10 heures du matin, sur toute la ligne Villechauve à Saint-Cyr-du-Gault ; le colonel Jobey enlève Villethiou à la baïonnette. « L'ennemi se retire dans la direction de Vendôme, à la faveur de la nuit, laissant au pouvoir des Français une centaine d'hommes, des caissons et des voitures (1). » Les francs-tireurs de la Sarthe (2), les éclaireurs des Deux-Sèvres (3) et un bataillon du 27e mobiles entrent dans Saint-Amand et s'y maintiennent malgré les démonstrations de l'arrière-garde allemande.

Le général de Curten, avec 12,000 hommes environ, se trouvait ainsi, dans la soirée du 6 janvier, à la suite d'engagements heureux pour ses troupes, complètement sur les derrières du Xe corps allemand concentré à Montoire. Le général, ne se doutant pas de la véritable situation, ne chercha pas à en tirer profit, et le prince Frédéric-Charles, de son côté, ne se préoccupa guère de cette menace. Il ne retarda pas la marche de ses autres corps d'armée, et il ordonna seulement au Xe corps de demeurer, le lendemain, à Montoire, et d'envoyer les troupes suffisantes pour se débarrasser du détachement français.

Le général de Voights-Rhetz envoya donc, le 7 janvier, des colonnes à Saint-Amand, Prunay, Saint-Cyr-du-Gault, Villeporcher et Villechauve. Une grand'garde du 25e mobiles fut surprise et enlevée à Villeporcher, et le colonel Jobey, après avoir résisté dans Villechauve jusqu'à 4 heures du soir, dut se

(1) *La Deuxième Armée de la Loire*, par le général Chanzy, page 270.
(2) Commandant de Foudras.
(3) Capitaine Poinsignon.

décider à battre en retraite devant des forces supérieures. Dans la soirée, le général de Curten donna l'ordre définitif d'abandonner la partie, et il ramena sa colonne dans la direction de Neuillé-Pont-Pierre.

Le X⁰ corps, débarrassé de toute inquiétude, reprenait, le 8 janvier, la marche sur Le Mans, quittait Montoire et chassait le général Barry de ses positions sur le Loir, après des engagements à Poncé et à Ruillé.

L'armée du prince Frédéric-Charles était maintenant au contact de la Deuxième armée de la Loire, et les mouvements préliminaires de la bataille du Mans s'engageaient.

La campagne sur la Loire était terminée, et il ne devait plus se dérouler dans cette région aucune opération militaire, sauf l'épisode du 28 janvier dont Blois fut encore le théâtre.

CHAPITRE XIII

Situation sur la Loire pendant le mois de Janvier 1871

Après le départ de la IIe armée allemande, un calme presque complet régna dans toute la région de la Loire moyenne.

Le prince Louis de Hesse gardait Orléans avec la division d'infanterie, la brigade de cavalerie et l'artillerie hessoises.

La XXXVIIIe brigade d'infanterie (1), détachée du Xe corps, sous le commandement du colonel de Wedell, occupait Vendôme et le Loir, jusque vers Château-du-Loir.

Ces garnisons d'Orléans et de Vendôme se reliaient entre elles, et avec le prince Frédéric-Charles, par l'intermédiaire de la Ire division de cavalerie dont le commandant, lieutenant-général de Hartmann, exerçait son autorité sur tous les détachements dispersés dans la région de Vendôme, Tours et Blois, y compris la XXXVIIIe brigade d'infanterie. Le lieutenant-général de Hartmann établissait son quartier-général à Vendôme.

La garnison de Blois relevait de son commandement. Elle comprenait, sous les ordres du colonel de Bulow, deux bataillons du XVIe régiment d'infanterie (2), — IIIe de Westphalie, — et un régiment détaché de la Ire division de cavalerie, le VIIIe uhlans.

Ce petit détachement pouvait présenter un effectif de « 700 à 800 hommes tout au plus (3) », et en même temps que les charges

(1) Contingent de Westphalie.
(2) Détachés de la XXXVIIIe brigade d'infanterie.
(3) *Les Prussiens à Blois*, par P. Dufresne, page 27.

de l'occupation devenaient supportables, la ville dut reconnaître, dans les relations journalières, la justice et les bons procédés du nouveau commandant de place, le commandant de Cranach. Ces bonnes dispositions se manifestèrent en diverses circonstances, entre autres le 13 janvier, à propos d'un fait qui mérite d'être cité.

Un soldat hessois, logé chez un habitant de Blois (1), fut trouvé mort dans sa chambre, la poitrine traversée d'un coup de baïonnette. On ne put découvrir l'assassin, mais les plus grandes présomptions portaient à croire que la mort du soldat était le résultat d'une rixe entre deux personnes ivres, et que le meurtrier n'habitait pas la ville. Bien des localités où des faits analogues s'étaient produits avaient été cruellement pillées et rançonnées. Dans le cas présent, le commandant de place « feignit une grande irritation (2) » et imposa Blois d'une amende de 200,000 francs.

M. Pousset-Péan, après en avoir délibéré avec la Commission municipale, fit valoir auprès du commandant que la ville avait été exemptée de toute contribution parce qu'elle subvenait aux dépenses journalières de tout un corps d'armée, qu'elle était hors d'état de payer cette somme et qu'elle ne pouvait être rendue responsable des faits isolés qui se produisaient. Le commandant répondit qu'il avait reçu des ordres, qu'il ne pouvait exempter la ville, que ce droit appartenait au prince Frédéric-Charles, mais qu'il offrait de faciliter une démarche du maire de Blois auprès du Prince, qui était alors au Mans. MM. Pousset-Péan et Chavigny, munis d'un laisser-passer, se rendirent au Mans, et le prince Frédéric-Charles, ayant admis leur réclamation, leva l'imposition de 200,000 francs.

« Du 12 au 19 janvier, la ville fut attristée par l'arrivée de nombreuses colonnes de prisonniers français faits après la désastreuse bataille du Mans. Presque chaque jour il en passait de quinze cents à deux mille, qui couchaient à Blois pour être ensuite dirigés sur l'Allemagne ; la population tout entière se

(1) Un ferblantier, nommé Dutertre.
(2) *Les Prussiens à Blois*, par P. Dufresne, page 29.

portait au-devant de nos malheureux soldats, et chacun, malgré les charges de l'occupation, rivalisait dans la mesure de ses moyens, pour offrir du pain, du vin, des vêtements, même de l'argent aux prisonniers..... Plusieurs habitants, entre autres MM. Raymond et Daridan, coupables d'avoir témoigné trop vivement leur sympathie aux prisonniers, furent arrêtés et emprisonnés pendant un temps plus ou moins long... En dépit des Prussiens, un comité se forma néanmoins pour distribuer des vivres, des vêtements chauds, quelque menue monnaie aux prisonniers. MM. Bastard, Beauvallet (juge de paix), Baschet, Bésnard (président du tribunal), Daridan (avoué), Damar, Douin, Delagrange, Foucault, Lacaille (greffier), Lafon de Laduye, Petit (banquier), Pelletier (ancien procureur impérial), Riffault, Roche (élève en pharmacie), les Dames du Refuge, une foule d'autres personnes, firent d'abondantes collectes, provoquèrent de nombreuses souscriptions ; chacun, pauvre ou riche, apportait son obole. Les dons furent si importants que, pour le dernier convoi de prisonniers, composé de 1,200 hommes, indépendamment des vivres et des vêtements, chaque soldat reçut 20 centimes..... Un certain nombre, grâce à la connivence patriotique des habitants, parvinrent à s'évader..... (1) »

Le 25 janvier, le commandant de Cranach transmit à la Commission municipale l'ordre qu'il avait reçu de lever sur la ville de Blois une imposition de 50 francs par habitant, soit un million. Il s'ensuivit entre le commandant et M. Pousset-Péan une scène à la suite de laquelle MM. Pousset-Péan et Chavigny furent arrêtés, le 29 janvier, conduits à Orléans, puis emmenés en captivité à Mayence (2).

M. Riffault, ancien maire de Blois, prit en mains les intérêts de la ville, et se rendit à Orléans afin d'obtenir une réduction d'imposition. Sur ses instances, après de longs pourparlers, la contribution fut réduite à 480,000 francs.

Les communes voisines de Blois partageaient le même sort et,

____

(1) *Les Prussiens à Blois*, par P. Dufresne, pages 29 et 30.
(2) MM. Pousset-Péan et Chavigny revinrent à Blois dans les premiers jours de mars 1871. (*Avenir de Loir-et-Cher*, numéro du vendredi 3 mars 1871).

le 27 janvier, les maires des communes militairement occupées étaient convoqués à la « Commandature » de Blois où on leur apprenait que leurs communes étaient frappées d'une contribution établie sur la base de 25 francs par habitant. En cas de refus, des réquisitions militaires seraient opérées, et les maires devaient se prononcer, le lundi 30 janvier au plus tard, entre l'alternative d'un pillage méthodique ou du paiement de la contribution.

Ces questions d'argent ne devaient être réglées que plus tard, dans le courant de l'armistice, après les derniers événements militaires.

Bien que le pays fût tranquille, et les troupes françaises très éloignées, les Allemands restés à la garde de la Loire moyenne avaient organisé, avec le plus grand soin, leur service de sûreté.

Le prince Louis de Hesse détachait d'Orléans une forte garnison à Briare, établissait ses avant-postes sur le Loiret, et envoyait journellement des reconnaissances en Sologne.

Le général de Hartmann faisait surveiller le cours du Loir, depuis Château-du-Loir jusqu'à Bonneval, où il se reliait avec la garnison allemande de Chartres. Le 19 janvier, il faisait occuper Tours par un détachement.

La petite garnison de Blois, ainsi garantie de toute inquiétude sur la rive droite de la Loire, ne surveillait activement que la rive gauche. C'était la situation inverse de celle du 10 décembre, et nous voyons les Allemands, maîtres de Blois et de la rive droite du fleuve, craignant une attaque des Français par la rive gauche, adopter en principe le plan de défense qui avait été proposé, le 9 décembre, par les généraux Morandy et Peitavin, plan qui avait soulevé des discussions si vives entre la municipalité, le préfet et l'autorité militaire. « Le pont fut barricadé à ses deux extrémités, avec d'énormes madriers percés de créneaux ; deux arches, du côté du faubourg de Vienne, furent minées ; la travée en planches, qui remplaçait l'arche détruite, fut enduite de goudron afin de la rendre plus inflammable ; en même temps, la sortie des habitants fut surveillée avec plus de rigueur, et il devint indispensable d'être muni d'un laisser-passer, signé du

— 201 —

commandant de place, même pour franchir le faubourg (1). » Une barricade en bois était élevée à hauteur de la maison d'octroi, à la sortie du faubourg de Vienne par la route de Sologne, et un poste permanent gardait la porte de cette barricade.

Enfin, une ligne d'avant-postes de cavalerie surveillait tous les passages du Beuvron à Bracieux, Tour-en-Sologne, Clénor, Cellettes, Seur, les Montils et Candé. Aux points importants, ces postes étaient soutenus par de l'infanterie. Chaque jour, des patrouilles parties de Blois s'avançaient jusqu'à la ligne d'avant-postes et la dépassaient pour atteindre Cheverny et Contres ; d'autres battaient la rive gauche de la Loire, en amont et en aval de Blois (2).

Grâce à ces mesures, la garnison de Blois, prévenue par le service de sûreté, pouvait essayer une première résistance dans le faubourg de Vienne ; en cas d'échec, les défenseurs passaient le pont sous la protection des barricades, le détruisaient derrière eux et pouvaient ensuite défier toute tentative d'une passage de vive force. Néanmoins, si le plan de défense était bon, les mesures de sûreté étaient insuffisantes, puisqu'elles n'empêchèrent pas la garnison de Blois d'être surprise, le 28 janvier, par les Français.

Divers indices auraient dû cependant maintenir les Allemands en éveil, car vers le milieu de janvier, les francs-tireurs et les partisans recommencèrent à se montrer très actifs en Sologne.

Le 14 janvier, le général Rantzau, qui commandait le détachement hessois de Briare, était chassé de cette ville, puis de Gien, avec une perte de 140 hommes environ.

Le 19 janvier, des patrouilles de cavalerie hessoise étaient attaquées, près de la Ferté-Saint-Aubin et de Lamotte-Beuvron, par des francs-tireurs, qui leur enlevaient trois hommes.

<hr>

(1) *Les Prussiens à Blois*, par P. Dufresne, page 28.

(2) Ces patrouilles, qui parcouraient un pays très boisé et propre aux embuscades, furent très rarement inquiétées.

Un uhlan fut tué par des habitants armés de fusils, dans la forêt de Boulogne, au lieu dit l'Hermitage.

Le 4 janvier, des francs-tireurs venus de Romorantin sur des charrettes, dressèrent une embuscade dans la forêt de Russy, sur la route de Cour-Cheverny à Blois, et à 2 kilomètres du village de Clénor. Ils tuèrent un uhlan et en blessèrent un autre.

Le 21 janvier, une compagnie de francs-tireurs attaqua, près de la Ferté-Beauharnais, un escadron du 1ᵉʳ régiment des chevau-légers de Hesse, lui tua un homme et fit un prisonnier. Deux jours après, la même compagnie surprenait un détachement du même corps à Lamotte-Beuvron, et le forçait à se replier sur la Ferté-Saint-Aubin, en lui tuant un homme et en blessant un autre. « A la suite de cette agression, une colonne de 1,800 Hessois, avec du canon, vint, le 24 janvier, jusqu'à Lamotte-Beuvron, d'où elle délogea les francs-tireurs qu'elle poursuivit jusqu'à Nouan-le-Fuzelier (1). »

Ces francs-tireurs étaient encouragés et soutenus par la présence, à Bourges, du 25ᵉ corps d'armée qui s'y était organisé, et dont nous allons étudier le seul fait d'armes de sa très courte existence.

_____

(1) *Campagne sur la Loire*, par le général Pourcet, page 113.

CHAPITRE XIV

Surprise de Blois par les Français, le 28 Janvier 1871

Après le départ des 18e et 20e corps d'armée pour la région de l'Est, le 15e corps avait été maintenu provisoirement à Bourges et à Vierzon, pour masquer le mouvement et garder les positions.

Le 31 décembre, le 15e corps prit à son tour la route de l'Est et fut remplacé, autour de Bourges et de Vierzon, par des détachements envoyés de tous les points du territoire. Par décret, en date du 1er janvier 1871, ces détachements furent réunis pour former un corps d'armée, qui reçut le numéro 25, et dont l'organisation et le commandement furent confiés au général Pourcet.

.« Dans la pensée du ministre, lors du mouvement général d'offensive qu'il projetait sur Paris, ce corps devait, en marchant, se relier à la Deuxième armée de la Loire, dont il formerait alors l'extrême droite.

« Si, au contraire, les événements rendaient son concours nécessaire pour appuyer les opérations de la Première armée, il devait être appelé à manœuvrer dans la direction du nord-est, vers l'Yonne et la haute Seine, de manière à seconder les mouvements de Bourbaki (1). »

Ce corps d'armée devait se composer de trois divisions d'infanterie et d'une division de cavalerie.

(1) *Campagne sur la Loire,* par le général Pourcet, pages 54, 55.

Son organisation était à peine ébauchée lorsque le commandant en chef reçut, le 14 janvier, l'ordre suivant :

Faites tous vos préparatifs pour partir, le 17 au matin, dans la direction de Sancergues.

Signé : De Freycinet.

Et comme le général Pourcet représentait au ministre les dangers que ce départ précipité ferait courir au 25ᵉ corps, il reçut confirmation de l'ordre précédent :

Guerre à commandant 25ᵉ corps, Vierzon

Bordeaux, 14 janvier, 11 h. 30 soir.

Prêts ou pas prêts, il vous faudra partir le 17 courant au matin. Les Prussiens n'attendent pas.....

Signé : De Freycinet.

Le commandant du 25ᵉ corps avait pris ses dispositions pour exécuter l'ordre dans les meilleures conditions possibles quand il reçut, le 16 janvier, à la veille de partir, un premier contre-ordre et les instructions suivantes :

Guerre à commandant 25ᵉ corps, Vierzon

Bordeaux, 16 janvier 1871.

Prenez la plus solide et la plus active de vos brigades, et dirigez-la sur Blois ; elle se bornera à une démonstration qui devra avoir pour résultat de lui permettre, soit de détruire le pont de Blois, soit d'obliger l'ennemi à le détruire lui-même. Le pays est à peu près dépourvu de Prussiens entre Vierzon, Romorantin et Blois.

Signé : De Freycinet.

C'était le jour où le général Chanzy, battant en retraite du Mans, atteignait la Mayenne, et il est probable que le ministre de la guerre espérait faciliter la retraite et la réorganisation de la Deuxième armée de la Loire, en attirant sur un autre

— 205 —

point l'attention des Allemands. La même manœuvre, esquissée
par le général Bourbaki le 16 décembre, avait empêché le
prince Frédéric-Charles de poursuivre le général Chanzy lorsqu'il avait quitté la vallée du Loir pour se porter sur la Sarthe.
Mais au mois de janvier, la situation était bien modifiée.

Le général Pourcet désigna, pour marcher sur Blois, la
1re brigade de la 1re division d'infanterie (1) à laquelle furent
adjoints deux escadrons du 9e régiment mixte de cavalerie et une
batterie d'artillerie, sous les ordres du général de Bernard de
Seigneurens. La colonne devait parvenir, le 19 janvier, devant
Blois.

Mais, le 18 janvier, le ministre prescrivait d'arrêter le mouvement commencé :

Guerre à commandant 25e corps, Vierzon

Bordeaux, 18 janvier 1871.

Préparez-vous à partir avec tout votre corps pour le 20 courant,
à 7 heures du matin. Je vous dirai un peu plus tard si c'est par
voie de terre, ou par voie ferrée. Silence le plus complet. Appelez
la colonne qui est à Romorantin.

Signé : De FREYCINET.

Le lendemain, 19 janvier, ce mouvement était contremandé.
« Le mouvement de votre corps d'armée ne commencera pas
demain matin, écrivait M. de Freycinet, mais je ne saurais trop
insister pour que vous vous teniez prêt à marcher d'un moment
à l'autre. »

Le 20 janvier, le général Pourcet reçut l'ordre de se tenir
prêt à partir, le 22 janvier, « à la première lueur du jour »,
avec tout son corps, pour Clamecy ; on l'engageait, si la chose
était possible, à commencer son mouvement le jour même.

Le 21 janvier, un autre télégramme lui faisait connaître que,
par suite de nouvelles circonstances, la marche sur Clamecy,

_____

(1) Le 74e régiment de marche et deux bataillons de fusiliers de marine.

ordonnée pour tout le corps d'armée, ne serait exécutée que par une seule division de ce corps (1).

Enfin, le 22 janvier, le général Pourcet reçut la dépêche suivante :

Guerre à commandant 25° corps, Vierzon

Bordeaux, 22 janvier 1871.

Avec votre 1re division et deux régiments de cavalerie, vous marcherez dès demain sur Tours, le Cher et la Loire.

Vous utiliserez votre cavalerie à faire de fortes reconnaissances à grande distance en avant de vous et sur votre droite. Vous profiterez de votre passage pour nettoyer tout le territoire des partis ennemis qui le sillonnent entre Amboise, Blois, Romorantin et au-dessus. Vous vous tiendrez en communication constante avec moi pour que je puisse, à tout moment, interrompre votre marche, s'il y a lieu. Vous vous arrêterez de vous-même si vous trouvez l'ennemi en forces supérieures, ou si vous veniez à être menacé sur votre droite, ce que je ne crois pas.

Votre dernière division me paraît suffisante pour garder en votre absence, conjointement avec vos mobilisés, vos principales positions de Vierzon. Vous laisserez des instructions précises au général Mazure.

Poitiers est actuellement occupé par des troupes qui, demain, constitueront une brigade, et dans quelques jours une division.

Signé : De Freycinet.

« On conçoit les difficultés et les embarras que créaient au commandement ces changements multipliés, et les entraves ainsi apportées à l'organisation du corps d'armée et à l'instruction des troupes.

« Un jour, les vivres étaient préparés sur une route; le lendemain il fallait les ramener et en commander sur une autre ; les corps et détachements qui n'avaient pas encore rejoint, ainsi que les approvisionnements et le matériel attendus, recevaient de fausses directions.

---

(1) Voir *Campagne sur la Loire*, par le général Pourcet, pages 98, 99.

« Toutefois, le général en chef avait prévenu les troupes, dès leur arrivée, de se tenir toujours prêtes à marcher dans un délai de quelques heures et, connaissant l'extrême mobilité des projets ministériels, il prenait la précaution de conserver par devers lui, jusqu'au dernier moment, les ordres de mouvement tout préparés, de manière à épargner autant que possible aux hommes les fatigues inutiles, et à leur éviter les prescriptions contradictoires qui excitent leurs murmures et ébranlent leur confiance (1). »

Les ordres du 22 janvier n'ayant pas été contremandés, la 1re division du 25e corps, — général Bruat, — fut dirigée sur Clamecy ; la 3e division, — général Ferri-Pisani, — demeura autour de Vierzon, à la garde des positions ; le général Pourcet lui-même, avec la 2d division, se mit en marche sur Tours.

Cette division, commandée par le général de Chabron, avait la composition suivante :

1re brigade d'infanterie (le colonel Leclaire, commandant par intérim, ne parut jamais).

- 77e régiment de marche, lieutenant-colonel Duval.
- Mobilisés du Cher, lieutenant-colonel Vermeil.

2e brigade d'infanterie (le colonel Chaulan, commandant par intérim, ne parut jamais).

- 7e bataillon de marche de chasseurs à pied, commandant Dubois.
- 1er bataillon de mobiles du Puy-de-Dôme, commandant Pignol.
- Mobilisés de l'Indre, lieutenant-colonel Gaubert.

Cavalerie (général Delhorme)

- 9e régiment mixte de chasseurs à cheval, lieutenant-colonel Masson.
- Éclaireurs des Deux-Sèvres (un escadron), capitaine Souchon.
- Un escadron 1/2 du 9e régiment de marche de dragons, lieutenant-colonel Castanier.

(1) *Campagne sur la Loire,* par le général Pourcet, page 104.

Artillerie (colonel Chappe)	{	Une batterie de 12. Une batterie de mitrailleuses. Une batterie de 4, à cheval.
Génie	{	Une section dirigée par le colonel Grenier et un ingénieur des mines, M. Chosson.
Intendance	{	Service dirigé par M. l'intendant auxiliaire Louët.

« L'infanterie était armée de fusils modèles Chassepot, Snider et Springfield. Les servants de la batterie de mitrailleuses avaient la carabine Remington, les éclaireurs des Deux-Sèvres la carabine Spencer à répétition. Cette diversité d'armement pouvait engendrer de funestes confusions dans la distribution des cartouches. La vigilance des officiers attachés au parc sut néanmoins éviter toute erreur (1). » Les approvisionnements de munitions étaient d'ailleurs très incomplets.

L'effectif total de l'infanterie était de 256 officiers et 9,011 hommes.

La colonne entama sa marche sur Tours, le 23 janvier, par la vallée du Cher, son aile gauche débordant sa droite et couverte sur sa droite par le 9° chasseurs mixte qui surveillait la direction de Blois.

Le général Delhorme, avec ce régiment de cavalerie, était le 23 janvier à Romorantin, le 24 et le 25 à Mur-de-Sologne, Rougeou et Gy. Sous sa protection, l'infanterie et l'artillerie défilaient le long du Cher. L'infanterie marchait péniblement, et fut vite fatiguée, malgré qu'elle cantonnât tous les jours. « Chaque fois que le général en chef visitait les grand'gardes, il pouvait constater qu'un certain nombre étaient installées sous la seule préoccupation d'y être le plus commodément possible, et sans qu'on s'inquiétât du terrain qu'on avait à surveiller et à garder militairement. Quelques-unes même avaient leurs sentinelles tournées du côté de l'intérieur, ou dans la direction des

____

(1) *Campagne sur la Loire*, par le général Pourcet, page 73.

corps voisins, tant était grande l'ignorance ou l'apathie, non seulement des mobilisés, mais aussi des chefs qu'ils s'étaient donnés (1). »

Le 26 janvier, la 1re brigade d'infanterie était à Noyers et Saint-Aignan, sur la route de Tours ; la 2e brigade marchait de Pruniers, Lassay et Lanthenay sur Chémery et Méhers ; l'artillerie suivait l'une et l'autre colonne. Les éclaireurs des Deux-Sèvres avaient dépassé Saint-Aignan et surveillaient la direction de Tours. Le 9e régiment de chasseurs, toujours occupé de Blois, avait deux escadrons à Contres, un à Couddes, un à Thézée ; l'escadron du 9e dragons était dans les bois de Cheverny, à la Fringale.

« Cette cavalerie se heurta ce jour-là, pour la première fois, aux patrouilles ennemies. A Cormeray, il y eut un petit engagement avec un détachement de cavalerie et une cinquantaine de fantassins prussiens postés derrière les haies et les murs du village. Un officier de uhlans y fut blessé ; il n'y eut pas de pertes de notre côté. A Cheverny, le chef de la reconnaissance apprit qu'une dizaine de uhlans étaient venus le matin même. Enfin, vers 1 heure de l'après-midi, un peloton ennemi se présenta devant Contres, venant d'Oisly. Quelques-uns de ses cavaliers pénétrèrent même jusque sur la place du village, où se trouvaient le poste de police et le quartier-général du général Delhorme. Reçus à coups de fusils, ils se replièrent, à bride abattue, par la même route. Un escadron monta aussitôt à cheval, mais ne put les atteindre. Ce fait montre combien le service des avant-postes laissait encore à désirer (2). »

A la suite de ces rencontres avec la cavalerie allemande, le général Pourcet estima que l'attention de la garnison de Blois serait mise en éveil, que cette garnison ne manquerait pas de demander des renforts à Orléans et à Chartres. Un parti ennemi pouvait alors déboucher de Blois et se jeter sur le flanc droit et les communications des Français engagés dans la direction de Tours. On croyait Tours occupé par des forces allemandes

____

(1) *Campagne sur la Loire*, par le général Pourcet, page 120.
(2)   *Ibid.*   *Ibid.*   page 121.

considérables, et la colonne française n'était pas assez solide pour entreprendre une attaque de front pendant qu'elle était menacée en arrière.

Le ministre de la guerre avait d'ailleurs attiré l'attention du général Pourcet sur ces considérations.

Guerre à commandant 25ᵉ corps

Bordeaux, 25 janvier, 11 h. soir.

Ayez bien soin, pendant votre marche sur Tours, de vous couvrir par un fort détachement de cavalerie dans la direction de Blois. Il faut, en effet, vous mettre à l'abri d'une poursuite de ce côté ; peut-être même feriez-vous bien de faire occuper la route de Selles à Blois par quelques bataillons d'infanterie avec artillerie. Vous pourriez d'autant mieux le faire que, suivant le rapport de ce jour, il y a très peu de monde à Tours. Vous avez donc beaucoup moins à craindre une attaque de front qu'une surprise par derrière.

Continuez à vous tenir en communication constante avec moi.

Si la force que vous détachez à votre droite a une certaine importance, elle pourrait pousser jusqu'en vue de Blois où je ne crois pas le pont détruit, quoi qu'on en ait dit. La vue de cette force en déterminerait vraisemblablement la destruction.

Signé : De Freycinet.

« D'après ces instructions, il eût fallu envoyer des troupes devant Blois pour en faire sauter le pont, tandis que le reste de la colonne poursuivrait sur Tours.

« Le général en chef pensa qu'il n'était pas prudent de se diviser ainsi devant l'ennemi, en raison du peu de renseignements obtenus sur la force des Prussiens à Blois et à Tours, et surtout du manque de cohésion des troupes dont il disposait. Afin d'avoir toujours tout son monde sous la main, il crut préférable de marcher d'abord sur Blois, et de ne reprendre la marche sur Tours qu'après s'être mis à l'abri d'une agression sur ses derrières (1). »

_____

(1) *Campagne sur la Loire*, par le général Pourcet, page 123.

Il télégraphia, en conséquence, au ministre :

Romorantin, 26 janvier, 5 h. matin.

Votre télégramme d'hier soir me fait croire à votre intention que j'arrive à Tours. Pour garantir mes derrières, il faudrait déterminer la rupture du pont de Blois. Il est exact que les Français en ont fait sauter une arche ; mais une large passerelle a été rétablie par l'ennemi.

Pour le faire rompre de nouveau, il faudrait une démonstration sérieuse contre Blois, où il semble y avoir peu de monde.

J'attends des renseignements. Je pousse sur Cour-Cheverny un fort détachement qu'appuiera, de Contres, le reste de la division. Si cette démonstration n'amène pas la rupture, je tâcherai de l'obtenir par une action plus rapprochée. Je serai plus libre alors dans mon mouvement sur Tours.

Faudra-t-il laisser du monde sur la rive gauche de Blois ? L'ignorance de vos intentions précises me force à vous poser cette question.....

Signé : Pourcet.

Le ministre se rendit à cette manière de voir, et répondit aussitôt :

Bordeaux, 26 janvier, 11 h. 25 matin.

Vous n'avez en aucun cas à occuper Blois. La seule chose que vous pouvez vous permettre, si les renseignements confirment qu'il y a très peu de monde en ce moment, et si le pont n'est pas détruit par l'ennemi lui-même, serait de tenter d'entrer dans Blois et d'y délivrer les 1,500 prisonniers français qu'on assure être actuellement renfermés dans les casernes.

Mais, aussitôt le coup fait, vous vous retirerez immédiatement en détruisant le pont. Si, au contraire, vous avez lieu de croire l'ennemi en forces à Blois, vous vous bornerez à détruire vous-même l'objet convenu.

Vous vous dirigerez ensuite sur Tours, où vous entrerez à moins de forces supérieures...

Signé : De Freycinet.

Les reconnaissances et les engagements de sa cavalerie, dans la journée du 26 janvier, décidèrent le général Pourcet à user de la latitude qui lui était laissée.

C'est ainsi qu'abandonnant momentanément son objectif de Tours, il fut amené à tenter un coup de main sur Blois.

Le 27 janvier, la colonne française, opérant un changement général de direction à droite, entama la marche sur Blois (1). Les troupes devaient occuper, le soir, les emplacements suivants :

Le quartier-général au château de Cheverny.

La 1re brigade d'infanterie à un kilomètre en avant de Contres, dans la direction de Blois, à cheval sur la route, avec son artillerie dans le bourg (2).

La 2e brigade d'infanterie entre Cour-Cheverny et Cormeray, son artillerie à Cheverny.

Le 9e régiment de chasseurs gardait le nouveau front, et surveillait les passages du Beuvron, depuis Tour-en-Sologne jusqu'à Seur.

Dans l'exécution de ces mouvements, qui s'exécutèrent sans combat pour l'infanterie, le 9e chasseurs repoussa devant lui les postes et les patrouilles prussiens qui gardaient le Beuvron, sans rencontrer d'autre résistance qu'au village de Cellettes.

« (3) En arrivant à Cormeray, les trois escadrons de cavalerie mixte, qui devaient occuper Seur et Cellettes, sur le Beuvron, rencontrèrent quelques cavaliers, avant-garde d'un escadron de uhlans qui se retira immédiatement sur Cellettes. Le lieutenant-colonel Masson, qui commandait le régiment, continua à s'avancer.

« En arrivant à la rampe qui descend au village de Cellettes, la colonne fut assaillie par une vive fusillade partant du bois, à

______

(1) Pour se garantir dans la direction de Tours, maintenant qu'il marchait sur Blois, le général Pourcet donna l'ordre au général Ferri-Pisani de détacher de sa division, restée à Vierzon, et d'envoyer par chemin de fer un bataillon du 78e de marche à Selles-sur-Cher.

(2) Cette brigade se gardait, dans la direction de Tours, par un détachement d'un bataillon à la Bretonnière et d'une compagnie au château de Rougeou, sur la Bièvre, de concert avec l'escadron du 9e dragons, qui avait deux pelotons à Feings et deux pelotons à Oisly, avec reconnaissances sur la route de Pontlevoy.

(3) *Campagne sur la Loire*, par le général Pourcet, page 128, et *Historique du 9e régiment de chasseurs*.

gauche de la route, et des maisons où était embusquée de l'infanterie prussienne. Dans cette position, le lieutenant-colonel craignant, s'il faisait demi-tour, d'amener un grand désordre parmi ses hommes, jeunes recrues qui, tous, voyaient le feu pour la première fois, déploie un escadron en tirailleurs et fait sonner au trot. Il est suivi avec entrain par les cavaliers qui franchissent, à l'entrée du village, une première barricade ébauchée par les Prussiens, et viennent se heurter à une deuxième barricade établie en arrière du pont du Beuvron, et flanquée par les maisons à droite et à gauche, d'où part un feu nourri. Devant ces obstacles, et malgré trois retours offensifs, le lieutenant-colonel est obligé d'ordonner la retraite. Il se retire en bon ordre, au pas, protégé par des tirailleurs, jusqu'à Cormeray où il s'établit. L'ennemi en fait autant de son côté, un instant après, et se replie sur Blois.

« Dans cet engagement, M. le sous-lieutenant de Saint-Julien eut la poitrine traversée d'une balle en chargeant à la tête de son peloton. Ce brave officier succomba quelques jours après. Il y eut en outre un brigadier et 7 cavaliers blessés, 7 chevaux tués et 11 blessés..... Cette petite affaire, vigoureusement conduite, fit honneur à nos jeunes soldats qui se montrèrent pleins d'entrain (1). »

La journée suivante, 28 janvier, devait amener la colonne française en vue de Blois.

Les Allemands qui occupaient cette ville savaient, à n'en pas douter, que des troupes françaises étaient dans le voisinage. Ils avaient réussi à « attirer la cavalerie qui éclairait les colonnes françaises dans une embuscade établie, auprès de Cellettes, par 80 hommes du XVIe régiment d'infanterie (2), » mais ils ne semblaient pas croire à l'imminence d'un danger et, si la garnison de Blois se trouva renforcée le jour même de l'attaque des Français, ce fut une simple coïncidence.

« Le 27 janvier, le IIe bataillon de chasseurs hessois avait été

_____

(1) Un modeste monument, élevé sur le pont de Cellettes, consacre le souvenir de ces faits.
(2) *Grand État-Major Allemand*, tome IV, pages 872-873.

acheminé d'Orléans sur Blois, d'après un ordre du commandant en chef, afin d'y rendre disponibles, pour Tours, les fractions de la XXXVIII° brigade qui s'y trouvaient encore. Le bataillon était arrivé à Blois dans l'après-midi du 28 et deux de ses compagnies avaient été relever en Vienne le demi-bataillon du XVI° régiment d'infanterie quand on annonçait l'approche des troupes ennemies (1). »

Sur la demande du colonel de Bulow, commandant la garnison de Blois, un détachement d'artillerie fut envoyé d'Orléans le lendemain de l'engagement.

Le hasard servit donc les Allemands, et il est permis de dire que si la garnison de Blois ne fut pas enlevée, c'est grâce aux mesures de défense prises dans la ville même, et aussi parce que l'attaque des Français se produisit tardivement, dans la soirée du 28 janvier.

Le général Pourcet, pour surprendre le pont de Blois, crut devoir exécuter une marche concentrique, d'une très grande envergure.

Son infanterie occupait Cour-Cheverny, Cormeray et Contres, villages d'où partent quatre routes principales se dirigeant sur Blois. L'une de ces routes, par Tour-en-Sologne, Mont et Vineuil, passe entre les forêts de Russy et de Boulogne ; une deuxième mène directement de Cour-Cheverny à Blois, par le village de Clénor ; une troisième conduit de Contres à Blois, par Cellettes ; la quatrième, faisant un détour par les Montils, conduit de Contres à Blois, par le village de Chailles.

Le général Pourcet mit une colonne sur chacune de ces routes.

La première colonne, celle de gauche, sous les ordres du général Delhorme, comprenait le 77° régiment de marche, deux escadrons du 9° chasseurs, l'escadron du 9° dragons et deux batteries. C'était la plus importante, parce qu'on s'attendait à rencontrer, pour franchir le Beuvron aux Montils, la même résistance qu'on avait rencontrée, la veille, à Cellettes, et parce que cette colonne, arrivant par la levée de Chailles et le

____

(1) *Grand Etat-Major Allemand*, tome IV, pages 872-873.

val de la Loire, devait couper la retraite aux défenseurs du faubourg de Vienne, occupés sur leur front par l'attaque des autres colonnes, débouchant de la forêt de Russy. Le général Delhorme avait une trentaine de kilomètres à parcourir.

La deuxième colonne, conduite par le général en chef lui-même, suivait la route de Contres à Blois, par Cormeray et Cellettes. Elle se composait des mobilisés de l'Indre, avec deux batteries, un escadron du 9e chasseurs et l'escorte du général en chef.

La troisième colonne, forte du 7e bataillon de chasseurs, du bataillon des mobiles du Puy-de-Dôme et de deux bataillons de mobilisés du Cher, avec deux batteries, prenait la route de Cour-Cheverny à Blois, par Clénor. Elle était sous la direction du général de Chabron, et devait se réunir, au débouché de la forêt de Russy, à la Patte-d'Oie-de-l'Aubépin, à la deuxième colonne.

Enfin, la quatrième colonne, composée de l'escadron du 9e chasseurs et des éclaireurs des Deux-Sèvres, devait déboucher par Vineuil, et prendre à revers les défenseurs du faubourg (1).

Comme il arrive presque toujours dans les attaques convergentes, les détachements ne furent pas exacts au rendez-vous, malgré tous les soins qu'on avait pris pour régler les mouvements. Le verglas rendait les routes mauvaises, particulièrement dans la traversée de la forêt de Russy ; certaines routes étaient encore coupées et encombrées d'abatis ; les distances à parcourir étaient inégales ; les troupes et leurs cadres peu entraînés.

Pour ces diverses raisons, la quatrième colonne s'égara et ne parut pas de la journée, et la première arriva très en retard. Quant aux deux colonnes du centre, qui devaient faire leur jonction à la Patte-d'Oie-de-l'Aubépin, celle que dirigeait le général en chef se trouva seule, à l'heure dite, au rendez-vous. Il était 3 heures 1/2 après midi.

Cette arrivée tardive en vue de Blois tenait à un détail qui

(1) Un bataillon des mobilisés du Cher restait à Contres, à la garde du parc et des convois.

prouve combien les faits les plus insignifiants peuvent entraîner, à la guerre, les conséquences les plus graves.

« L'état-major général du 25e corps chargé, dans la soirée du 27 janvier, de l'expédition de l'ordre destiné au général de Chabron, au lieu d'envoyer un officier le porter lui-même (1), comme il convient de le faire dans toute circonstance importante, confia cet ordre à un jeune planton à cheval qui, ayant trouvé le général et ses officiers endormis, ne remit sa dépêche que le lendemain matin. Il fallut faire forcer la marche de cette colonne, et reculer les heures de départ des autres corps (2). »

Avec les jours aussi courts qu'ils le sont au mois de janvier, il restait juste le temps d'essayer le coup de main sur le pont de Blois. Remettre l'attaque au lendemain aurait fait perdre le bénéfice de la surprise. Le général en chef décida de ne pas attendre le général de Chabron, et de marcher seul sur Blois.

Il était 4 heures du soir quand il déboucha de Saint-Gervais.

Son avant-garde (3), conduite par le colonel Fourchault, chef d'état-major du 25e corps, traversa le Cosson, se déploya de chaque côté de la route, et s'avança jusqu'à 200 mètres de l'entrée du faubourg. La section d'artillerie commit l'imprudence de passer également la rivière, et se mit en batterie sur la route même. En un instant, les Allemands ouvrant un feu très vif derrière la barricade de l'octroi, blessèrent des servants et des chevaux, et rendirent la position intenable. En faisant demi-tour pour se retirer, les chevaux s'abattirent sur le verglas, et les pièces étaient compromises sans un vigoureux retour offensif des chasseurs à pied.

Pendant ce temps, arriva la colonne du général de Chabron.

Quatre pièces d'artillerie installées sur le coteau de Saint-Gervais, à gauche de la route, au lieu dit le Point-du-Jour, ouvrirent le feu sur les barricades allemandes de l'octroi et du

---

(1) Du château de Cheverny où était le grand quartier-général, à Contres où le général de Chabron avait son quartier-général.

(2) *Campagne sur la Loire*, par le général Pourcet, page 130.

(3) Une compagnie de chasseurs à pied, une section de la 26e batterie du 13e régiment d'artillerie, un détachement du génie.

pont, appuyant l'infanterie, qui débouchait péniblement de Saint-Gervais.

« Les mobilisés tiraillaient sur place, et n'avançaient guère. Des hommes se tenaient obstinément cachés derrière des arbres ou des pans de murs dont rien ne pouvait les faire démarrer. Le nombre en était malheureusement très sensible, et parmi eux quelques officiers de mobilisés n'avaient pas honte de donner l'exemple de ces défaillances du cœur (1). »

L'affaire était très compromise lorsque la colonne Delhorme parut enfin, s'avançant à la fois par la levée de Chailles, et déployée en tirailleurs dans le val, entre le Cosson et la Loire. Une hésitation se manifesta chez les défenseurs du faubourg.

Profitant de cet instant, le général en chef, secondé par le général de Chabron, réunit lui-même ses hommes les plus déterminés, et marcha à leur tête, l'épée à la main, à l'assaut de la barricade de l'octroi.

Les Allemands, intimidés par cet acte de vigueur, voyant leur retraite menacée par la colonne Delhorme, qui progressait sur la levée de Chailles, débordés par un adversaire très supérieur en nombre (2), se retirèrent précipitamment vers le pont. Les Français les poursuivirent vivement. Ils arrivaient à 200 mètres du pont, quand une explosion se fit entendre.

« Des débris furent projetés jusque sur le général en chef et sur ceux qui l'entouraient, au pied de la barricade du pont. C'étaient les Prussiens qui faisaient sauter les piliers servant d'appui à la passerelle. Un hourrah retentit en même temps sur la rive droite, témoignant leur satisfaction d'échapper ainsi à la poursuite de nos soldats. La rupture et l'incendie de la passerelle empêchaient en effet toute communication entre les deux rives (3). »

Dans cet engagement, les Français avaient 21 morts et 82,

____

(1) *Campagne sur la Loire*, par le général Pourcet, page 140.

(2) Il y avait seulement 4 compagnies allemandes engagées pour la défense du faubourg de Vienne : les 2ᵉ et 3ᵉ compagnies du XVIᵉ régiment d'infanterie, les 2ᵉ et 3ᵉ compagnies du IIᵉ bataillon de chasseurs hessois. (*Grand État-Major Allemand*, tome IV, page 872).

(3) *Campagne sur la Loire*, par le général Pourcet, page 141.

blessés dont 4 officiers, parmi lesquels le lieutenant-colonel Vermeil, commandant les mobilisés du Cher, et le capitaine de Villebois-Mareuil. Les Allemands laissaient entre les mains des Français 7 morts, dont un officier hessois, 32 blessés dont 2 sous-officiers, 64 prisonniers non blessés, et un butin assez considérable (1). Le nombre des prisonniers allemands aurait pu être plus élevé si les habitants du faubourg avaient aidé les recherches des Français. « Le général en chef eut le regret de constater que pas un prisonnier ne lui fut amené, ni signalé, par la population (2). »

Ce fait d'armes était un succès incontestable pour le 25ᵉ corps, mais en dehors de l'effet moral qu'il pouvait exercer sur de jeunes troupes, et de la confiance qu'il pouvait leur inspirer, les résultats en étaient peu appréciables.

Le pont de Blois n'était pas détruit. Le passage n'était qu'interrompu comme il l'avait été, le 10 décembre, par les Français. Immédiatement après le départ du général Pourcet, les Allemands rétabliraient la communication entre les deux rives de la Loire, et la marche de la colonne française sur Tours présenterait les mêmes difficultés et les mêmes dangers qu'auparavant.

D'ailleurs, l'état des troupes était précaire. Les marches exécutées par le verglas et un froid rigoureux, les désertions, les pertes par le feu et les maladies avaient réduit l'effectif de la colonne à 6,000 hommes environ, et combien y avait-il de non-valeurs à défalquer de ce nombre !

Le général Pourcet ramena, le lendemain 29 janvier, ses troupes en Sologne, le quartier-général au château de Cheverny, la 1ʳᵉ brigade à Cormeray, la 2ᵉ à Cheverny, la cavalerie à Contres, et il écrivit au ministre de la guerre pour lui représenter l'état de sa colonne, les dangers qu'une marche sur Tours lui

(1) Les relevés des listes des pertes, dressés par l'autorité militaire allemande, n'accusent, pour le combat de Blois, que 4 tués, 13 blessés dont 4 grièvement et 48 disparus. On peut en conclure que les documents officiels allemands ne méritent pas toujours une confiance absolue.

(2) *Campagne sur la Loire*, par le général Pourcet, page 141.

ferait courir ; il terminait en demandant de nouvelles instructions.

Le ministre de la guerre n'eut pas à lui en envoyer, car l'armistice avait été signé à Versailles pendant que se tiraient, devant Blois, les derniers coups de fusils (1).

(1) Un monument a été élevé en 1890 à l'entrée du faubourg de Vienne, en souvenir des événements du 28 janvier 1871.

CHAPITRE XV

L'armistice et l'occupation allemande
pendant le mois de Février
Évacuation de Blois par les Allemands

Le 28 janvier 1871, un armistice de 21 jours était signé
à Versailles entre Jules Favre et le comte de Bismarck ; il était
stipulé que l'on procéderait, sans délai, à la libre élection d'une
Assemblée nationale qui se réunirait à Bordeaux pour décider
si la guerre devait être continuée, ou à quelles conditions la paix
pourrait être faite, et des dispositions immédiates étaient prises
pour régler, jusqu'à cette décision, la situation respective des
armées en présence.

Le général Pourcet en fut avisé par une dépêche qu'il reçut,
le 29 janvier, à son quartier-général, au château de Cheverny :

Guerre à commandant en chef du 25ᵉ corps, extrême urgence

Bordeaux, 29 janvier 1871, 2 h. soir.

Un armistice de 21 jours vient d'être conclu par le Gouvernement de Paris ; veuillez, en conséquence, suspendre immédiatement les hostilités en vous concertant avec le chef des forces
ennemies en présence desquelles vous pouvez vous trouver.

Vous vous conformerez aux règles pratiques suivies en pareil
cas...

Signé : De FREYCINET.

« Le général Pourcet envoya donc à Blois, le 31 janvier,

son chef d'état-major général, le colonel Fourchault, muni de ses instructions écrites et des pleins pouvoirs nécessaires. Cet officier supérieur signa, le même jour, avec le colonel de Bulow, commandant les forces prussiennes à Blois, une convention aux termes de laquelle la limite des avant-postes prussiens était marquée par la rive droite de la Loire, depuis Onzain jusqu'à Muides ; cette limite suivait ensuite la route de Muides à Crouy, où elle atteignait le Cosson qu'elle longeait jusqu'à La Ferté-Saint-Aubin.

« La ligne française partait de Montrichard, sur le Cher, gagnait par Pontlevoy, Sambin et les Montils le cours du Beuvron qu'elle suivait jusqu'à Lamotte-Beuvron (1). »

Cet arrangement, établi conformément à l'article Ier de la Convention de Versailles, — « les armées belligérantes conserveront leurs positions respectives, qui seront séparées par une ligne de démarcation », — était fort avantageux pour les Français au cas d'une reprise des hostilités. Mais on apprit, le 1er février, que, par convention spéciale, les départements d'Indre-et-Loire, de Loir-et-Cher, du Loiret et de l'Yonne étaient laissés entièrement aux Allemands.

Le général Pourcet ramena aussitôt son corps d'armée en arrière de Vierzon, entre Mehun-sur-Yèvre et Reuilly, et le département de Loir-et-Cher, aux mains des Allemands, eut à subir six semaines encore les charges de l'occupation militaire.

Les habitants de Blois avaient assisté, anxieux, au combat du 28 janvier, et comme ils ne le rattachaient à aucune autre opération d'ensemble que la délivrance de la ville, ils ne s'expliquaient pas la retraite des Français, le 29 janvier, et ils se perdaient en conjectures. La garnison allemande, très excitée par le combat, se livrait à toutes sortes de rigueurs. « Dès le matin (2), les boutiques des boulangers et des bouchers furent envahies par les soldats qui les dévalisèrent presqu'entièrement... ; la circulation dans les rues était dangereuse ; on était bousculé, frappé sans motif, et il n'était pas prudent

(1) *Campagne sur la Loire*, par le général Pourcet, page 157.
(2) Le 29 janvier.

de s'approcher du pont et des quais, soigneusement gardés par de nombreux factionnaires... ; de fortes patrouilles, le pistolet au poing, sillonnèrent les rues jusque fort avant dans la soirée ; sous le moindre prétexte, les passants étaient arrêtés, fouillés, emprisonnés. On ne laissait aucun groupe se former sur la voie publique... Dès quatre heures, les patrouilles forçaient les citoyens à rentrer dans leurs demeures... (1) » Des actes de violence furent commis ; plusieurs personnes furent blessées (2).

En apprenant le combat du 28 janvier, le prince Frédéric-Charles avait placé les troupes de Blois sous les ordres du général de Manstein, qui était revenu à Orléans, le 28 janvier, avec des fractions de son corps d'armée. Le général dirigeait sur Blois, dès le 29, un renfort d'un millier d'hommes d'infanterie, avec une batterie d'artillerie (3).

Lorsque ces troupes arrivèrent à Blois, le 30 janvier, la nouvelle de l'armistice s'y était répandue et l'autorité allemande en avait averti la Commission municipale. « Mais la Commission, en l'absence de toute communication du Gouvernement de Bordeaux, refusa d'y ajouter foi, et ne voulut prendre aucune mesure pour assurer l'exécution de l'armistice (4). » Le 31 janvier, l'arrivée en parlementaire du colonel Fourchault leva les derniers doutes.

« L'entrevue du colonel Fourchault et des officiers allemands eut lieu à l'hôtel d'Angleterre. Un nombre assez considérable d'habitants, avides de revoir un uniforme français, s'étaient portés devant l'hôtel, attendant avec impatience la sortie du colonel. Lorsqu'il parut, des cris nombreux de « Vive la France ! » mêlés, dit-on, de quelques cris de : « A bas la Prusse ! » se firent entendre... Les soldats prussiens qui se trouvaient dans la rue... tirent leurs sabres et frappent sans pitié la population

---

(1) *Les Prussiens à Blois*, par P. Dufresne, page 36.
(2) Voir : *Les Prussiens à Blois*, par P. Dufresne, page 37.
(3) Les compagnies du XVIᵉ régiment d'infanterie partirent aussitôt de Blois pour Tours, mouvement qui avait été ordonné avant le 28 janvier. (Voir plus haut, page 212).
(4) *Les Prussiens à Blois*, par P. Dufresne, page 38.

éperdue qui se sauve de toutes parts... Un enfant de 12 ans, en élevant ses bras au-dessus de sa tête, pour éviter un coup de sabre, eut le poignet complètement coupé ; les personnes les plus honorables, des femmes, des vieillards, furent frappés avec la même barbarie, ou foulés aux pieds des chevaux d'un détachement de uhlans qui arrivaient, à ce moment même, dans la rue Denis-Papin, et qui furent heureux d'aider leurs camarades... (1) »

Le colonel Fourchault et l'intendant général Louet, qui l'accompagnait, avaient cherché à régler la question de l'entretien et du logement des troupes allemandes pendant la durée de l'armistice ; on avait admis, en principe, que les troupes seraient nourries par l'intendance prussienne, mais la question du casernement resta en litige. Le lendemain seulement elle fut réglée quand on connut les conditions réelles de l'armistice et la situation particulière faite au département de Loir-et-Cher. L'administration prussienne s'établit, sans contrôle, dans toute la région.

Par un ordre de l'empereur d'Allemagne, en date du 7 février 1871 (2), le département de Loir-et-Cher fut rattaché administrativement au Gouvernement général du Nord de la France, commandement exercé par le lieutenant-général de Fabrice, ministre d'État, résidant à Versailles.

Un préfet allemand, M. Adolphe Schœn, fut envoyé pour administrer le département, lever des contributions de guerre et faire rentrer les impôts (3). Il frappa le département d'une contribution de quatre millions, à répartir par les autorités municipales françaises conformément à l'arrêté suivant :

PRÉFECTURE DE LOIR-ET-CHER

Considérant qu'il importe d'assurer l'exercice des divers services publics ainsi que la prompte et complète exécution des décisions officielles dans toutes les communes du département ;

---

(1) *Les Prussiens à Blois*, par P. Dufresne, page 39.
(2) Voir annexe, document n° 83.
(3) Les bureaux de la préfecture allemande furent installés à Blois, rue Porte-Clos-Haut, n° 2.

Arrêtons :

Art. 1er. — Les sous-préfectures du département sont suppri-
mées.

Art. II. — Les maires des cantons de Blois (est), Blois (ouest),
Bracieux, Contres, Herbault, Marchenoir, Mer, Montrichard,
Ouzouer-le-Marché, Saint-Aignan, Romorantin, Lamotte-Beuvron, Mennetou, Neung, Salbris, Selles-sur-Cher, Vendôme,
Droué, Mondoubleau, Montoire, Morée, Saint-Amand, Savigny,
Selommes, sont délégués pour faire exécuter dans toutes les
communes de leurs cantons respectifs les décisions de l'autorité
supérieure concernant l'administration publique, la répartition
des contributions et le recouvrement des impôts. Les parties du
département qui, par leur situation stratégique, ne sont pas occupées par les troupes allemandes, n'en sont pas moins soumises
aux contributions de guerre.

Art. III. — Le présent arrêté sera publié et affiché par les
soins des maires des chefs-lieux de canton dans toutes les communes du département.

Blois, le 17 février 1871.

Le Préfet de Loir-et-Cher,

Signé : Adolphe Schoen.

Il serait trop long, et hors du cadre de cette étude, de ra-
conter en détail les nombreux incidents soulevés par ces questions
d'impôts et de contributions (1), par les élections qui eurent lieu
le 8 février 1871, et par les premiers actes de l'Assemblée
nationale réunie, le 12 février, à Bordeaux.

Après six mois d'occupation militaire, la vie normale reprenait
peu à peu. La poste française commençait à fonctionner vers le
20 février dans les départements occupés par les Allemands, et
le 25 février dans le reste de la France (2) ; les chemins de fer
furent mis en partie à la disposition publique vers le 20 février,
et le télégraphe le 26.

(1) Voir : *Les Prussiens à Blois*, par P. Dufresne, et l'ouvrage : *La Guerre
Franco-Allemande dans le Blésois et la Sologne, 1870-1871*, par E. Lasnier,
ancien receveur des finances (Paris, Émile Chevalier, 39, quai des Grands-
Augustins, 1898).
(2) Voir annexe, documents nos 85 et 87.

La presse locale, suspendue depuis le 10 décembre 1870, parut de nouveau à partir du 4 février 1871, et malgré la sévère censure exercée sur elle par l'autorité allemande (1), les Français apprirent les nouvelles dont ils étaient privés depuis si longtemps.

On connut ainsi l'attitude révolutionnaire des grandes villes du Midi pendant la dernière partie de la guerre, la lutte ouverte entre le Gouvernement de Paris et la Délégation de Bordeaux au sujet des élections et des projets de paix, la démission de Gambetta, le 6 février, et son départ pour l'Espagne.

Mais ces questions, si passionnantes d'habitude, n'empêchaient pas tous les regards d'être tournés vers les négociateurs du traité qui mettrait fin à la guerre. Successivement, on apprit la prorogation jusqu'au 24 février de l'armistice qui expirait le 19, la signature, le 26 février, des préliminaires de la paix et les dures conditions imposées par le vainqueur. Le 1er mars, l'Assemblée nationale ayant accepté (2) les conditions posées dans les préliminaires, la conclusion définitive du traité n'était plus qu'une question de temps, et l'évacuation du territoire commença.

Cette période parut longue à l'impatience des Blésois (3).

Enfin, le 1er mars 1871, l'administration allemande du département de Loir-et-Cher résilia ses pouvoirs et, le 12 mars, le dernier détachement prussien quitta la ville de Blois.

L'occupation militaire et l'invasion de l'étranger, au cœur même de la France, étaient définitivement terminées, laissant aux générations qui ont eu le malheur de les subir un inoubliable souvenir, et aux générations nouvelles des leçons qu'elles ne sauraient trop méditer.

---

(1) Voir annexe, n° 80.

(2) Par 546 voix contre 107.

(3) Voir les journaux locaux des mois de février et mars 1871. Presque chaque jour, de gros détachements allemands traversaient la région, exigeant, comme en pleine guerre, et malgré les conventions établies, la subsistance et le logement.

FIN

APPENDICE I

Notes sur la guerre franco-allemande (1870-1871) dans le Vendômois

CHAPITRE Ier

Combats de Vendôme (14, 15, 16 décembre 1870)

Dans les pages précédentes, nous avons vu comment la
Deuxième armée de la Loire fut amenée à prendre position dans
la vallée du Loir, comment elle y arriva et s'y établit, entre
Vendôme et Cloyes, le 13 décembre 1870.

Nous savons aussi que le prince Frédéric-Charles, très hésitant entre l'alternative de rester sur la Loire, face à Bourbaki,
ou de s'enfoncer dans le nord-ouest à la poursuite de Chanzy, ne
s'était décidé que le 14 décembre à ce dernier parti.

En raison de ces incertitudes, l'armée française, depuis trois
jours qu'elle avait quitté les lignes de Josnes, n'avait pas été
inquiétée et avait pu s'installer tranquillement sur le Loir ; la
lutte ne reprit que le 14 décembre, premier jour des combats de
Vendôme.

A cette date, le prince Frédéric-Charles, laissant le IXe corps
et une partie du Xe autour de Blois, fit avancer le IIIe corps
jusqu'à Maves, dirigea la Ire division de cavalerie et une partie
du Xe corps de Blois sur Vendôme, par La Chapelle-Vendômoise, et ordonna à la subdivision d'armée du grand-duc de
Mecklembourg-Schwerin d'occuper la ligne Oucques-Morée.

En exécution de cet ordre, le Grand-Duc envoya sur sa droite,
vers Cloyes, la IVe division de cavalerie et, dans la matinée du
14 décembre, il se présentait, avec son infanterie (1), devant

---

(1) Les XVIIe et XXIIe divisions d'infanterie prussienne avec leur artillerie
une brigade d'infanterie bavaroise avec une brigade de cavalerie et 8 batteries du
même corps.

Morée et Fréteval occupés par la gauche de l'armée française.

Le général Rousseau, commandant la 1re division du 21e corps, apprenait, vers onze heures du matin, à son quartier-général de Saint-Hilaire-la-Gravelle, par une reconnaissance d'officier, que « l'ennemi dessinait sa marche sur Morée, ne paraissant pas soupçonner la présence de nos troupes dans les villages sur sa droite…… Il se résolut alors à une attaque de flanc et, passant le pont de Saint-Hilaire, il gravit les hauteurs de la rive gauche du Loir avec 3 bataillons, les francs-tireurs de la Corrèze et 2 pièces d'artillerie….. Après une vive fusillade, il restait maître de la position de Morée, mais son succès était incomplet, parce qu'une colonne, dirigée directement sur Morée par la route de Saint-Hilaire, ne prononça point son mouvement à cause de la nuit ; nous avions 12 morts et 80 blessés (1). »

L'action des Allemands sur Fréteval se déroulait en même temps d'un façon plus sérieuse.

Cette partie de la ligne française était occupée par la 3e division du 21e corps. Le général Guillon, qui la commandait, avait rappelé la brigade qui occupait les hauteurs de la rive gauche du Loir ; il ne restait, près de la tour du vieux château de Fréteval, qu'un bataillon de fusiliers de marine. A 11 heures 1/2 du matin, la brigade bavaroise se présentait inopinément, à la fois par la route d'Oucques et par celle de Morée ; le bataillon de fusiliers se replia sur Fréteval que l'ennemi occupa aussitôt derrière lui.

Le contre-amiral Jaurès, commandant le 21e corps, dès qu'il apprit ce fait, quitta son quartier-général de Busloup pour se porter sur le théâtre de l'action. Il envoya successivement deux bataillons pour reprendre la gare de Fréteval, mais les Bavarois résistèrent avec succès. Dans la soirée, le contre-amiral tenta un dernier effort, et lança sur le village le général du Temple avec deux bataillons d'infanterie et un bataillon de marine, commandant Collet. Ce dernier, entraîné par son ardeur, pénétra dans le village, fut enveloppé par un ennemi très supérieur en nombre et fut tué, ainsi que son adjudant-major. La nuit étant

(1) Rapport, en date du 15 décembre 1870, du contre-amiral Jaurès, commandant le 21e corps, au général Chanzy.

venue, le général du Temple battit en retraite, laissant Fréteval aux mains des Bavarois. Les Français avaient près de 100 hommes hors de combat.

Plus en amont, le général Gougeard, qui occupait Cloyes avec sa division, repoussait les reconnaissances de la IVe division de cavalerie allemande, et faisait 7 prisonniers.

La situation de l'armée française, dans la soirée du 14 décembre, n'était donc nullement compromise. La gauche de l'armée avait perdu Fréteval où les Allemands avaient pris pied sur la rive droite du Loir, mais le centre et la droite n'avaient pas été un seul instant inquiétés.

Le général en chef avait employé la journée à visiter le terrain en avant de Vendôme et à rectifier les positions de ses troupes. Les travaux exécutés, les mois précédents, par le Comité de défense de Blois, avaient été disposés en vue d'une attaque venant « par le Perche et par les deux rives du cours supérieur du Loir..... Ces travaux, qui se trouvaient principalement en avant de Moncé, sur les hauteurs d'Azay, de la Touche-Belle, de Bel-Air, de la Touche, de Bel-Essort et au château de Meslay, n'étaient donc d'aucune utilité réelle contre le danger qui allait se présenter du côté de Blois. De tous ces travaux, à peine ébauchés du reste, les seuls utilisables étaient ceux de Bel-Essort d'où l'on pouvait battre la grande route d'Oucques à Vendôme par Villetrun et Coulommiers, pour en interdire l'accès dans le ravin escarpé de la Houzée (1). » Il reconnaissait en outre « que l'angle compris entre le Loir et la Houzée, dominé en partie par la rive opposée, n'a que des vues difficiles....; que la position de Bel-Air est à trop grande distance des points à battre sur la rive gauche pour prêter un appui efficace. En un mot, la disposition de tout le terrain aux environs immédiats de Vendôme est telle, qu'à moins de travaux considérables, qu'on n'avait ni le temps, ni les moyens d'exécuter, la liaison entre les divers emplacements à occuper est impossible à établir (2). »

Le général en chef modifiait donc, sur le terrain, les disposi-

---

(1) *La Deuxième Armée de la Loire*, par le général Chanzy, page 175.
(2)   *Ibid.*   *Ibid.*   page 191.

tions qu'il avait prises de loin, et réduisait Vendôme à l'importance « d'une simple tête de pont facile à évacuer au besoin, si on ne pouvait se maintenir sur la rive gauche du Loir (1). »

La brigade Bourdillon, du 16ᵉ corps, avec 3 batteries d'artillerie et 2 mitrailleuses, resta seule sur la rive gauche du Loir, autour du château de la Chaise, sur le plateau du Temple. La brigade Deplanque et la division Camô, ramenées sur la rive droite, reçurent l'ordre d'occuper le plateau de Montrieux, se reliant, par Huchepic et les Tuileries, à la division Roquebrune, droite du 17ᵉ corps.

Les positions des 17ᵉ et 21ᵉ corps n'étaient pas modifiées, mais le contre-amiral Jaurès recevait l'ordre de reprendre la position de Fréteval :

Général Chanzy au général Jaurès, à Busloup, par Pezou

Vendôme, 15 décembre 1870, 2 h. matin.

Il est fâcheux que l'ennemi ait traversé le Loir et se trouve sur la rive droite, après avoir occupé Fréteval. Tâchez de le déloger demain de cette position.

Le général commandant le 17ᵉ corps reçoit l'ordre d'appuyer votre mouvement. La 3ᵉ division sera prête à se porter à votre aide, si vous en avez besoin, dès que vous le lui ferez connaître.

Faites surveiller le pont de Saint-Hilaire, et faites-le sauter si besoin est, dans le cas où la division qui est à Morée serait obligée de se replier.

Comment se fait-il que les reconnaissances que vous avez dû faire le long de la forêt de Marchenoir et en avant de vos positions n'aient pas signalé cette marche de l'ennemi, et que vous vous soyiez laissé surprendre à Fréteval ?

Signé : CHANZY.

Tels étaient les ordres du général Chanzy pour la journée du 15 décembre.

De son côté, le prince Frédéric-Charles avait calculé que son

---

(1) *La Deuxième Armée de la Loire*, par le général Chanzy, page 192.

armée, très épuisée, ne pourrait entrer en ligne sur le Loir avant le 16 décembre pour livrer, le 17, une bataille décisive qu'il appelait de tous ses vœux. Il ordonnait donc simplement, pour la journée du 15 décembre, de pousser un peu plus avant les combats préliminaires avec les avant-postes français.

Ces engagements se déroulèrent avec des chances diverses.

Les reconnaissances du 21e corps signalaient, dans la matinée, au contre-amiral Jaurès, « que le gros des forces allemandes se reportait sur la droite de l'armée, et que Fréteval était toujours occupé (1). » L'amiral donna l'ordre de reprendre cette position, ou de détruire au moins le pont en bois qui là traverse le Loir. L'action s'engagea vers le milieu de la journée.

Pendant qu'une batterie d'artillerie ouvre le feu, par dessus le Loir, sur la tour du vieux château, une colonne de deux bataillons, sous les ordres du lieutenant-colonel Michaud, s'avance vers le village. Les Bavarois avaient évacué la partie de Fréteval qui se trouve sur la rive droite et se maintenaient sur la rive gauche, en face du pont ; leurs tirailleurs, au pied de la tour, faisaient un feu terrible sur la colonne Michaud. Cette colonne parvient cependant à garnir de tirailleurs les maisons qui bordent le Loir sur la rive droite ; elle est bientôt soutenue par 3 bataillons amenés par le général du Temple. Sous la protection du feu de ces cinq bataillons, « une section du génie réussit à couper le pont (2) ». Le but cherché étant obtenu, les Français se retirèrent.

« La 3e division du 17e corps exécutait en même temps une diversion sur le pont de Pezou, engageait le combat et faisait quelques prisonniers (3). »

A l'extrême-gauche de la ligne française, le général Rousseau se maintenait à Morée et le général Gougeard à Cloyes. L'ensemble des opérations de ce côté était donc favorable aux Français.

A l'aile droite, la brigade Deplanque (4) avait commencé, vers

---

(1) *La Deuxième armée de la Loire,* par le général Chanzy, page 190.
(2)   *Ibid.*   *Ibid.*   page 191.
(3)   *Ibid.*   *Idid.*   page 191.
(4) Du 16e corps.

midi, à évacuer la rive gauche du Loir pour venir occuper, sur la rive droite, le plateau de Montrieux. Le mouvement était en cours lorsque le général reçut l'ordre de le suspendre, et de ramener ses troupes sur leurs premières positions.

En effet, les avant-postes placés dans la direction de Blois annonçaient l'arrivée d'une forte colonne allemande qui débouchait de La Chapelle-Vendômoise. Bientôt ces avant-postes, — les francs-tireurs de la Sarthe, commandant de Foudras, un bataillon d'infanterie de marche, le 2ᵉ régiment de marche de chasseurs, un régiment de gendarmerie à cheval, — évacuaient Malignas, Périgny, Villeromain et Crucheray qu'ils occupaient, et les Allemands se présentaient derrière eux ; c'étaient la Iʳᵉ division de cavalerie et le Xᵉ corps d'armée.

L'intention première du prince Frédéric-Charles était de n'envoyer de ce côté qu'une forte reconnaissance et, s'il avait laissé le Xᵉ corps s'avancer sur Vendôme, c'était sur les instances réitérées du général de Voights-Rhetz. Vers 1 heure après midi, le combat s'engageait sur le plateau du Temple.

Le 59ᵉ régiment d'infanterie française était déployé, à cheval sur la route de Blois à Vendôme, en avant du Temple, les gendarmes à pied et les mobiles de l'Isère à sa gauche, le 62ᵉ régiment d'infanterie à sa droite. Deux pièces de 4 étaient en batterie sur la route même pour l'enfiler dans toute sa longueur.

Les 39ᵉ et 32ᵉ régiments de marche, le 16ᵉ bataillon de chasseurs à pied et une batterie de 4 étaient groupés en avant du château de la Chaise.

Trois batteries et deux mitrailleuses, près du Temple, battaient le plateau sur la droite des Français ; à l'extrême-gauche, une batterie de 4 pouvait couvrir de feux le ravin de la Houzée et le bois de Pézery.

Le Xᵉ corps arrivait lentement, tâtant le terrain et hésitant. Il ne pouvait déployer son artillerie qui s'embourbait dans les champs, et ce fut à grand'peine qu'il installa une batterie sur le plateau de Sainte-Anne. Son tir, vite réglé, causa « des pertes sérieuses aux batteries françaises qui n'en continuèrent

pas moins à riposter avec la plus grande énergie (1). » Arrêtée
du côté de Sainte-Anne et du bois de la Barbe, l'infanterie du
X^e corps essaya de se déployer vis-à-vis de la gauche française
et de se glisser dans le ravin de la Houzée. Le 37e régiment
d'infanterie et le 7e bataillon de chasseurs déjouèrent, jusqu'à
la nuit, ses tentatives de ce côté.

Quand la nuit fut venue, le général de Voights-Rhetz replia
son corps d'armée, laissant bon nombre de morts sur le terrain,
et alla cantonner dans les villages de Périgny, Crucheray,
La Chapelle-Vendômoise, ses avant-postes au contact immédiat
des avant-postes français (2).

Au centre, les engagements qui avaient eu lieu étaient moins
favorables aux Français. Le 17e corps gardait, sur la rive droite
du Loir, la ligne des Tuileries à Pezou avec un détachement
de 2 bataillons, commandant Prudhomme, et une batterie sur la
rive gauche, à Bel-Essort.

Dans l'après-midi, ce détachement était attaqué à la fois par
le IIIe corps allemand qui s'avançait de Maves sur Vendôme, par
Villetrun, et par des détachements de la subdivision d'armée du
Grand-Duc, qui descendaient la vallée du Loir, sur la rive gauche, et débouchaient par Rocé.

Devant le déploiement progressif de ces colonnes, le détachement de Bel-Essort fut chassé de sa position et se replia en
combattant ; le commandant Prudhomme « reçut plusieurs
blessures dont un éclat d'obus à la tête (3). » Le feu des batteries
françaises de la rive droite et l'arrivée de renforts amenés
par le général Paris permirent au commandant Prudhomme
d'effectuer sa retraite, sur la rive droite du Loir, par « le pont de
Meslay qu'on brûla après le passage des dernières troupes (4). »

En résumé, dans la soirée du 15 décembre, l'armée française
se maintenait avec avantage sur le Loir ; sa droite et sa gauche
conservaient leurs positions, et avaient même combattu avec

---

(1) *La Deuxième Armée de la Loire*, par le général Chanzy, page 194.
(2) Les avant-postes était si rapprochés qu'une ronde prussienne, qui s'était
égarée, tomba aux mains des Français avec le capitaine qui la commandait.
(3) *La Deuxième Armée de la Loire*, par le général Chanzy, page 194.
(4)   *Ibid.*   *Ibid.*

succès. Au centre, la perte de Bel-Essort pouvait créer des complications pour la journée du lendemain. « Toutefois, le commandant en chef était tellement convaincu que les Allemands eux-mêmes étaient à bout de forces et qu'il n'y avait pas à craindre de leur part d'effort sérieux pour le lendemain, qu'il résolut de se maintenir sur ses positions (1). »

Tout en prévoyant pour le 16 décembre l'éventualité d'une retraite sur la Sarthe, il donnait donc l'ordre de tenir encore sur le Loir. Malheureusement, l'état moral et matériel des troupes ne devait pas permettre une longue résistance.

Bien que le général en chef pût encore compter sur la solidité de certains corps, il s'était aperçu, pendant la retraite de Josnes sur le Loir, d'un commencement de désorganisation. « Le général en chef, écrivait-il le 12 décembre, a remarqué beaucoup de désordre dans la marche d'aujourd'hui (12 décembre). Les généraux commandant les corps d'armée rendront responsables les généraux commandant les divisions, les brigades et les chefs de corps, de toute infraction aux instructions si souvent répétées. Les hommes ne doivent point marcher isolément, et il ne doit y avoir avec les convois que la garde et les hommes qui y sont employés régulièrement... (2). Vendôme devra être complètement évacué par les détachements qui s'y trouvent et les nombreux fuyards qui s'y sont réfugiés. Le grand prévôt et le commandant de place s'entendront à cet effet pour diriger sur leurs corps tous ces isolés et ces détachements. Il ne restera dans la ville qu'un bataillon pour former la garnison. Des postes seront établis aux principales issues, et des patrouilles seront organisées à l'intérieur.

« Les troupes cantonnées aux environs n'entreront en ville qu'en corvées régulières, pour des besoins constatés, et les hommes isolés que munis de permissions. Ces prescriptions ne concernent pas les officiers ; néanmoins, ils ne pourront s'éloigner de leurs cantonnements que dans des proportions déterminées par les généraux commandant les divisions.

---

(1) *La Deuxième Armée de la Loire*, par le général Chanzy, page 195.
(2) Instructions données par le général Chanzy pour la journée du 13 décembre.

« Les hommes appartenant au 15e corps seront réunis au quartier de cavalerie, sous la surveillance d'officiers et de sous-officiers fournis par le bataillon de la garnison. Il sera statué sur la destination à leur donner...

« Tous les blessés et les malades devront être évacués sur Le Mans par tous les moyens utilisables...

« Le vice-amiral Jauréguiberry a sous son commandement direct les troupes qui sont à Saint-Amand avec le général Barry, et à Montoire avec le général Morandy. Il proposera au général en chef la réorganisation complète du 16e corps, à l'aide de toutes les troupes mises à sa disposition... (1). »

Le général Chanzy espérait, par ces mesures, ramener dans son armée l'ordre et la discipline qui lui avaient permis la glorieuse résistance des lignes de Josnes. Si l'armée avait eu quelques jours de répit, loin de l'ennemi, l'ordre serait revenu. Mais le manque de repos et de tranquillité, l'attention toujours tendue vers un combat imminent empêchaient de s'appliquer aux détails de la discipline ; la situation devenait, à chaque instant, plus critique.

« L'intendant Desprez, disait le général Chanzy dans ses instructions pour la journée du 15 décembre, prendra les mesures pour assurer le service au quartier de cavalerie où des blessés sont restés sans soins depuis plusieurs jours.

« Le général en chef a constaté dans sa visite d'aujourd'hui (14 décembre), aux avant-postes, beaucoup de désordre ; des hommes isolés circulent dans toutes les directions et campent pour leur compte dans les bois ; des détachements cherchent leurs cantonnements, prétendant n'avoir reçu ni ordres, ni indications. Il n'a rencontré dans sa tournée ni un général, ni un chef de corps.

« Les généraux commandant les corps d'armée désigneront chaque jour un général pour faire la visite de tous les canton-nements ; son rapport, visé par le commandant du corps d'armée, sera adressé au général en chef...

____

(1) Instructions du général Chanzy pour la journée du 14 décembre.

— 238 —

« Le général en chef a constaté que les ordres généraux et les ordres particuliers des corps n'étaient point communiqués exactement et que, souvent, on ne lisait pas aux troupes les prescriptions à porter à leur connaissance. Les chefs de corps seront responsables, à l'avenir, de cette infraction à des recommandations si souvent faites.

« Des soldats, et même des officiers, n'ont pas rallié leurs corps depuis les derniers engagements. Le commandant en chef est décidé à traduire devant des cours martiales tous ceux qui sont en absence illégale, et des ordres sont donnés pour qu'ils soient recherchés sur les derrières de l'armée, dans leurs foyers, et arrêtés immédiatement. Tous les refus d'obéissance seront déférés aux cours martiales ; il importe de faire immédiatement des exemples, et de rétablir dans la Deuxième armée la discipline à laquelle elle a dû ses succès dans la première partie de la campagne.

« Le général en chef inflige un blâme au colonel commandant le régiment de gendarmerie de marche à pied, pour le désordre qu'il a constaté chez une troupe qui devrait donner l'exemple de l'énergie et de la discipline... (1). »

Ainsi, malgré tous les efforts du général Chanzy, la Deuxième armée de la Loire touchait à une désorganisation complète. En vain, il rédigeait, dans la matinée du 15 décembre, un ordre du jour rappelant à ses soldats, « pour stimuler leur ardeur », leurs succès des 7, 8 et 9 décembre ; il leur disait les pertes subies par les Allemands ; il faisait appel aux sentiments patriotiques de ses hommes. Les rapports envoyés par les chefs de corps dans la nuit du 15 au 16 décembre, et particulièrement les déclarations du vice-amiral Jauréguiberry, firent tomber les dernières illusions. Il fallut se rendre à l'évidence, et l'ordre de battre en retraite fut donné dans la matinée du 16 décembre, avant le jour.

Le 16ᵉ corps, suivant la rive droite du Loir, devait se diriger sur Troô par Villaria, Montoire et Saint-Quentin.

----

(1) Instructions du général Chanzy pour la journée du 15 décembre 1870.

Le 17ᵉ corps prendrait la direction de Saint-Calais, par Saint-Ouen, Espéreuse, Danzé, Epuisay, et par Villiers, Mazangé, Savigny.

Le 21ᵉ corps, après avoir détruit tous les ponts en amont de Fréteval, s'engagerait sur les routes qui mènent de Cloyes à Vibraye par Droué et Saint-Agil, sur celle de la Chapelle-Vicomtesse, et sur celle de Fréteval à Droué par Busloup, la Ville-aux-Clercs, Chantigny, le Rouillis, Epuisay.

L'armée s'arrêterait, à la fin de la journée, sur la ligne Montoire, les Roches, Fortan, Epuisay, le Temple, Mondoubleau et Saint-Agil, ayant ainsi sa droite appuyée au Loir et sa gauche au ruisseau du Droué.

Un épais brouillard couvrait toute la vallée du Loir dans la matinée du 16 décembre, favorisant le mouvement de retraite des Français.

Les convois évacuèrent Vendôme bien avant le jour. Puis, le 16ᵉ corps quittant, par échelons, ses positions sur la rive gauche, franchit le Loir sur les ponts de la ville dont le génie préparait la destruction. Des batteries furent mises en position sur la rive droite pour retarder la poursuite du Xᵉ corps quand il paraîtrait sur le plateau du Temple.

Le brouillard se leva vers 9 heures, et permit de voir les avant-gardes allemandes qui gravissaient les pentes du plateau. A ce moment, le génie fit sauter les ponts, et un dernier et énorme convoi, remorqué par deux locomotives, emportait sur Tours ce qui restait des blessés, des malades et du matériel ; derrière lui, le pont du chemin de fer fut coupé.

« Après avoir longtemps observé nos mouvements, dont il ne paraissait pas se rendre compte exactement, l'ennemi finit par descendre les rampes qui, du Temple, mènent à Vendôme, et s'engagea dans les rues de la ville. Certain dès lors que notre retraite était bien réelle, il se porta sur les ponts, en trouva un incomplètement détruit, le répara à la hate et eut bientôt, sur la rive droite, des uhlans et de l'infanterie (1). »

(1) *La Deuxième Armée de la Loire*, par le général Chanzy, page 207.

La poursuite des Allemands fut très molle. Cependant, ils s'emparèrent de beaucoup de voitures abandonnées en raison de la fatigue des chevaux, d'une mitrailleuse qui s'embourba, et d'une batterie de 12 (1).

Le 16ᵉ corps arriva le soir, non sans désordre, sur les emplacements qui lui étaient assignés. Le 17ᵉ corps y arriva également, sauf sa 1ʳᵉ division qui s'égara dans la forêt de Vendôme, et gagna Epuisay.

Seul, le 21ᵉ corps se trouva très en retard. La 1ʳᵉ division de ce corps, général Rousseau, avait entrepris, dans la matinée du 16 décembre, une démonstration dans la direction de Morée. Lorsque le général reçut, dans l'après-midi, l'ordre de battre en retraite, il se trouvait au contact de l'ennemi et ne put se dégager complètement. Il resta donc jusqu'au soir sur les positions qu'il occupait et se replia ensuite sur Saint-Hilaire-la-Gravelle.

Le 17 décembre, l'armée française continua sa retraite.

Le 16ᵉ corps devait s'établir entre Saint-Gervais-de-Vic et Bessé-sur-Braye, le 17ᵉ corps entre Conflans et Saint-Calais, le 21ᵉ corps entre Vibraye et Conflans, le grand quartier-général à Saint-Calais.

A la droite de l'armée, le général Barry s'était replié de Saint-Amand sur Montoire où il avait été rejoint par la brigade Paris, du 17ᵉ corps, qui avait longé le Loir en détruisant, depuis Vendôme, tous les ponts et passerelles, et en rendant les gués impraticables. Dans la journée du 17 décembre, les généraux Barry et Paris vinrent s'établir sur la Braye, le long de la route de Lavenay à Bessé-sur-Braye.

La retraite des Français, qui n'avait pas été inquiétée le 16 décembre, le fut à peine le 17.

Une colonne allemande, forte de 4 bataillons d'infanterie, 2 escadrons et 2 batteries, détachée de la XXᵉ division d'infanterie et commandée par le colonel Haberland, suivait seule les

____

(1) Cette batterie était en position à Bel-Air. Les artilleurs, qui s'étaient enivrés, ne partirent pas à temps, s'engagèrent dans un chemin étroit et boueux, furent cernés et pris avec leurs six canons. Le capitaine commandant cette batterie fut traduit, au Mans, devant la cour martiale.

traces de l'armée ; elle fit contre l'arrière-garde de la 2ᵉ division du 17° corps une démonstration qui fut repoussée (1).

A l'extrême-gauche française, la division Gougeard fut attaquée à Droué, vers 10 heures du matin, par la Vᵉ division de cavalerie allemande.

Cette division, commandée par le général de Rheinbaben, avait reçu l'ordre de concourir aux opérations sur le Loir. A cet effet, on l'avait renforcée de 4 bataillons de landwehr de la garde. Le général de Rheinbaben avait quitté, le 13 décembre, ses cantonnements autour de Chartres, laissé un bataillon à Chartres, un autre à Dreux et était arrivé avec sa division et deux bataillons à la Ferté-Bernard. De là, il avait envoyé un détachement (2) pour inquiéter la retraite de l'armée française.

Le 17 décembre, ce détachement, se glissant dans les bois, parvenait à proximité du bourg de Droué sans avoir été signalé. Le général Gougeard, venant de Cloyes, était arrivé à Droué vers 7 heures du matin avec sa division, après une marche de nuit ; il avait décidé de s'y reposer quelques heures. Le convoi et la grosse artillerie étaient repartis à 9 heures ; à 10 heures, la division était réunie pour se remettre en marche quand éclate soudain une vive fusillade, soutenue par un feu d'artillerie. Des obus tombent dans le village, quelques bataillons de mobilisés se débandent, le désordre se met dans la colonne française. Enfin, le général Gougeard parvint à rallier ses troupes, à se dégager et à gagner le soir le village de Saint-Agil. Les Français avaient une centaine d'hommes hors de combat ; les Allemands laissaient plusieurs cadavres sur le terrain et perdaient 21 hommes faits prisonniers (3).

Ces deux engagements du 17 décembre furent les derniers de la poursuite. Les Français attribuaient l'inaction des Allemands

---

(1) Cette colonne renforcée, le 18 décembre, par le LVIᵉ régiment d'infanterie, le XIIᵉ uhlans et une batterie, suivit les Français jusqu'à la Braye, et revint sur ses pas.

(2) Un bataillon de landwehr de la garde, le IVᵉ régiment de cuirassiers, le 4ᵉ escadron du XIXᵉ dragons, 2 pièces d'artillerie à cheval, sous le commandemant du colonel d'Arnim.

(3) Voir : *La Deuxième Armée de la Loire*, par le général Chanzy, page 212, et : *La Division de Bretagne*, par le général Gougeard, pages 35-37.

à leur état de fatigue. Il est certain que l'armée allemande avait beaucoup souffert, et qu'une lassitude générale se manifestait dans toutes les opérations de cette période. Mais d'autres considérations motivaient cette conduite.

L'attention du prince Frédéric-Charles était attirée d'un autre côté par les événements qui se passaient sur la Loire. Dès le 16 décembre, quand il vit que le général Chanzy se dérobait encore une fois à une bataille décisive, il renonça à le suivre plus loin, et il ramena son armée à marches forcées sur la Loire où d'autres intérêts étaient en jeu. Il laissa à la subdivision d'armée du grand-duc de Mecklembourg-Schwerin, renforcée d'une partie du X⁰ corps, le soin d'observer l'armée de Chanzy.

Le lendemain même, le Grand-Duc recevait l'ordre de ne pas entreprendre une véritable poursuite. Le Grand État-Major allemand avait décidé « de ne pas suivre plus loin les Français dans leurs derniers points d'appui et d'attendre, pour reprendre les opérations, le moment où les armements ennemis auraient pris corps de nouveau. » Jusque-là, toute la II⁰ armée allemande devait s'établir en cantonnements de repos dans la région comprise entre Chartres, Orléans, Blois et Vendôme.

Dans la soirée du 17 décembre, la subdivision d'armée du grand-duc de Mecklembourg-Schwerin s'établit en cantonnements autour de Cloyes, Fréteval et Morée ; la II⁰ division de cavalerie rétrogradait jusqu'à Oucques. Le 21 décembre, ces troupes quittaient ces cantonnements pour en prendre de nouveaux autour de Chartres.

A partir de cette date, et jusqu'à la reprise des opérations sur la Sarthe, dans les premiers jours de janvier, le Vendômois fut occupé par des fractions de la I⁰ division de cavalerie et du X⁰ corps d'armée, sous le commandement supérieur du général de Voights-Rhetz, dont le quartier-général était à Blois. Les effectifs de ces détachements, et les cantonnements qu'ils occupaient variaient si fréquemment qu'il est très difficile de les fixer. On peut dire cependant que la majeure partie de la XX⁰ division d'infanterie, sous les ordres du major-général de Kraatz-Koschlau, occupait Vendôme et les environs immédiats (1).

Les avant-postes allemands, de ce côté, fournis par la Ire division de cavalerie avec détachements d'infanterie, s'étendaient, face au nord-ouest, jusque sur la rive gauche de la Braye.

Les avant-postes de l'armée française groupée autour du Mans suivaient, à grande distance, la rive droite de la même rivière, et ensuite le cours du Loir depuis Pont-de-Braye jusqu'au Lude (2).

Des rencontres avaient lieu fréquemment aux avant-postes, et des colonnes mobiles sillonnaient la région en tous sens pour opérer des réquisitions et en imposer aux habitants.

C'est ainsi que, le 25 décembre, un détachement allemand fort de 2 bataillons, 2 escadrons et une batterie à cheval, sous les ordres du major Koerber, chassa de Saint-Calais les éclai-

---

(1) A titre d'exemple, la situation du 25 décembre 1870 était la suivante :

A Vendôme. — Régiment d'infanterie n° 79; un bataillon du 56e d'infanterie; 3 escadrons du 3e cuirassiers; 3 escadrons du 12e uhlans; 2 escadrons du 16e dragons; 4e batterie lourde; 4e batterie légère et 3e batterie à cheval du 10e corps; 1/2 détachement sanitaire n° 2.

A Epuisay. — 1er et 2e bataillons du 56e d'infanterie; 3e escadron du 3e cuirassiers; 4e escadron du 12e uhlans; 1re batterie à cheval du Xe corps; 1/2 détachement sanitaire n° 2.

A Herbault. — La 40e brigade d'infanterie; 2 escadrons du 16e dragons; 3e escadron du 8e uhlans; 3e batterie lourde et 3e batterie légère du Xe corps. (D'après la monographie : *Le Détachement de Boltenstern dans la vallée du Loir*, page 59).

(2) Les avant-postes français sur le Loir étaient sous le commandement du général Barry qui disposait d'environ 2,200 hommes d'infanterie et 10 pièces d'artillerie. Ces troupes provenaient de la division Barry, de la division Morandy, de la division Peitavin et de la brigade Paris (du 17e corps). Le général avait placé son quartier-général à Chahaignes, et ses réserves à Jupilles. Il avait placé 3 bataillons d'infanterie, un peloton de lanciers et 4 pièces à Pont-de-Braye; la brigade du colonel Baille autour de l'Homme, sur la grande route de Tours au Mans, par la Chartre; une batterie de 4 à la Montrée; le 31e régiment d'infanterie et une batterie à Château-du-Loir; les francs-tireurs de la Sarthe au Lude. (D'après des lettres du général Barry au général Chanzy, en date du 21 et du 23 décembre 1870).

La ligne d'avant-postes suivait ensuite, à grande distance, la rive droite de la Braye; les éclaireurs du capitaine Bernard à Bouloire; les éclaireurs algériens du colonel Goursaud à Tresson; les volontaires Cathelineau à Vibraye, Montmirail, Authon; les francs-tireurs Lipouski vers Nogent-le-Rotrou.

reurs du capitaine Bernard, pilla la ville, et lui imposa une contribution de 17,000 francs (1).

Des faits analogues se renouvelèrent constamment dans les bourgs et les villages du Vendômois. Mais il serait trop long de les énumérer, et nous passerons sous silence les événements de détail pour étudier les seules opérations de cette période qui présentent quelqu'intérêt : la campagne du général de Jouffroy dans la vallée du Loir.

---

(1) Le général Chanzy ayant protesté contre ce pillage en adressant, le 26 décembre, une lettre au général allemand commandant à Vendôme, reçut l'accusé de réception suivant :

IIe armée.

Quartier-général à Vendôme, 28 décembre 1870.

Reçu une lettre du général Chanzy. Un général prussien ne sachant pas écrire une lettre d'un tel genre, ne saurait y faire une réponse par écrit.

Le général commandant à Vendôme,

Signé : (illisible).

CHAPITRE II

Opérations du général de Jouffroy
dans la vallée du Loir

———

Pendant que la Deuxième armée de la Loire prenait quelques jours de repos, et se réorganisait autour du Mans, le général Chanzy, pour entretenir l'esprit d'offensive dans son armée, et pour se procurer des renseignements sur l'ennemi, envoya deux colonnes mobiles opérer, l'une dans la vallée de l'Huisne, l'autre dans la vallée du Loir.

Cette dernière était commandée par le général de Jouffroy qui partit du Mans, le 23 décembre 1870, avec mission de « se porter sur la Braye, surveiller le Loir, et menacer Vendôme (1) ». Le commandant de Cathelineau, avec ses volontaires, devait relier les deux colonnes entre elles ; les généraux Barry, de Curten et Cléret (2) avaient l'ordre de seconder, autant qu'ils le pourraient, le général de Jouffroy.

Le 26 décembre, le général de Jouffroy arrivait à Bessé et à Lavenay, sur la Braye. Il avait avec lui les hommes valides de sa division, 200 chevaux de cavalerie légère du 17ᵉ corps, ses trois batteries divisionnaires, deux batteries de mitrailleuses, sa réserve de munitions, et un convoi réduit au strict nécessaire,

---

(1) *La Deuxième Armée de la Loire*, par le général Chanzy, page 257.

(2) Le général Barry commandait les avant-postes de l'armée française sur le Loir, entre Pont-de-Braye et le Lude.

Les généraux de Curten et Cléret, établis à Neuillé-Pont-Pierre et à Saint-Antoine-du-Rocher avec 10,000 hommes environ, recevaient l'ordre de s'avancer vers Château-Renault.

pour ne pas alourdir ses mouvements. Sa base d'opérations était Château-du-Loir.

Le général apprit, à Bessé, qu'une colonne prussienne (1) avait rétabli, le 22 décembre, les ponts des Roches et de Montoire ; que la cavalerie était venue réquisitionner à Troô, le 24 décembre, que des francs-tireurs l'avaient repoussée et avaient blessé un uhlan qui était resté entre leurs mains, et que les cavaliers avaient annoncé leur prochain retour avec des forces suffisantes pour brûler Sougé et Troô.

Le général de Jouffroy savait par ailleurs qu'un détachement allemand venait d'arriver à Montoire dans la journée du 26. Il était probable que c'était la colonne vengeresse annoncée. Le général résolut de la surprendre.

« Arrivé à Fontaine-en-Beauce, il partage sa troupe en trois fractions ; l'une, de 2 bataillons et d'une batterie d'artillerie, se rendit directement aux Roches ; l'autre, composée d'un bataillon et d'une batterie, s'avança sur Troô, tandis que lui-même se portait sur Montoire avec la troisième colonne forte de 2 bataillons, d'une batterie et de deux mitrailleuses (2). »

De l'autre côté, une colonne allemande (3) forte de 2 bataillons du 79ᵉ régiment d'infanterie, un escadron du XIIᵉ régiment de uhlans et 2 canons, sous les ordres du lieutenant-colonel de Boltenstern, était arrivée à Montoire, le 26 décembre, vers 2 heures 1/2 après midi, venant de Vendôme. L'avant-garde avait essuyé dans un bois, près des Roches, le feu « d'une vingtaine d'hommes en blouse, n'ayant à vrai dire pas d'armes, mais dont un certain nombre étaient cependant munis de cartouches (4). » Un uhlan fut mortellement blessé ; les partisans français, cernés dans le bois, furent pris et emmenés avec la colonne. Le détachement passa la nuit à Montoire en cantonnement d'alerte ; « l'accueil amical que la population fit aux troupes paraissait surprenant (5). »

---

(1) 5 compagnies d'infanterie, 2 escadrons et 2 pièces sous le commandement du commandant Schmidt de Knobelsdorf.
(2) *La Deuxième Armée de la Loire*, par le général Chanzy, page 262.
(3) *Grand État-Major Allemand*, 15ᵉ livraison, page 617.
(4) *Le Détachement de Boltenstern dans la vallée du Loir*, page 64.
(5)   *Ibid.*   *Ibid.*   page 65.

Le lieutenant-colonel de Boltenstern devait, le lendemain, se rendre à Sougé et à Troô pour y faire un exemple.

Laissant une compagnie aux Roches, avec mission de réquisitionner jusqu'à Lunay, et deux compagnies en réserve à Montoire, le lieutenant-colonel de Boltenstern, avec 5 compagnies, l'escadron de uhlans et ses 2 canons, partit de Montoire, le 27 décembre, à 8 heures du matin, et prit la route de Troô. Il traversa ce village vers 10 heures, y laissa 2 compagnies pour le fouiller et réunir des otages, et il continua sa route pour atteindre Sougé.

En arrivant à hauteur du « camp de César », son avant-garde est reçue à coups de fusils. Après un court engagement (1), la colonne allemande se replie sur Troô, poursuivie par les tirailleurs français, et inquiétée par des paysans qui, postés sur l'autre rive du Loir, tiraient à grande distance, « feu qui ne produisit, d'ailleurs, aucun effet (2). »

La colonne allemande se reforma dans Troô, réunit 70 otages environ, et prit la route de Montoire par Saint-Quentin, toujours poursuivie par les Français. Mais, en débouchant de Troô, les Allemands s'aperçoivent que leur ligne de retraite est barrée. Les deux colonnes que le général de Jouffroy avaient dirigées sur Troô et sur Montoire avaient en effet réussi, pendant que les Allemands s'avançaient sur Sougé, à les tourner complètement, et elles s'étaient établies, à l'est de Saint-Quentin, à cheval sur la route de Saint-Quentin à Montoire, coupant toute retraite.

Les Français avaient 3 bataillons, 2 batteries et 2 mitrailleuses ; les Allemands avaient 5 compagnies, un escadron réduit à 54 hommes et 2 canons. Ils étaient complètement entourés ; leur situation semblait désespérée.

Le lieutenant-colonel de Boltenstern progressa peu à peu, sans cesser de combattre pendant deux heures. Finalement, il se jeta à la baïonnette sur la ligne française, la traversa, et arriva dans Montoire vers 4 heures du soir. Il y rallia tout son monde,

---

(1) Un officier allemand, le lieutenant Crome, fut grièvement blessé.
(2) *Le Détachement de Boltenstern dans la vallée du Loir*, page 69.

puis, sous la protection d'une arrière-garde de deux compagnies, il se dirigea sur Lavardin, et rentra dans Vendôme vers 11 heures du soir. Son arrière-garde y arrivait à 1 heure du matin. Elle avait passé par Saint-Arnoult, Prunay, Ambloy et Huisseau-en-Beauce. Les mobiles du Lot, entrés les premiers dans Montoire, derrière les Allemands, avaient poursuivi cette arrière-garde pendant 5 kilomètres environ.

Les Allemands avaient perdu 150 hommes et 50 chevaux, 2 caissons, 7 voitures, une ambulance ; ils laissaient aux mains des Français 2 officiers tués et plusieurs hommes blessés. Mais ils avaient infligé aux Français des pertes sérieuses, et ils ramenaient à Vendôme 10 officiers et 230 hommes prisonniers, et 40 otages.

Pendant l'engagement de Saint-Quentin, la colonne française envoyée aux Roches y avait surpris, vers 3 heures du soir, la compagnie allemande qui gardait le pont et l'avait repoussée en faisant prisonniers un médecin aide-major et 13 soldats. La cavalerie française, qui avait poussé jusqu'à Fortan, ramenait prisonniers 1 officier, 10 fantassins et 2 uhlans qu'elle avait surpris en train de faire des réquisitions dans le village de Lunay.

A la suite de ces affaires, le général de Jouffroy résolut de tenter un coup de main sur Vendôme.

Le général en chef l'approuva, et donna l'ordre au général Barry de s'entendre avec lui et de porter, sur Bessé, sa 1re brigade pour l'appuyer. Les généraux de Curten et Cléret, mis provisoirement sous l'autorité du général de Jouffroy, devaient le seconder en se portant de Neuillé-Pont-Pierre et Saint-Antoine-du-Rocher sur Château-Renault. Le général Chanzy faisait encore appuyer le général de Jouffroy, sur sa droite et sur sa gauche, par de la cavalerie : le colonel Goursaud amena ses éclaireurs algériens de Tresson à Montoire ; le général Michel fit avancer sa division de cavalerie dans la direction de Saint-Calais. Tous ces préparatifs furent faits dans les journées des 28, 29, 30 décembre 1870.

Dans la soirée du 30 décembre, les troupes mises à la

disposition du général de Jouffroy occupaient les emplacements suivants :

Le quartier-général, à Lunay.

Le 36ᵉ régiment de marche d'infanterie, colonel Marty, avec 4 pièces de 4 et 2 mitrailleuses, à Danzé et Épuisay.

Le lieutenant-colonel Bayle, avec le 38ᵉ régiment de marche d'infanterie, le 66ᵉ régiment de mobiles et 6 pièces de 4, autour de Fortan.

Le 46ᵉ régiment d'infanterie de marche, à Mazangé.

Le 70ᵉ régiment de mobiles et 2 escadrons, à Lunay.

Le 45ᵉ régiment de marche d'infanterie, aux Roches et à la Barre.

Le 1ᵉʳ bataillon de chasseurs, à la Mazière.

Les éclaireurs algériens, à Montoire.

La réserve d'artillerie (18 pièces de 4 et 2 mitrailleuses), à la Burnandière.

Ces troupes occupaient ainsi, face à Vendôme, une ligne de 18 kilomètres entre Danzé et Montoire, sur les hauteurs qui bordent la rive droite du petit ruisseau du Boulon, avec deux postes avancés : un bataillon à Azay et une compagnie au Gué-du-Loir.

En arrière, le colonel Thiéry, avec le 33ᵉ régiment de marche d'infanterie, le 32ᵉ régiment de mobiles, 2 compagnies de disciplinaires, un bataillon de mobiles des Bouches-du-Rhône et 4 pièces de 4, occupait Savigny. Le 3ᵉ régiment de marche de cuirassiers et le 3ᵉ régiment de marche de hussards étaient à Lavenay ; le 2ᵉ régiment de marche de chasseurs à La Chartre-sur-le-Loir.

Les troupes de première ligne avaient des vivres pour aller jusqu'au 2 janvier inclus. Il n'y avait pas de convoi.

Depuis les engagements du 27 décembre, on n'avait pas revu l'ennemi, sauf une reconnaissance de cavalerie allemande qui était venue, le 28, jusqu'aux Roches. Le général de Jouffroy avait aussi appris qu'une forte reconnaissance, — 1,000 hommes et 6 canons, disait-on, — envoyée de Vendôme sur Épuisay, était passée à Azay dans la matinée du 30 décembre. En tous cas, cette reconnaissance n'aurait rien découvert, car les Français n'arrivèrent à Épuisay et à Azay que dans la soirée du 30 décembre.

Les Allemands, cependant, étaient bien sur leurs gardes.

A la suite de l'engagement de Saint-Quentin, le général de Voights-Rhetz avait envoyé à Vendôme, le 28 décembre, toutes les troupes cantonnées à Herbault et toute la Ire brigade de cavalerie, moins le IVe régiment de uhlans, qui resta entre Blois et Vendôme.

La Ire brigade de cavalerie, général de Luderitz, se rendit, le 29 décembre, à Fréteval et à Morée, pour garder les ponts sur le Loir.

Le détachement d'Herbault entra dans Vendôme le 29 décembre. « Onze bataillons d'infanterie, 3 régiments de cavalerie et 6 batteries se trouvaient alors réunis sous Vendôme, couverts par une ligne d'avant-postes qui s'étendait de Villeporcher à Montrieux en passant par le château de Bel-Air et Courtiras.

« Le commandant de la division, général de Kraatz, prenait la résolution de déboucher offensivement de cette ligne dans la direction d'Épuisay, le 31 décembre, afin d'obliger l'adversaire à déployer ses forces.

« L'ordre était donné au général de Luderitz de s'avancer en même temps de Fréteval sur Epuisay avec la Ire brigade de cavalerie (1). »

Les deux adversaires allaient marcher l'un sur l'autre le même jour, car le général de Jouffroy avait décidé, lui aussi, d'aborder Vendôme, le 31 décembre. Il avait partagé ses troupes en quatre colonnes d'attaque.

« Les deux colonnes principales devaient marcher l'une par Azay et Espéreuse, l'autre par Courtiras; une colonne légère, franchissant le Loir à Lisle, devait déboucher sur la rive gauche par les bois de Meslay; les éclaireurs algériens, passant la rivière à Montoire ou à Lavardin, tourneraient Vendôme pour couper les routes de Blois et d'Oucques (2). »

---

(1) *Grand État-Major Allemand*, 15e livraison, page 680.
(2) *La Deuxième Armée de la Loire*, par le général Chanzy, page 265.

Ce mouvement concentrique, très étendu pour une si faible troupe, commença de bonne heure dans la matinée du 31 décembre. Le général avait calculé que ses colonnes arriveraient à hauteur de Bel-Air à midi ; celle du colonel Marty s'y présenta seule vers 1 heure. Les Allemands la laissèrent approcher très près de Bel-Air, et ouvrirent, à petite portée, une vive fusillade. Les tirailleurs français ripostèrent bravement et, soutenus par leur artillerie qui parvint à s'installer sur le plateau, ils enlevèrent le château de Bel-Air « par une charge brillante (1) », mais ne purent s'emparer des Tuileries.

Enfin, vers 3 heures, l'arrivée du colonel Bayle, avec le 46e régiment de marche d'infanterie et le 66e régiment de mobiles, força les Allemands à évacuer les Tuileries.

« Le 46e de marche enlevait la position, atteignait Courtiras et poursuivait l'ennemi, la baïonnette dans les reins, jusqu'à la gare du chemin de fer..... Le 36e de marche pénètre jusqu'aux premières maisons des faubourgs de Vendôme où il fait quelques prisonniers ; mais il est obligé de se retirer devant le feu des batteries établies au château, qui balayent la plaine le long de la voie ferrée et de la route de Cloyes (2). »

A la nuit, le général de Jouffroy donnait l'ordre de rester sur les positions conquises. Il installait son quartier-général à Huchepie et y recevait, vers minuit, des nouvelles des autres colonnes.

Le colonel Thiéry, dans sa marche de Savigny sur Bel-Air, avait été arrêté à Danzé, vers dix heures du matin, par une forte colonne allemande qui marchait de Fréteval sur Épuisay. C'était le général de Lüderitz avec sa brigade de cavalerie renforcée de deux bataillons du XVIIe régiment d'infanterie et d'une batterie à cheval. Le colonel Thiéry avait été chassé du village de Danzé après avoir perdu 3 canons, 3 officiers et 50 hommes faits prisonniers. Il ne put rejoindre les colonnes Marty et Bayle, devant Bel-Air, qu'à la nuit close.

____

(1) *La Deuxième Armée de la Loire*, par le général Chanzy, page 266.
(2)   *Ibid.*   *Ibid.*   page 266.

La colonne légère de gauche avait trouvé le pont de Lisle coupé, n'avait pu le rétablir et franchir le Loir.

Quant au colonel Goursaud, il avait passé le Loir à Lavardin, sur un pont provisoire, et avait occupé successivement Villavard, Saint-Rimay et Varennes. Puis, repoussant un détachement de cuirassiers de la Ire division de cavalerie, il était parvenu, par Villaria, près du château de la Chaise, y avait été reçu par un feu d'infanterie et d'artillerie qui l'avait arrêté, et lui avait infligé quelques pertes (1). Il était alors revenu à Montoire.

Au reçu de ces mauvaises nouvelles, le général de Jouffroy (2), « ne voulant rien compromettre, donna, à 2 heures du matin, l'ordre de la retraite, et ses troupes regagnèrent les positions qu'elles avaient quittées la veille, à Fortan, Savigny, Lunay, Mazangé et Espéreuse. L'ennemi, qui ne s'était pas aperçu de ce mouvement, tira jusqu'à 8 heures du matin sur les maisons que nos troupes avaient occupées et, reconnaissant son erreur, il poussa des reconnaissances dans la soirée jusqu'à Villiers, Azay, Espéreuse, sur les traces de nos colonnes (3). »

Le général de Jouffroy décidait, pour le moment, de rester sur ses positions entre Épuisay et les Roches et d'envoyer seulement des reconnaissances sur le Loir.

Le 2 janvier, ces reconnaissances allaient jusqu'à Busloup, Courtiras et Varennes.

Le 3 janvier, elles traversaient le Loir sur la glace, et exploraient la rive gauche. Le 4 et le 5, elles rendaient compte que de grosses colonnes allemandes se concentraient à Vendôme, et que des mouvements de troupes étaient signalés de tous côtés. Le général de Curten envoyait des renseignements, provenant de Blois, qui confirmaient ces nouvelles. Elles étaient, d'ailleurs, parfaitement exactes.

Le 1er janvier 1871, le Grand État-Major allemand ayant décidé de reprendre les opérations contre la Deuxième armée de

---

(1) Un homme tué, 1 officier et 5 hommes blessés, 5 chevaux blessés.

(2) *La Deuxième Armée de la Loire*, par le général Chanzy, page 267.

(3) Le général de Voigts-Rhetz envoya de Blois à Vendôme, dans la soirée du 31 décembre, en apprenant ces nouvelles, la XXXVIIIe brigade d'infanterie, le Xe bataillon de chasseurs, de la cavalerie et de l'artillerie.

la Loire, le prince Frédéric-Charles mettait aussitôt son armée en mouvement, et la dirigeait sur Le Mans.

D'après ses ordres, le IIIe corps, venant de Beaugency, devait atteindre Vendôme le 6 janvier, avec avant-garde sur le ruis-seau du Boulon, à Azay. Le même jour, le Xe corps, venant de Blois et de Vendôme, et les Ire et VIe divisions de cavalerie devaient se concentrer à Montoire ; la XVIIIe division d'infan-terie et la IIe division de cavalerie, à Morée.

Ces directions de marche amenaient les Allemands à traverser les positions occupées par le général de Jouffroy. Le 6 janvier, la ligne française, qui s'étendait de Danzé aux Roches, se trouva menacée, à gauche par le IIIe corps, à droite par le Xe.

L'avant-garde du IIIe corps, venant prendre à Azay la posi-tion qui lui était assignée, s'engagea sur la route de Vendôme à Épuisay et déboucha, vers 9 heures du matin, dans la vallée du Boulon. La route traverse cette vallée, large de 500 à 600 mètres, au hameau de la Galette ; le village d'Azay se trouve à 1 kilomètre en amont.

Le colonel Thiéry (1), qui commandait l'extrémité de la ligne française, avait envoyé, sur sa gauche, le 74e régiment de mobiles au village d'Espéreuse et le 66e régiment de mobiles dans la forêt de Vendôme. Le reste de sa brigade, 2,000 hommes environ des 16e régiment d'infanterie, 33e de marche, 32e mo-biles, 4e bataillon des mobiles des Bouches-du-Rhône, avait pris position vers Azay. Les compagnies de discipline, 300 hommes environ, occupaient, en avant, le hameau de la Galette. Le colonel Thiéry disposait encore de 3 canons qu'il plaça près d'Azay ; mais, comme il avait peu de munitions, il donna l'ordre de ne pas riposter au feu de l'artillerie allemande, et de réserver les munitions pour tirer sur les colonnes d'infanterie.

Ces 3,000 hommes, avec 3 canons, résistèrent depuis 9 heures et demie du matin jusqu'à la nuit aux efforts de 12,000 hommes du IIIe corps allemand, soutenus par 12 pièces d'artillerie. Et encore, 2,300 hommes au plus furent engagés du côté des

---

(1) D'après un rapport du colonel Thiéry, en date du 18 juillet 1871.

Français, car les 74e et 66e mobiles, retenus à Espéreuse et dans la forêt de Vendôme par de petits engagements contre des flanqueurs allemands, ne prirent point part à l'action.

Le combat s'engagea sérieusement vers 10 heures 1/2 du matin au pont de la Galette et en face d'Azay. Rien ne put ébranler la résistance des compagnies de discipline, au pont de la Galette. En amont, l'infanterie allemande, progressant peu à peu, enleva Azay et gravit le coteau de la rive droite ; un vigoureux retour offensif, appuyé par le feu des 3 canons qui tirent à mitraille, la rejette en désordre sur l'autre rive du ruisseau, et les Français reprennent leurs positions. « Vers 5 heures 1/2, le feu cessa des deux côtés, chacun gardant ses positions, et les postes avancés étant à 100 mètres les uns des autres. A 8 heures 1/2, les Français reçurent l'ordre de battre en retraite sur Fortan, où ils arrivèrent à 11 heures (1). »

L'avant-garde du IIIe corps passa alors sur la rive droite du Boulon ; les Allemands avaient perdu 43 officiers, 1,000 à 1,200 hommes.

Ce glorieux engagement d'Azay est peu connu en France, et jamais les Allemands n'ont voulu croire qu'ils « n'avaient eu contre eux, ce jour-là, que 2,000 hommes. Ils mettaient principalement en doute le petit nombre des défenseurs de la Galette, — 300 disciplinaires (2). »

L'ordre de battre en retraite avait été donné au colonel Thiéry à la suite des événements qui s'étaient passés sur la droite des Français au Gué-du-Loir, aux Roches, à Lavardin et à Montoire.

Le Xe corps allemand se concentrait à Montoire par la jonction, dans ce bourg, de ses deux divisions. La XXe division, partant de Vendôme, s'y rendait par les routes qui longent le Loir, et enlevait successivement Villiers, Briard, Le Plessis, le Gué-du-Loir et Les Roches. Elle était rejointe, dans ce village, par la XIXe division qui arrivait de Blois par la route de Saint-Amand, Ambloy, Sasnières et Lavardin.

---

(1) D'après un rapport du colonel Thiéry, en date du 18 juillet 1871.
(2)   *Ibid.*   *Ibid.*

Complètement débordé de ce côté, le général de Jouffroy donna l'ordre à toutes ses troupes de se replier sur la rive droite de la Braye, dont il devait être chassé le lendemain.

Les ordres donnés aux corps allemands, pour la journée du 7 janvier, portaient que le III° corps devait s'établir sur la Braye, entre Sargé-sur-Braye et Savigny, et que la XVIII° division d'infanterie avec la II° division de cavalerie se transporteraient de Morée à Épuisay. Ces marches s'exécutèrent sans combat.

Quant au X° corps et à la I° division de cavalerie, ils restèrent à Montoire et envoyèrent, dans la direction de Saint-Amand, des détachements avec ordre d'en finir avec les colonnes des généraux de Curten et Cléret, qui inquiétaient le flanc gauche des Allemands. Cette mission terminée, la I° division de cavalerie resta sur le Loir et le X° corps, quittant Montoire, s'avança, le 8 janvier, jusqu'à La Chartre.

Dans la soirée, le III° corps avait franchi la Braye et atteint Ecorpain ; le X° corps était entre Sougé et La Chartre ; le grand quartier-général du prince Frédéric-Charles, avec la XVIII° division d'infanterie s'établissaient à Saint-Calais. Devant ces troupes, les Français battaient définitivement en retraite sur Le Mans : le général de Jouffroy par Courdemanche et Montreuil-le-Henri ; le général Barry par Chahaignes et la forêt de Bersay.

Les opérations militaires dans le Vendômois étaient terminées. On peut se rendre compte, par ce court aperçu, qu'une des phases les plus poignantes de la campagne s'était déroulée dans cette région.

FIN

APPENDICE II

Notes sur la guerre
franco-allemande (1870-1871)
dans la
région de Romorantin

Notes sur la guerre franco-allemande
(1870-1871)
dans la région de Romorantin

Les incidents qui se sont passés à Romorantin pendant la guerre de 1870-1871 offrent une analogie si frappante avec les événements dont Blois fut le théâtre, qu'il est curieux de les mettre en parallèle ; c'est dans ce but que ces notes ont été réunies.

Les premières nouvelles de la guerre et l'impression générale furent à Romorantin exactement ce qu'elles furent en Blésois ; les appels successifs de recrues, la levée des gardes mobiles, l'organisation des gardes nationales sédentaires provoquèrent la même exaltation et les mêmes enthousiasmes ; la Révolution du 4 Septembre amena, dans l'administration, des modifications analogues.

Un nouveau sous-préfet, M. de Champeaux, prit la direction des affaires ; le Conseil municipal (1) se retira et fut remplacé par une Commission municipale (2) nommée par arrêté préfectoral du 26 septembre 1870. M. Martin-Lemaître, président de la Commission, fit fonctions de maire ; MM. Chaffin, Pornay et Pestel avaient le titre d'adjoints au maire.

Nous voyons la nouvelle municipalité organiser un sous-

---

(1) Le Conseil municipal était composé de MM. Barluet de Beauchesne (maire), Perruche, Soulez, Ansaloni, Grellier, Thevard, Leduc, Debanne, Augay, Blanchet, Martin-Lemaistre, Normant (Aristide), Martin (Emile), Charanton, Lecomte (Victor), Bérard, Rocan, Horay, Carron, Bouchard, Paulmier, Pécantin, Robert.

(2) La Commission municipale était composée de MM. Martin-Lemaistre (faisant fonctions de maire), Chaffin, Pornay, Pestel, Soulez, Champiou, Lecomte, Leduc, Blanchet, Firmin-Duchesne, Bouchard.

comité de défense, décider, « à l'unanimité, qu'il y a lieu d'établir immédiatement un service d'estafettes..., et d'examiner, sans aucun retard, la question d'équipement de la garde nationale sédentaire (1). »

Ayant été imposée, par arrêté préfectoral du 11 novembre 1870, d'une somme de 31,207 fr. 30, pour payer l'armement, l'habillement et la solde des gardes nationaux sédentaires mobilisés, la Commission municipale porta, de son plein gré, et à l'unanimité, cet impôt à la somme de 35,000 francs, et vota en conséquence 8 centimes extraordinaires au principal des quatre contributions directes, pendant 12 ans, à partir de l'année 1871 (2).

Le 7 septembre, la garde nationale sédentaire de Romorantin reçut, par l'intermédiaire de la préfecture de Blois, 1,500 fusils et des munitions qui furent distribués dès le lendemain. M. Henry, ingénieur, fut nommé commandant du bataillon, et les cadres furent reconnus devant la troupe le dimanche 18 septembre. Cette garde nationale « se livrait activement, et par compagnie, cinq jours par semaine, à des exercices qui lui devenaient de plus en plus familiers ; le dimanche, rassemblement général du bataillon (3). »

Toute cette peine fut perdue.

Malgré l'activité et le zèle déployés, les gardes nationaux sédentaires mobilisés dans l'arrondissement de Romorantin ne partirent pas avec leurs camarades de Blois et de Vendôme, lorsque ceux-ci furent envoyés au camp de Cherbourg (4). Tous les gardes nationaux sédentaires de l'arrondissement de Romorantin se trouvaient donc dans leurs foyers quand les Allemands parurent dans la région. Ces gardes nationaux étaient constitués en détachements réguliers, commandés par des officiers ; ils

---

(1) Registre XVIII des délibérations du Conseil municipal de la commune de Romorantin (séance du 27 septembre 1870).

(2) Registre XVIII des délibérations du Conseil municipal de la commune de Romorantin (séances des 14, 18 et 28 novembre 1870).

(3) L'*Echo de la Sologne*, numéro du 16 octobre 1870.

(4) Trois mille équipements destinés aux gardes nationaux sédentaires de Romorantin se trouvaient encore dans les locaux de la préfecture, à Blois, lorsque les Allemands y entrèrent, le 13 décembre. Ils furent pris et détruits.

avaient des armes et des munitions. Nous verrons quel usage ils en ont fait.

La formation de l'Armée de la Loire à Bourges et au camp de Salbris, les événements d'Orléans avaient été suivis avec une vive anxiété par les habitants de Romorantin. Quand ils apprirent, le 6 décembre, le désastre d'Orléans et la retraite de l'armée française en Sologne, poursuivie par les Allemands, ils se préparèrent à subir, à leur tour, l'invasion.

En effet, l'ennemi ne tarda pas à paraître.

Après la prise d'Orléans, le prince Frédéric-Charles avait chargé le IIIᵉ corps et la Iʳᵉ division de cavalerie de suivre les 18ᵉ et 20ᵉ corps français qui se retiraient sur la rive droite de la Loire, dans la direction de Gien, et il avait lancé la XVIIIᵉ division d'infanterie (1) et la VIᵉ division de cavalerie sur les traces du 15ᵉ corps français, qui battait en retraite sur Salbris.

Le 15ᵉ corps français, sous le commandement du général Martin des Pallières, était arrivé à Salbris, le 6 décembre. Son arrière-garde, maintenue à Lamotte-Beuvron, aperçut, dans la soirée, quelques éclaireurs allemands. C'étaient des cavaliers du régiment de dragons de Magdebourg, n° 6, avec 2 batteries, avant-garde de la XVIIIᵉ division d'infanterie prussienne. Ces éclaireurs, sans infanterie de soutien, se jetèrent sur les postes français qui « battirent en retraite sans coup férir, et ne s'arrêtèrent qu'au pont de Salbris, à la nuit, où le régiment de zouaves brûla inutilement presque toutes ses cartouches (2). »

Cependant, après divers ordres et contre-ordres émanant du ministre de la guerre, du général d'Aurelle de Paladines et du général Martin des Pallières, pour porter le 15ᵉ corps d'armée sur Vierzon ou sur Gien, il fut décidé qu'il se rendrait sur ce dernier point, en passant par Aubigny et Argent (3). Il prit cette direction le 7 décembre, laissant une forte arrière-garde sur la Sauldre.

Cette arrière-garde fut attaquée dès le matin (7 décembre). La

(1) Détachée du IXᵉ corps. Cette division fut rappelée le lendemain pour rallier son corps d'armée, et marcher sur Blois, par la rive gauche de la Loire.
(2) *Orléans*, par le général Martin des Pallières, page 277.
(3) Voir : *Orléans*, par le général Martin des Pallières, page 265 et suivantes.

VIe division de cavalerie prussienne, général von Schmidt, avec 2 compagnies d'infanterie et une compagnie du génie (1), dépassant l'avant-garde de la XVIIIe division d'infanterie prussienne, traversait Lamotte-Beuvron et se heurtait, près de Nouan-le-Fuzelier, à l'arrière-garde française. Après un court engagement dans lequel les Allemands perdirent 1 officier supérieur (2) et 11 hommes, les Français évacuèrent Nouan-le-Fuzelier.

La situation devenait menaçante pour le 15e corps qui pouvait être pris complètement de flanc si les Allemands poursuivaient avec vigueur. Mais le général von Schmidt s'avançait très prudemment.

Il laissa une de ses brigades, la XIVe, en réserve à Nouan-le-Fuzelier, détachant un escadron à Saint-Viâtre et un escadron à Pierrefitte. L'escadron de Saint-Viâtre poussa, jusqu'à La Ferté-Beauharnais, des reconnaissances qui furent reçues à coups de fusils.

Avec son autre brigade de cavalerie, la XVe, et son détachement d'infanterie, le général von Schmidt continua sa marche vers le sud, et parvint en vue de Salbris, vers 4 heures du soir. Un tiers de l'infanterie était transportée dans des voitures de réquisition, à la suite de l'escadron d'avant-garde (3) ; le reste de l'infanterie suivait, le plus près possible.

Le feu de l'arrière-garde française contint jusqu'à la nuit noire les efforts des Allemands. A 7 heures du soir, le général von Schmidt décida de rétrograder sur Nouan-le-Fuzelier. La XVe brigade y arrivait à 10 heures du soir, et s'y cantonnait ; la XIVe brigade cantonnait deux régiments à Lamotte-Beuvron et un régiment à Vouzon. Le général von Schmidt ramenait une cinquantaine de prisonniers.

Le lendemain, 8 décembre, la VIe division de cavalerie, quittant ses cantonnements de Nouan-le-Fuzelier, Lamotte-Beuvron et Vouzon, reprenait sa marche sur Salbris. Elle trouvait le bourg inoccupé, y pénétrait et reconnaissait que les Français

---

(1) Deux compagnies du régiment de fusiliers de Magdebourg, n° 36, capitaine Schwenck, et une compagnie du génie de campagne du IXe corps.

(2) Le commandant Massonneau.

(3) Le 1er escadron du XVIe régiment de hussards.

avaient pris la direction d'Argent, mais qu'une quantité de fuyards et de matériel s'étaient retirés sur Vierzon (1).

Le général von Schmidt abandonna les traces du 15e corps (2), et marcha sur Vierzon où il arriva le soir, après avoir échangé avec des francs-tireurs quelques coups de fusils dans les bois qui entourent Theillay-le-Pailleux, et dans la forêt de Vierzon (3). Le même jour, un de ses détachements, capitaine de Rosenberg, coupait la voie ferrée de Bourges à Tours en faisant sauter, près de Mennetou-sur-Cher, un ponceau situé sous un remblai de cinq pieds.

A ce moment, le prince Frédéric-Charles donna l'ordre de cesser la poursuite contre la Première armée de la Loire qui paraissait vouloir s'enfoncer indéfiniment au cœur du pays, et il rappela le IIIe corps, le Xe corps et la Ire division de cavalerie. Ces troupes commencèrent, le 9 décembre, leur marche rétrograde sur Orléans, pour aller ensuite, vers Marchenoir, opérer contre la Deuxième armée de la Loire.

La VIe division de cavalerie, avec 2 compagnies d'infanterie et une compagnie du génie, resta donc seule en Sologne, en plein pays ennemi, sur un terrain particulièrement propice aux embuscades et aux surprises, et à proximité des trois corps d'armée du général Bourbaki (4).

C'est ce petit détachement que le général Bourbaki croyait être une partie de l'armée du prince Charles, et qu'il évaluait à 70,000 hommes ; c'est ce faible rideau qu'il aurait trouvé devant lui s'il eût marché, par Romorantin sur Blois, au secours de la Deuxième armée de la Loire, comme le lui demandaient instamment le général Chanzy et le délégué du ministre de la guerre (5).

Soit que la VIe division de cavalerie parût trop aventurée,

---

(1) Lire dans : *Orléans*, par le général Martin des Pallières, le rapport du commandant Laurent évaluant à 6,000 le nombre des fuyards qui s'étaient retirés à Vierzon dans un désordre inexprimable.

(2) Cette circonstance permit au 15e corps d'achever sa retraite sans être inquiété. On sait qu'arrivé à Aubigny, il reçut l'ordre de renoncer à se rendre à Gien, et de gagner Bourges, par Henrichemont. Il arriva à Bourges le 10 décembre.

(3) La VIe division de cavalerie eut 3 hommes blessés.

(4) Les 15e, 18e et 20e corps, réunis autour de Bourges à partir du 9 décembre.

(5) Voir annexe, les dépêches échangées à ce sujet du 9 au 16 décembre 1870.

soit que sa mission d'observation fût finie, le général von Schmidt, dans la soirée du 9 décembre, « (1) recevait l'ordre, la destruction des voies ferrées à Vierzon une fois effectuée, de se porter, le 10, dans la direction de Blois, en passant par Romorantin et Contres, de telle sorte que ses éclaireurs de droite puissent se relier au IX° corps (2), et ceux de gauche observer la vallée du Cher. »

En exécution de ces ordres, et pour compléter la destruction qu'il avait faite à Mennetou-sur-Cher, le général envoya un détachement, commandant Hessberg, qui fit sauter, dans la soirée du 9 décembre, le pont du chemin de fer sur le canal du Berry. Puis, il quitta Vierzon et prit, le 10 décembre, la route de Romorantin en laissant, pour masquer son départ, la XIV° brigade de cavalerie à Vierzon, Theillay-le-Pailleux et Salbris.

La XV° brigade et l'infanterie prirent la direction de Blois. En arrivant à Villefranche-sur-Cher, un détachement (3), major de Haenlein, fut séparé de la colonne pour couper, une troisième fois, la ligne du chemin de fer. Cette destruction fut opérée, le 11 décembre, à Selles-sur-Cher.

« Le gros continua sa marche. A peu de distance de Romorantin, la pointe d'avant-garde se trouva subitement en présence de francs-tireurs qui se replièrent rapidement sur la ville. Leur intention semblant être de s'aider de cette localité pour résister, la batterie s'avance, et lance quelques obus. Bientôt, un drapeau blanc apparaît sur la tour de l'église ; une députation d'habitants vient annoncer au général von Schmidt qu'on a pu décider les francs-tireurs à évacuer la ville, et qu'ils se sont retirés de différents côtés, surtout dans la direction du nord. La fouille des maisons amena la découverte d'un grand nombre d'armes ainsi que d'objets d'habillement et d'équipement que l'on détruisit en partie (4). »

---

(1) *Opérations de la VI° division de cavalerie en Sologne*, par le Grand État-Major allemand, page 16.

(2) Qui marchait d'Orléans sur Blois en suivant la rive gauche de la Loire, et se trouvait, ce jour-là, à Chambord et à Montlivault.

(3) Deux escadrons du III° régiment de hussards, et la compagnie du génie.

(4) *Opérations de la VI° division de cavalerie en Sologne*, page 17.

Si l'on se reporte de deux mois en arrière, on jugera quelle différence existe entre les paroles et les actes, et ce que vaut la théorie de la défense locale par des milices. La seule approche de l'ennemi dissipait tous les rêves et prouvait, une fois de plus, qu'il faut des soldats disciplinés et instruits pour faire la guerre.

Ces incidents provoquèrent d'ailleurs, dans la ville, des dissentiments qui nous sont exposés dans le document suivant :

Séance du 13 décembre 1870 de la Commission municipale de Romorantin (1)

Étaient présents MM. Lecomte, Blanchet, Martin-Lemaistre, Bouchard-Boileau, Soulez, Firmin-Duchêne, Pornay, Chaffin, Champion.

La Commission a décidé, à l'unanimité, de faire un appel à la population dans les termes suivants :

Citoyens,

La ville de Romorantin vient d'être cruellement éprouvée, elle a vu ses murs envahis, elle a été obligée de subir la loi du vainqueur. Dans ces moments difficiles, la Commission municipale a le droit de vous demander si elle a fait son devoir ; en un mot, si elle est digne de votre confiance.

Sans nous arrêter aux critiques qui ont été faites, il est juste cependant que nous fassions connaître les sujets importants de ses délibérations.

Il est un point sur lequel la Commission municipale a été unanime, et cela après avoir l'avis du Comité de défense ; c'est que la ville de Romorantin, avec son long périmètre, une garde nationale restreinte, et en partie désorganisée, ne pouvait songer à une défense sérieuse, sans exposer la ville à des représailles.

Nous avons fait tous nos efforts pour éviter à la garde nationale la reddition forcée de ses fusils. Les renseignements que nous avons pu nous procurer ont été insuffisants pour éviter une surprise, et l'idée d'un désarmement prématuré ne pouvait entrer dans nos esprits, quand on songe que l'institution des gardes

____

(1) Registre XVIII des délibérations du Conseil municipal de la commune de Romorantin.

nationales repose avant tout sur les deux grands principes suivants : maintien de l'ordre intérieur, sécurité de la famille.

Il est un point qui touche vivement la dignité des membres de la Commission municipale, et que nous ne pouvons laisser passer sous silence sans protestation.

On nous accuse d'avoir accaparé l'administration de la ville. A ceux-là, nous répondrons : Nous avons accepté, le 26 septembre, la mission de diriger les intérêts de la cité alors qu'il n'y avait plus ni maire, ni conseil municipal. A deux reprises différentes, le 4 octobre et le 16 novembre 1870, nous avons sollicité l'autorité préfectorale à l'effet de convoquer les électeurs pour procéder à la nomination régulière d'un conseil municipal. Nous avons toujours été évincés par le préfet, se conformant en cela à la décision du ministre de l'Intérieur.

Mais si des élections ne peuvent être autorisées en ce moment, et cela ressort encore du langage de M. le sous-préfet, dans la séance du 13 décembre 1870, du moins nous avons le droit de vous demander par un vote si nous sommes dignes de votre confiance et d'administrer les intérêts chers à tous les citoyens.

A cet effet, la Commission décide :

Arrêté :

Art. 1. — La Commission municipale convoque les électeurs de Romorantin à l'effet de dire par oui ou par non, si elle doit conserver les fonctions qu'elle a acceptées à titre provisoire et si elle inspire assez de confiance pour continuer son mandat.

Art. 2. — Dans le cas où la Commission municipale ne recevrait pas, par l'élection, la sanction des citoyens, elle résilierait son mandat ; néanmoins, elle continuerait à administrer la ville jusqu'à la formation d'une nouvelle Commission.

Art. 3. — Le vote aura lieu les samedi et dimanche (24 et 25 du courant) dans la grande salle de la mairie, de 8 heures du matin à 4 heures du soir, sous la présidence d'un membre de la Commission municipale et de deux assesseurs choisis parmi les citoyens.

Art. 4. — Le dépouillement sera fait publiquement, immédiatement après la clôture du scrutin (1).

----

(1) Aux jours dits, « les trois quarts des électeurs s'abstinrent ». La Commission décida, à l'unanimité, qu'elle remettrait sa démission entre les mains de M. le Préfet.

La XVe brigade de cavalerie et son infanterie de soutien cantonnèrent, le 10 décembre, à Romorantin.

Le général von Schmidt ne voulut pas tarder davantage à se relier, par ses éclaireurs de droite, avec le IXe corps. Il savait que ce IXe corps marchait d'Orléans vers Blois, en longeant la rive droite de la Loire, mais il ignorait sa situation exacte. Dans un pays coupé, couvert de bois et d'étangs, comme l'est cette partie de la Sologne, entre Romorantin et la Loire, les reconnaissances de cavalerie qu'il enverrait risquaient fort de s'égarer. On disait en outre les bois remplis de francs-tireurs et de gardes nationaux armés. Malgré toutes les difficultés que présentait l'opération, le général von Schmidt envoya un officier en reconnaissance.

« (1) Le lieutenant de Werthern partit de Romorantin à 3 heures 1/2 de l'après-midi, le 10 décembre, accompagné de trois hussards. Il prit la route de Blois, sans savoir si les troupes allemandes avaient déjà atteint cette ville. Il avait pour mission de s'en approcher le plus possible, en évitant de suivre la grande route. Il acquit bientôt la conviction qu'il était impossible d'agir ainsi, tant en raison de l'obscurité que parce que le terrain était, des deux côtés de la route, coupé par des ruisseaux. Au bout d'une heure de marche environ, la patrouille aperçut un groupe de soldats français, avec armes et bagages. Elle s'en approcha au galop : la troupe française s'arrêta, et attendit les cavaliers. Elle se composait de 10 gardes mobiles bien équipés, et armés de chassepots neufs ; ces soldats livrèrent leurs armes sans opposer de résistance. Le lieutenant de

---

Le 2 janvier, à midi, les membres composant la Commission municipale se réunirent pour la dernière fois. Ils maintenaient les vœux ardents faits par chacun d'eux pour le succès de nos armes, et ils se séparèrent en criant : Vive la République ! »

Un arrêté préfectoral, en date du 7 janvier 1871, sanctionna cet état de choses.

Un nouveau Conseil municipal fut formé sous la présidence de M. Normant (Aristide), assisté de MM. E. Martin, Courtinat, Delalande, Rousset, Pécantin, Perruche, Thévard, Théodat Aubin, Mandart, Garret, Normant (C.), Bérard, Belliard-Bernard, Debanne, Poyon, Couton-Marmel, Brunel-Marchand, Barluet de Beauchesne, Vallet, Aujay (d'après le Régistre XVIII des délibérations du Conseil municipal de la commune de Romorantin, séances des 13 et 23 décembre 1870, 2 janvier 1871).

(1) *Opérations de la VIe division de cavalerie en Sologne*, page 17.

Werthern leur prescrivit d'aller se constituer prisonniers à Romorantin, et ils exécutèrent cet ordre.

« La patrouille prussienne continua sa marche dans la direction de Blois. Un peu plus loin, elle rencontra encore deux gardes mobiles appartenant au groupe précédent ; elle s'en débarrassa de la même manière. A la nuit tombante, la patrouille arriva à Mur. Avant d'entrer dans ce village, elle croisa une troupe ennemie d'environ trente hommes sans être inquiétée. Presque toujours, les Français s'écartaient effrayés, prenant peut-être les cavaliers prussiens pour des gendarmes.

« La patrouille traversa au pas le village de Cour-Cheverny, à 16 kilomètres au nord-ouest de Mur, autant pour reposer les chevaux que pour tâcher d'apprendre ce qui se passait à Blois. Les habitants prétendaient que cette ville était déjà occupée par les Prussiens. On fit alors une courte halte. Lorsque les hussards se remirent en route, le maire du village et quelques habitants, munis d'un drapeau blanc, coururent après eux, protestant de leurs intentions pacifiques, et priant d'en donner connaissance en haut lieu.

« Vers huit heures, la patrouille, approchant de la vallée de la Loire, rencontrait les têtes de colonne du IX⁰ corps qui venaient d'arriver, et qui étaient sur le point de placer leurs avant-postes. A neuf heures du soir, le lieutenant de Werthern se présentait au quartier-général du corps, à Vineuil, un quart de mille à l'est de Vienne.

« Il avait parcouru plus de 40 kilomètres à travers une contrée battue par l'ennemi, et fait dans la journée, depuis son départ de Vierzon, plus de 75 kilomètres (1) ».

Le 11 décembre, la XV⁰ brigade de cavalerie, le détachement d'infanterie et la batterie d'artillerie quittèrent Romorantin et arrivèrent, le soir, au bourg de Contres. Elles y restèrent jusqu'au 16 décembre, avec un détachement de deux escadrons du XVI⁰ régiment de hussards au village de Fresnes.

Le général von Schmidt, pendant cet arrêt de cinq jours,

---

(1) La distance de Vierzon à Blois est de 72 kilomètres par la route de Romorantin.

envoyait des détachements et de nombreuses patrouilles à Saint-Aignan, Thenay, Pontlevoy, Montrichard, Amboise et Mosnes ; la garnison allemande de Blois se reliait journellement avec lui, et joignait ses reconnaissances à celles de la VI° division de cavalerie ; le pays en était sillonné. Leur présence sur plusieurs points à la fois en imposait aux populations et empêchait de s'apercevoir de leurs faibles effectifs. Ils prenaient des otages, prélevaient des contributions, brisaient et détruisaient les armes réunies à si grands frais pour les gardes nationaux ; nulle part il n'y eut de résistance. Leur manière de procéder était partout la même ; en voici un exemple :

« (1) Le mardi 13 décembre, à 10 heures 1/2 du matin, un uhlan, la lance en avant, le pistolet au poing, arrive au galop et traverse le bourg de Pontlevoy. De l'autre côté du bourg, à une certaine distance, sur la route de Pontlevoy à Montrichard, il s'arrête, regarde de tous les côtés dans la plaine, et revient au pas. Derrière lui, arrivent 7 uhlans. De tous les côtés, d'autres éclaireurs parcourent la plaine. Sur la route de Blois, un détachement d'une cinquantaine d'hommes apparaît à l'horizon. Arrivé au four à chaux, à 500 mètres du bourg, le détachement se jette à droite, prend à travers champs, tourne le bourg, et vient retomber sur la route de Montrichard, à la ferme Gilbert. Il s'arrête un peu en avant de cette ferme. Des éclaireurs sont envoyés dans toutes les directions, derrière tous les buissons, dans toutes les carrières.

« Pendant ce temps, de l'artillerie, des caissons et une centaine de fantassins arrivaient. Ils entrent dans le bourg, le parcourent en entier et vont rejoindre, près de la ferme Gilbert, le détachement de cavalerie. Leur arrière-garde reste au four à chaux.

« Un officier vient chercher le maire et l'emmène parler au commandant du détachement. On lui demande si le bourg a l'intention de se défendre. Sur une réponse négative du maire, le commandant demande qu'on lui livre les fusils. On en réunit 23 qu'on porte au four à chaux, où les Prussiens les brisent. Ils

---

(1) Notes écrites au jour le jour au collège de Pontlevoy, par M. l'abbé A. Lizot, professeur.

commandent ensuite 600 déjeuners. Le maire fait observer que, n'étant pas prévenu, il lui sera difficile de les trouver ; on transige pour 20 litres de vin qu'on leur porte. On voyait pendant ce temps leurs reconnaissances qui partaient pour explorer la forêt de Montrichard.

« A 1 heure 1/2, le détachement se dispose à partir. Ceux qui étaient campés près de la ferme Gilbert reviennent sur leurs pas et traversent le bourg en chantant. Plusieurs officiers demandent du pain, du vin, de la viande, des cigares. Ils paient tout ce qu'ils achètent.

« A 3 heures 1/2, il ne restait plus un Prussien dans les environs. Ils ont emmené un fermier qu'ils ont trouvé porteur d'un revolver. »

Le 15 décembre, la XIV⁰ brigade de cavalerie, restée en observation vers Vierzon, ralliait, à Contres, le général von Schmidt.

La situation de cette brigade était devenue très difficile. Tout près d'elle, à Bourges, l'armée du général Bourbaki se reconstituait peu à peu. On parlait d'une opération de cette armée vers Orléans et Blois ; le général Chanzy réclamait instamment cette diversion qui l'eût débarrassé d'une partie de l'armée du prince Frédéric-Charles. Cédant aux pressantes sollicitations de son collègue, le général Bourbaki se décida à une démonstration et transporta, le 12 décembre, son quartier-général à Mehun-sur-Yèvre. Le mouvement s'arrêta là ; un seul détachement poussa jusqu'à Vierzon, où il entra le 13 décembre.

Les escadrons de la XIV⁰ brigade allemande, cantonnés près de Vierzon, durent battre en retraite sur Salbris avec une perte de 13 hommes et 15 chevaux.

Ce retour des troupes françaises raviva l'ardeur des paysans et des francs-tireurs. On s'aperçut du petit effectif de la brigade allemande isolée sans infanterie, ni artillerie de soutien. L'attitude de la population devint franchement hostile, des francs-tireurs se montraient de toutes parts. Le colonel comte de Groeben, commandant la brigade, rallia tous ses postes d'observation, et la XIV⁰ brigade se replia sur la XV⁰.

Le 14 décembre, « en entrant à Romorantin, la brigade trouva la population très surexcitée, et il fallut organiser un fort service de garde dans l'intérieur de la ville. Les chevaux restèrent sellés et harnachés jusqu'au lendemain. La nuit s'étant passée tranquillement, la brigade reprit sa route à 10 h. 1/2 du matin, le 15 décembre (1). »

Le colonel de Groeben n'avait pas trouvé de meilleur moyen de calmer l'effervescence des habitants de Romorantin que d'imposer à la ville une contribution de 30,000 francs, et d'en exiger le versement immédiat. En cas de refus ou de retard, il prenait en otages huit membres de la Commission municipale.

M. Martin-Lemaistre, président de cette Commission, réunit aussitôt ses collègues. « Il expose que... les Prussiens demandent une contribution de guerre de 30,000 francs qui devra, sur ordre, leur être payée au plus tard le lendemain matin, avant leur départ. La Commission décide, à l'unanimité, qu'elle fait un appel à toutes les personnes qui peuvent ou qui veulent mettre à la disposition de la ville de Romorantin la somme totale ou partielle de 30,000 francs exigée impérieusement par l'ennemi comme rançon (2) »

La somme fut réunie par souscription (3), et versée pour l'heure dite. La brigade allemande s'en alla.

Dans la soirée (15 décembre), elle cantonnait à Mur-de-Sologne et à Soings, où elle prenait contact avec la XVᵉ brigade.

« Le 16 décembre, la division entière se rassemblait à Blois et y passait la Loire (4) ». Le 17, elle atteignait Séris, à 2 heures du matin. Désormais, elle devait opérer contre la Deuxième armée de la Loire.

Après le passage de la VIᵉ division de cavalerie, il ne vint

---

(1) *Opérations de la VIᵉ division de cavalerie en Sologne*, page 23.

(2) Registre XVIII des délibérations du Conseil municipal de la commune de Romorantin.

(3) Dans leur séance du 16 décembre 1870, la Commission remercia les souscripteurs. Elle fit observer « que M. X..., qui avait souscrit pour 500 francs, n'a pas jugé à propos de verser cette somme quand l'ennemi a été parti ».
Registre XVIII des délibérations du Conseil municipal de la commune de Romorantin.

(4) *Opérations de la VIᵉ division de cavalerie en Sologne*, page 23.

plus de troupes allemandes en Sologne, sauf des reconnaissances envoyées, dans le courant du mois de janvier, par les garnisons d'Orléans et de Blois. Ces opérations de cavalerie en Sologne offrent un intérêt tout particulier, et celles de la VIe division sont le seul exemple qu'on puisse trouver, dans la campagne de 1870-1871, d'une division de cavalerie manœuvrant isolément, au contact d'une armée ennemie. A ce titre, une étude détaillée de ces événements mettrait en lumière des leçons et des exemples d'un très grand intérêt. Il faudrait seulement se garder de généraliser les conclusions tirées de cette étude, car la VIe division de cavalerie se trouva dans des conditions toutes spéciales, et ce qu'elle a fait ne pourrait se renouveler vis-à-vis d'un adversaire plus actif et d'une population moins craintive (1).

---

(1) Pour compléter cet aperçu, des événements militaires dans la région de Romorantin, il faudrait ajouter les opérations du 25e corps d'armée, du 16 au 28 janvier 1871. Ces événements ont été exposés dans un chapitre précédent, page 201.

FIN

ANNEXE

I

———

Circulaires, Dépêches
Rapports Officiels

Circulaires, Dépêches, Rapports Officiels

1

Dépêche télégraphique officielle

Orléans, 27 septembre, 4 h. 37 matin.

Le général de division au général, à Blois

Forcé d'évacuer Orléans devant des forces supérieures. Je dirige sur Blois la brigade de cavalerie du 15ᵉ corps et 7 bataillons de mobiles, Bourges et Nevers étant encombrés, et servant à la formation de deux divisions du 15ᵉ corps d'armée.

Signé : De POLHÈS.

2

Au général Rébilliard, à Muides

Avant-postes, rive gauche, 6 novembre 1870.

Mon Général,

..... Un grand mouvement de troupes à Orléans, au moins 50,000 hommes ; quelques bataillons d'infanterie semblent se diriger sur la Ferté-Saint-Aubin. Il est bien regrettable que cette position n'ait pas été occupée par nous immédiatement...

Signé : CATHELINEAU.

3

15e CORPS D'ARMÉE

—

2e DIVISION

—

2e BRIGADE

—

Au commandant de Cathelineau,
aux avant-postes

Muides, 6 novembre 1870.

Mon cher Commandant,

Je vous accuse réception de votre lettre de ce jour... L'ennemi a quitté précipitamment Orléans, se dirigeant sur Meung.

Je vous en donne avis immédiatement, afin que vous preniez vos dispositions...

Le général commandant la 2e brigade,

Signé : Rébilliard.

4

Le commandant de Cathelineau au général Rébilliard

Avant-postes, rive gauche, 7 novembre 1870.

Mon Général,

Depuis hier, la position s'est modifiée, il n'y a plus à Orléans qu'une quinzaine de mille hommes. De ces 15,000 hommes, ils peuvent parfaitement nous en détacher une dizaine de mille.

Malgré cela je ne reculerai mes positions que si j'en reçois l'ordre exprès, et encore je protesterai. Nous avons repris toutes les positions perdues, je veux les conserver.

Toutefois, il est indispensable qu'aujourd'hui même on m'envoie un escadron de cavalerie légère, car nous sommes sur les dents, chevaux et hommes.....

Le bataillon qui est à Moque-Baril ne pourrait-il pas arriver jusqu'à la hauteur de nos positions, faire le service du camp, participer à nos excursions armées, et nous soutenir ainsi fortement? Et le reste du régiment pourrait le remplacer, car, je le répète, mon général, il y a un tel va-et-vient de troupes à Orléans qu'on ne peut savoir sur quoi

compter..... Cette nuit j'ai un homme à Orléans même : demain je
saurai donc au juste ce qui s'y passe et vous le communiquerai.....

Signé : Cathelineau.

5

15ᵉ CORPS D'ARMÉE

—

2ᵉ DIVISION

—

2ᵉ BRIGADE

—

*Le général Rébilliard au commandant
de Cathelineau*

Muides, 7 novembre 1870.

Mon cher Commandant,

Si je vous avais conseillé de vous replier sur Moque-Baril c'est parce
que vous m'annonciez la présence de forces tellement considérables
(50,000 hommes), qu'il vous eût été impossible de conserver vos positions avancées sans vous exposer à être coupé.

M. le général en chef, à qui j'avais demandé l'autorisation de me
porter en avant, pour appuyer vos mouvements, m'a répondu que je
devais continuer à occuper Muides et les positions qui m'ont été assignées. Les détachements de Crouy, Thoury, Dhuizon et Chambord
ne me permettent pas de vous envoyer le 2ᵉ bataillon que vous me
demandez.

J'ajouterai que les francs-tireurs chargés d'éclairer ma droite ne
sont pas commandés par un chef aussi vigilant, aussi habile que
vous, et que je dois surtout surveiller de ce côté les mouvements de
l'ennemi qui pourrait chercher à me tourner par Ligny et Villeny.

J'ai appris avec plaisir que vous vous êtes mis en communication
avec M. le commandant du bataillon du 30ᵉ de marche détaché à
Moque-Baril. Votre expérience sera pour lui une précieuse ressource
à laquelle je l'engage à recourir souvent.

Quant à l'escadron de cavalerie dont vous avez un pressant besoin,
je l'ai réclamé hier et je viens encore de le réclamer instamment.

Je vous prierai de me renseigner de la façon la plus exacte sur
l'état actuel du pont de Meung. On me signale l'ennemi comme
cherchant à passer sur cette rive par ce pont pour nous prendre par
notre flanc gauche.

Le général commandant la 2ᵉ brigade,

Signé : Rébilliard.

6

15ᵉ CORPS D'ARMÉE

—

2ᶜ DIVISION

—

2ᵉ BRIGADE

—

*Le général Rébilliard au commandant
de Cathelineau*

Muides, 7 novembre 1870.

Mon cher Commandant,

J'ai l'honneur de vous envoyer copie d'une dépêche que m'adresse mon général de division :

« Par ordre du général en chef, repassez aujourd'hui même, et le plus tôt possible, sur la rive droite de la Loire avec toute votre brigade et l'artillerie.

« Je vous enverrai des ordres pour vos emplacements à Luçay et Séris. »

En conséquence, je prescris au bataillon du 30ᵉ détaché à Moque-Baril de rejoindre immédiatement son régiment.

Veuillez agréer, etc...

Le général commandant la 2ᵒ brigade,

Signé : RÉBILLIARD.

———

7

*Le général commandant en chef les 15ᵉ et 16ᵉ corps d'armée,
au commandant de Cathelineau*

Confidentielle

Dizier, 7 novembre 1870.

Mon cher Commandant,

Je prépare un mouvement qui nécessite la concentration de toutes mes forces. En conséquence, je donne l'ordre à la brigade Rébilliard, que j'avais envoyée sur la rive gauche, de repasser sur la rive droite.

Vous allez donc être réduit à vos propres moyens, c'est-à-dire vos volontaires vendéens et le bataillon de mobiles. Basez vos opérations là-dessus.

Contrairement au renseignement que vous m'avez donné ce matin, on me dit qu'Orléans est évacué, et que l'ennemi concentre toutes ses lorces entre Baccon, Huisseau, Coulmiers, Germigny, pour parer à un mouvement de l'Armée de la Loire dont il se croit menacé. Il y a certainement beaucoup de monde de ce côté ; y aurait-il aussi un grand nombre de troupes à Orléans, comme vous semblez le croire ? Tâchez de vous renseigner à cet égard, et faites-moi connaître, sans retard, le résultat de vos investigations.

Je crois devoir vous faire connaître, en effet, que nous allons faire un mouvement sur Orléans, de ce côté-ci, avec quatre divisions des 15e et 16e corps, et du côté de Gien avec une trentaine de mille hommes.

L'ennemi, prévenu peut-être de ce double mouvement, ou, dans tous les cas, se sentant doublement menacé, aurait évacué Orléans où il s'exposait à se voir enveloppé.

Pour concourir à ce mouvement, je donne l'ordre au général Faye, qui est à Salbris, avec 6 ou 7,000 hommes, de se porter en avant, de manière à arriver, le 10 au soir, à la Ferté-Saint-Aubin (c'est la veille du jour où nous espérons pouvoir arriver à Orléans), afin que, le 11, il continue son mouvement sur Olivet et Orléans. J'ai recommandé à M. le général Faye de se mettre en relations avec vous, dès qu'il sera à la hauteur de La Ferté.

Il importe que vous gardiez pour vous seul le secret de cette opération.

Recevez, etc...

Le général commandant en chef les 15e et 16e corps,

Signé : d'AURELLE.

---

7 bis

Le commandant de Cathelineau au général en chef,
Armée de la Loire

Avant-postes, rive gauche, 8 novembre 1870, 4 h. matin.

Mon Général.

Le pont de Meung a deux arches détruites ; les Prussiens avaient établi un pont de bateaux qu'ils viennent de couler. Ces nouvelles sont de la plus grande exactitude et, jusqu'à hier soir, c'était la vraie position. Vous savez que nous sommes seuls ; malgré cela je ne

quitterai pas la position, et je suis décidé à la tenir, quoi qu'il
arrive......

Signé : CATHELINEAU.

8

Général en chef à général Chanzy, à Saint-Péravy

Cercottes, 3 décembre, 11 h. soir.

Si vous êtes attaqué demain matin, ou si vous ne pouvez vous maintenir dans vos positions par suite d'un mouvement de retraite du
15ᵉ corps, ce n'est pas sur Orléans que vous devez chercher à vous retirer, mais sur Beaugency, de manière que vous puissiez venir plus tard
vous établir derrière la forêt de Marchenoir. Je crois cette direction
possible et sans danger pour vous, par suite de l'envoi de forces
assez considérables sur votre flanc gauche. Étudiez dès à présent votre
retraite dans ce sens. Si nous étions forcés de prendre ce parti, il
serait dangereux d'accumuler à Orléans les 15ᵉ, 16ᵉ et 17ᵉ corps.

Signé : d'AURELLE.

9

Général d'Aurelle à général Chanzy, à Saint-Péravy

Montjoie, 4 décembre, 9 h. 25 matin.

Je vous confirme l'ordre que je vous ai donné hier soir d'exécuter
votre mouvement de retraite vers Beaugency ; vous n'avez pas, pour
passer sur la rive gauche de la Loire, à compter sur le pont de Beaugency, vous ne pouvez la traverser qu'à Blois.

10

Général Chanzy à guerre

Baccon, 5 décembre 1870, 1 h. soir.

.....Pour reconstituer les 16ᵉ et 17ᵉ corps, j'ai pris le parti de venir
occuper aujourd'hui une ligne s'étendant de Lorges à Beaugency,

appuyant ma gauche à la forêt de Marchenoir et ma droite à la Loire.
Je tiendrai sur cette ligne jusqu'à ordre contraire. Mon quartier-
général sera ce soir à Josnes, me reliant par des cavaliers avec le
télégraphe de Beaugency. Beaucoup de désordres à réparer. Les
troupes, décimées par quatre jours de lutte, ayant perdu grand
nombre de leurs officiers, sont très fatiguées ; les munitions s'épui-
sent ; les convois sont à reconstituer.

J'attends des ordres à Josnes.

Signé : CHANZY.

11

*Le général Barry, commandant la 2e division du 16e corps
d'armée, au général Chanzy*

Mer, 5 décembre 1870.

Mon Général,

Je suis arrivé cette nuit à Mer, avec quelques débris de ma division
que j'ai pu rallier, en même temps que des fuyards d'autres corps,
dans la forêt de Bucy-Saint-Liphard. J'ai pris cette direction parce
que le mouvement tournant de l'ennemi par la droite de Boulay était
tellement accentué que les troupes que j'avais disposées d'avance aux
Barres, pendant la défense des lignes de Boulay, s'étaient déjà
repliées en même temps que la division Morandy ; et que moi-même,
tout près de Bucy-Saint-Liphard, j'ai failli être pris par un détachement de uhlans précédant de l'infanterie et de l'artillerie, que j'ai
arrêté en postant quelques mobiles sur la lisière du bois.

La retraite s'est opérée dans une confusion inexprimable, au milieu
de tous les convois et de toute l'artillerie, en marche sur Beaugency
et Mer.

D'un autre côté, un de vos officiers d'ordonnance qui était venu me
trouver sur la route d'Orléans aux Barres, avec vos instructions
devenues inexécutables à ce moment, m'avait indiqué la direction de
Blois comme dernière ligne de retraite. J'ai cru devoir me diriger
sur Mer pour rallier ma division entièrement dispersée, tous les
convois et toute l'artillerie prenant cette direction, croyant devoir
aller à Blois, où même des batteries doivent déjà arriver en ce mo-

ment. Je sais que le colonel Carré est parti pour Blois ce matin avec son parc.

Les troupes de ma division arrivent successivement, mais très lentement, sur Mer. Je ne sais si je pourrai les rallier aujourd'hui. Je crois mes batteries en marche sur Blois. Elles sont tout à fait hors de service, n'ayant plus qu'un très petit nombre de servants et de conducteurs.

Je ne sais où se trouve mon escadron de cavalerie, qui était parti avant que je me repliasse de Boulay, le village n'étant plus tenable pour lui.

Je donne l'ordre au sous-intendant de faire, aussitôt que possible, le triage des convois, et lorsque mes corps seront à peu près réunis, je ferai faire des distributions, qui n'ont pas eu lieu depuis quatre jours.

Je ne pourrai rétrograder sur Beaugency que lorsque mon monde sera rallié, aura mangé et se sera reposé. Les hommes ne peuvent plus faire un pas en avant.

C'est une division à recomposer entièrement, et incapable de faire aucun service pendant quelques jours. Si elle pouvait rester ici, elle y arriverait plus facilement.

Je n'ai en réalité ici, de ma division, que quelques centaines d'hommes isolés du 38ᵉ de marche. J'arrête au passage tout ce qui se présente.

C'est la résistance que j'ai faite à Boulay jusqu'à midi, suivie du mouvement tournant de l'ennemi, qui a mis ce désordre dans ma division. Mais si je n'avais pas résisté de cette façon, tous nos convois étaient pris.

Signé : BARRY.

P. S. — Je n'ai reçu qu'à 9 heures, ce matin, le cavalier porteur de vos instructions.

12

Le général Morandy, commandant la 3ᵉ division du 16ᵉ corps d'armée, au général Chanzy

Beaugency, 5 décembre 1870.

Mon Général,

Me conformant à vos ordres, transmis par M. le capitaine Bernard en ces termes : « Battez en retraite, sans perdre de temps, sur Beaugency, en protégeant, coûte que coûte, la marche des convois des 16e et 17e corps », je me dirigeai de Boulay sur les Barres, puis sur les Ormes.....

Je continuai de marcher jusqu'à Beaugency où j'arrivai vers 7 heures 1/2.

Nos troupes sont hors d'état de le (le convoi) protéger comme il conviendrait ; elles sont éparpillées dans toutes les directions, et littéralement épuisées. Le général Barry est à Mer où je me serais rendu dès ce matin si votre ordre ne m'en avait pas empêché.

Je pense que les hommes qui manquent sont, en grande partie, avec lui (1). (Je lui ai prêté l'aide d'un régiment hier).

Je suis, etc.....

Signé : MORANDY.

13

Général Chanzy à commandant de Foudras,
à Saint-Laurent-des-Eaux

Josnes, 6 décembre 1870.

Je reçois votre lettre de ce soir, 4 heures. Je suis très satisfait de vous savoir à Saint-Laurent-des-Eaux où la présence de uhlans, en avant de ce village, m'avait déjà été signalée. Tenez cette position importante avec votre bataillon et les hommes que vous avez ramassés, et renseignez-moi exactement par Mer.....

Tâchez de savoir quelle peut être la force des partis ennemis le long de la Loire, de votre côté, et si une démonstration sérieuse semble devoir être faite dans la direction de Blois par les corps allemands qui ont pu passer la Loire à Orléans.

Signé : CHANZY.

---

(1) En réalité, 6,000 hommes environ de ces deux divisions avaient battu en retraite, avec le 15e corps, sur la rive gauche de la Loire, dans la direction de Salbris. Des détachements entiers s'étaient aussi retirés sur Blois, Vendôme, Amboise et jusqu'à Tours.

14

Guerre à général Peitavin(1), à Blois, et à communiquer au général
des Pallières, à Salbris. — Faire suivre.

6 décembre, 2 h. 40 matin.

.....Veuillez, nonobstant tous ordres contraires, vous transporter immédiatement, avec toutes les troupes de votre division, au quartier-général du général des Pallières, à Salbris, avec lequel vous êtes destiné à vous rendre à Gien sans délai ; j'avise le général des Pallières.

Signé : De Freycinet.

15

Général Chanzy au colonel Baille, à Mer

Josnes, 7 décembre 1870, 8 h. 15 soir.

J'apprends que vous avez cru devoir envoyer une batterie d'artillerie au delà de la Loire ; faites-moi connaître pour quel motif et par quel ordre. Cette batterie, si elle n'est pas bien soutenue, court risque d'être enlevée et devient un embarras pour les francs-tireurs, qui sont en trop petit nombre pour la protéger. Faites-la donc replier immédiatement sur Mer.

Toutefois, comme il est possible que j'envoie du renfort au commandant de Foudras, faites étudier l'emplacement d'une batterie à établir derrière un épaulement, et sachez me dire si on peut la replier promptement et sans danger sur Mer, en protégeant sa retraite, ainsi que celle des troupes qui sont engagées sur la rive gauche, par le feu des batteries que j'ai prescrit au génie et à l'artillerie d'étudier sur la rive droite.

Signé : Chanzy.

---

(1) La division Peitavin faisait partie du 15e corps d'armée (Martin des Pallières). Après les combats d'Orléans, le général Peitavin, au lieu de suivre le 15e corps dans la direction de Salbris, prit, avec quelques détachements de sa division, la direction de Blois où il arriva, le 5 décembre.

16

Général Peitavin au général des Pallières, à Aubigny

Blois, 8 décembre 1870, 9 h. 50 matin.

Reçu ce matin dépêche de guerre prescrivant de rester à Blois jusqu'à ce que les hommes que j'ai ici et les chevaux soient reposés.

Signé : PEITAVIN.

17

Rapport du général Morandy au général Chanzy sur l'affaire de Chambord (1)

Amboise, le 10 décembre 1870.

Mon Général,

Le 7 décembre, à 2 heures du soir, à Beaugency, je reçus l'ordre de rétrograder sur Blois, d'occuper sur la rive gauche le parc de Chambord et les positions défensives préparées par le Comité de défense de Blois pour couvrir les routes de cette rive. Je devais me mettre en communication avec les francs-tireurs du commandant de Foudras, établis à Saint-Laurent-des-Eaux. Je devais aussi reconstituer ma division.

J'arrivai avec ma division le 7 au soir, à Blois. Le 8, au matin, j'envoyai ma 1re brigade (colonel Marty, 36e de marche et 8e mobiles) s'établir à Chambord, dans l'intérieur du parc, avec ordre d'occuper les portes de Muides et Saint-Dyé. Les francs-tireurs de Paris et leurs éclaireurs à cheval étaient placés sous les ordres du colonel Marty. Le même jour, suivant instructions reçues, et ainsi que je vous en informai par télégramme, je restai à Blois pour conférer avec le Comité de défense présidé par le général Michaud. Il fut décidé en conseil que les différentes portes du parc de Chambord seraient occupées par de l'infanterie. L'artillerie, soutenue par des bataillons d'infanterie devait placer une batterie derrière les épaulements construits en avant du château de l'Orme, une seconde

---

(1) « Cette affaire de Chambord a été généralement mal racontée et mal appréciée, dit le général Chanzy. Après une enquête faite aussi minutieusement que le permettaient les circonstances, nous pensons que la vérité ressort du rapport adressé par le général Morandy au général en chef. » (*La Deuxième Armée de la Loire*, par le général Chanzy, annexes).

derrière les ouvrages de défense de Bracieux, la troisième dans l'intérieur du parc, comme réserve. Le convoi, escorté par quatre compagnies, devait s'arrêter à Huisseau.

Les lignes de retraite indiquées par le Comité étaient : pour les batteries au nord du parc, sur Mont ; le reste, par la route de Cellettes, sur Chaumont. On évitait ainsi de se retirer sur Blois, où l'ennemi, profitant d'une retraite en désordre, aurait pu entrer à la suite de nos troupes.

Tous les ordres avaient été donnés dans ce sens lorsque, le 9, au point du jour, le général Michaud se présenta chez moi. Il venait d'apprendre, du général Barry, la prise de Beaugency par l'ennemi, la rupture du pont de Mer et, dans cette occurrence, il était urgent de réunir toutes les troupes des environs à Blois, pour y concentrer la défense. Je donnai, en conséquence, l'ordre à la brigade de Chambord de se replier sur Blois, et vous en informai par le télégraphe. Les francs-tireurs Lipouski devaient continuer à surveiller l'ennemi dans Chambord et aux environs, mission qu'ils remplissaient avant l'arrivée de la brigade.

Un Conseil de guerre auquel assistaient le général Peitavin et le Comité de défense se réunissait ensuite à Blois, à la préfecture, où se décidait la question de la ville. Pendant la délibération, le général Peitavin recevait de vous une dépêche par suite de laquelle il me prescrivit (onze heures du matin) de me porter immédiatement sur Mer, afin d'y appuyer le mouvement de retraite de l'armée.

Tout était prêt pour ce mouvement, lorsqu'une dépêche de vous vint modifier les dispositions prises en m'ordonnant de ne recevoir d'ordres que de vous, de reprendre position en avant de Blois, sur la rive gauche, en me ménageant la possibilité d'une retraite, si j'y étais amené.

J'envoyai immédiatement l'ordre à la 1re brigade, qui venait à Blois, de reprendre ses positions, et à la 2e d'aller occuper à Chambord les positions indiquées la veille. Afin de mieux surveiller, je précédai cette 2e brigade, et rejoignis bientôt la tête de la 1re compagnie qui se trouvait en avant de Huisseau. Je lui fis faire demi-tour, dirigeai les bataillons et les batteries, avec leurs sections, vers les postes assignés.

En arrivant près du château, je trouvai l'état-major des francs-tireurs Lipouski (le colonel était absent et remplacé par le commandant La Cecilia). J'étais en train de leur demander des renseignements sur les mouvements de l'ennemi et sur l'emplacement de leurs postes, lorsqu'arriva un sous-officier annonçant la présence des Prussiens aux portes nord du parc. En même temps, la canonnade et la fusillade se faisaient entendre, et les bataillons dirigés vers les portes du parc étaient atteints par le feu de l'ennemi avant d'arriver aux murs. Nos troupes étaient frappées par les créneaux percés par nous. L'action s'engageait donc dans des conditions déplorables, que j'aurais évitées si j'avais été prévenu plus tôt de la présence de l'ennemi et des points occupés par lui, par les francs-tireurs de Paris et leurs éclaireurs à cheval. Nos troupes ainsi attaquées ne tinrent guère, et se replièrent en désordre, par le bois, sur le reste de la colonne, et sur la batterie qui était en réserve. Ces dernières troupes, suivant une route bordée à droite et à gauche par des taillis, ne pouvaient pas prendre position. Je savais la porte de Bracieux gardée par les francs-tireurs de Cathelineau, que j'avais vu dans la journée, à Blois ; j'avais une retraite assurée ; j'ordonnai de prendre cette direction. La tête de colonne opéra sa retraite en bon ordre dans la direction de Chaumont, mais je ne pouvais disposer que d'une route. Dans le désordre amené, près du château, par les troupes repoussées, l'ennemi prit cinq pièces de 4 et fit un certain nombre de prisonniers.

Les forces qui nous ont attaqués sont évaluées à 15,000 hommes et 18 canons.

En résumé, cette surprise aurait été évitée si les francs-tireurs avaient fait leur devoir.

Je suis, etc......

Signé : Général MORANDY.

18

Bordeaux, 10 décembre 1870, 11 h. matin.

Guerre à général Bourbaki, Bourges

(Copie pour M. Gambetta au quartier-général, Josnes, Loir-et-Cher)
Urgent.

Vos dépêches font un pénible contraste avec celles du général Chanzy qui soutient depuis cinq jours d'héroïques et victorieux combats contre l'armée du prince Charles, avec les mêmes corps qui avaient supporté tout le poids de la lutte devant Orléans. A quoi tient donc cette débandade du 15e corps, qui depuis sa retraite précipitée n'a pas livré un sérieux combat? Quant au 20e corps, je ne puis m'expliquer son désarroi puisqu'il n'a pas encore brûlé une amorce. Vous avez le devoir de relever toutes ces défaillances par votre fermeté. Prenez toutes les mesures de salutaire rigueur pour arrêter ce dangereux courant. Vous devez avoir à cœur de rivaliser avec Chanzy et de prendre part à ses glorieuses fatigues.

Nous ne connaissons pas assez les conditions de vos troupes et les forces qui vous avoisinent, pour pouvoir vous donner en ce moment un ordre précis, mais je sais bien que si j'étais à votre place je rallierais immédiatement mes trois corps, je châtierais les bandes qui se sont dirigées sur Vierzon, et qui ont compté beaucoup plus sur l'imagination de vos troupes que sur leurs propres forces, pour refouler votre armée. Je repousserais vivement l'ennemi au delà de Salbris, et je dirigerais une forte colonne dans la direction de Blois.

Vous dites vous-même que l'ennemi veut tourner les débris de l'Armée de la Loire. Je voudrais lui prouver que ces débris ne se laisseront pas ainsi jouer et, tant que j'aurais un soldat sur pied, je ne permettrais pas à des troupes aussi peu nombreuses de semer l'épouvante dans la Sologne et de chercher à donner la main au prince Charles pour achever les braves phalanges de Chanzy.

Voilà, général, ce que je ferais. Votre connaissance de la situation et, par dessus tout votre grand cœur et votre courage vous dicteront le plan que vous devez suivre.

Signé : De Freycinet.

19

Bordeaux, 10 décembre 1870, 11 h. 8 soir.

Guerre à général Bourbaki, Bourges
(Copie au général Chanzy, Josnes)

Je reçois à l'instant la dépêche suivante :

Bordeaux, de Nevers.

Inspecteur divisionnaire à directeur général

« Je crois devoir vous communiquer la dépêche ci-dessous venant de Bléneau.

« Briare, Ouzouer, Gien évacués en hâte. Tous les Prussiens descendent sur Orléans répétant : Oh ! Frédéric !!! Tout indique concentration rapide des Prussiens sur Orléans ; prévenez Armée de la Loire, source certaine. »

D'autre part, des dépêches de nos généraux m'informent qu'une colonne de 20,000 hommes environ (j'ai des raisons de la croire moins forte), descendue d'Orléans sur Blois par la rive gauche, cherche à s'emparer de Blois et à tourner l'armée de Chanzy.

Il est donc évident qu'un effort suprême est tenté pour écraser l'armée de Chanzy et que selon toute apparence vous n'avez devant vous que des rideaux.

A moins donc que vous n'ayez la preuve du contraire et que vous ayez la certitude d'être vous-même en présence d'une nombreuse armée, je vous demande, dans l'intérêt commun, de tenter un effort suprême. Laissez à Bourges la partie de vos forces qui est incapable de marcher, et avec toute la partie valide, mettez-vous immédiatement en marche sur Blois de manière à couper court à tout mouvement des Prussiens sur la rive gauche, et à jeter dans le fleuve la partie qui s'y trouve déjà engagée.

Avertissez Chanzy de vos mouvements pour que lui-même, au besoin, se repliant sur Blois, s'il le juge opportun, puisse vous donner la main sur ce point.

Mais il n'y a pas un instant à perdre pour agir, si vous devez le faire.

Signé : De Freycinet.

20

Urgence. Tours et Bourges, de Bordeaux,
11 décembre 1870, 9 h. 30 matin.

Guerre à Gambetta, Tours et Bourges (faire suivre, extrême urgence)

J'ai reçu cette nuit, du général Bourbaki, la dépêche suivante que, vu son importance, je crois devoir vous transcrire en entier :

Bordeaux, de Bourges, 10 décembre, 8 h. soir.

Le général Bourbaki à guerre, Bordeaux

Rallier mes trois corps d'armée, c'est ce que j'ai cherché à faire en venant à Bourges. J'espère que cette opération sera terminée

19

demain. Résister à une avant-garde pour reculer le jour suivant devant le corps entier n'est pas une victoire. Si je marchais en ce moment sur Blois, vous ne reverriez probablement pas un seul des canons ni des hommes composant les trois corps dont vous m'avez prescrit de diriger les mouvements. Chanzy a peut-être devant lui une partie de l'armée du prince Frédéric-Charles, mais il est certain que j'en ai une autre partie devant mon front et sur mon flanc gauche ; en outre, un corps de 15,000 hommes menace Nevers.

Si vous voulez sauver l'armée, il faut la mettre en retraite ; si vous lui imposez une offensive qu'elle est incapable de soutenir dans les conditions actuelles, vous vous exposez à la perdre.

Dans le cas où votre intention serait de prendre ce dernier parti, je suis si profondément convaincu des conséquences pouvant en résulter, que je vous prierais de confier cette tâche à un autre.

Un mouvement tournant bien dirigé contre nous occasionnerait actuellement un désastre. Je le répète encore, c'est ce que l'ennemi cherche à faire depuis qu'il a percé le centre de l'Armée de la Loire et pu franchir le pont d'Orléans, non avec des bandes, mais avec des forces bien organisées. Les armées du prince Frédéric-Charles, du duc de Mecklembourg et du général Werder comptent plus de 20,000 hommes opérant dans les directions de Bourges, de Blois et de Nevers. C'est le double de ce que nous pouvons supporter.

Je vous dis encore que vous vous faites illusion et sur le nombre et sur la qualité des soldats que nous leur opposons. En raison de nos marches incessantes, je n'ai pas encore pu faire un appel sérieux ; mais le nombre des hommes de troupe et des officiers de garde mobile qui ne sont plus à leur poste est considérable. Ceux qui se trouvent dans les rangs ont peu de valeur pour la plupart. Vous aviez annoncé l'envoi d'un intendant en chef, je ne l'ai jamais vu.

Vous ne répondez pas à la proposition que je vous ai soumise de me retirer sur Saint-Amand, et plus loin au besoin, afin de refaire l'armée, si l'ennemi se trouve ainsi obligé de me laisser quelque répit. C'est cependant ce que j'ai l'intention de faire, car nos hommes arrivent ici bien péniblement.

Je crains que les Prussiens ne m'en laissent pas le temps, et que je sois obligé de recevoir le combat demain ou après-demain ; car, d'Orléans et de Nevers, on se rend plus promptement d'Orléans à Bourges qu'on ne peut le faire de Gien à Bourges, ces deux dernières villes n'étant pas reliées directement entre elles par voie ferrée, comme les premières.

Le général Billot sera demain à ma hauteur. Les corps connus qui tâchent de nous envelopper pour nous jeter dans la souricière de Bourges comptent un effectif d'environ 70,000 hommes. Le général Borel et tous les commandants de corps d'armée sont d'avis que nous ne sommes nullement en forces. En conséquence, si l'ennemi m'en laisse le temps, je commencerai ma retraite vers 4 ou 5 heures du soir.

Signé : Général Bourbaki.

En présence de cette dépêche, qui répond à mes instances les plus pressantes, il m'est impossible de donner à Bourbaki un ordre formel de marche. La personnalité militaire qu'on lui a faite m'interdit de provoquer sa démission sur une semblable question.

Vous seul, comme membre du Gouvernement, avez qualité pour pousser la chose plus loin, si vous le jugez utile. Je me borne, quant à moi, à confirmer à Bourbaki les renseignements qui tendent à prouver qu'il est dans l'erreur sur le chiffre des forces qui l'environnent, et je lui exprime mes amers regrets de son inaction.

Signé : De Freycinet.

21

Extrême urgence. Bourges et Josnes, de Bordeaux,
11 décembre 1870, 10 h. 40 matin.

Je reçois de Prémery (1) dépêche suivante :

Colonel commandant les forces de l'Yonne à ministre guerre,
à Bordeaux

Briare, Ouzouer, Gien, évacués précipitamment par ennemi. Tout annonce concentration Prussiens sur Orléans. Ces renseignements, pris dans la Puisaye, paraissent certains.

Signé : Colonel Pale.

Cette dépêche et plusieurs autres dans le même sens ne me laissent aucun doute sur le fait que vous n'avez devant vous que des rideaux.

___

(1) 24 kilomètres au N.-E. de Nevers.

Je ne puis vous donner l'ordre formel de marcher, parce que je ne suis ni ministre, ni général, et que si par une cause quelconque il vous arrivait un échec, vous en attribueriez toute la responsabilité à mon ingérence. Mais je sens bien que je suis dans le vrai en vous conseillant une marche sur Blois, non avec toutes vos forces, mais avec celui de vos corps qui voudra marcher. Il doit se trouver autour de vous un général qui consentira à se dévouer pour marcher au secours de Chanzy, ne fût-ce qu'avec une colonne de 15,000 hommes choisis.

Interrogez vos officiers généraux et, si l'un deux veut accepter cette mission, permettez-lui de l'accomplir. Faites qu'on ne puisse pas dire un jour qu'une armée française a laissé écraser une autre armée française dans son voisinage. Je m'attends à ce que Gambetta, qui va à Bourges, vous tiendra le même langage.

Signé : De Freycinet.

22

Bordeaux, 11 décembre 1870, 12 h. 35 matin.

Guerre à général Bourbaki, Bourges, et à général Chanzy, Josnes

En présence de votre dépêche de ce soir (10 décembre), huit heures, par laquelle vous déclarez que si vous marchiez sur Blois nous ne reverrions ni un de nos hommes, ni un de nos canons, il est évident que je ne puis pas insister pour vous faire prendre une offensive quelconque.

Quant à vous dire jusqu'à quel point vous devez vous replier pour refaire votre armée, je ne puis vous répondre, et je dois vous en laisser juge, tant les conditions dans lesquelles paraissent se trouver vos troupes sont exceptionnelles.

Toutefois, avant de prendre une résolution définitive et abandonner absolument toute offensive, je vous engage à méditer les renseignements que je vous ai transmis ce soir, desquels il résulterait que vous avez affaire à bien moins de 70,000 hommes.

En tous cas, je vous invite à télégraphier vos mouvements à Chanzy, à Josnes.

Signé : De Freycinet.

23

Bordeaux, 11 décembre 1870, 5 h. 45 soir.

Guerre à général Bourbaki, Bourges

Je vous envoie, à titre de renseignements, comme indication, les dépêches que je reçois :

. . . .

. . . .

Tours et Bordeaux, de Saint-Aignan.

Employés de Saint-Aignan à division générale

« Les Prussiens viennent de s'emparer de la gare de Selles-sur-Cher et marchent, dit-on, en nombre sur Saint-Aignan.

« Nous nous sommes mis à la disposition du colonel Cathelineau. »

Signé : De FREYCINET.

24

Général Chanzy à généraux et préfets, au Mans et à Tours

Château des Noyers, 13 décembre 1870.

Mon armée a achevé aujourd'hui son mouvement de retraite sans être inquiétée. Blois, évacué hier à 2 heures par le général Barry, n'était pas occupé ce matin à 6 heures. Je crois l'ennemi moins nombreux et moins menaçant qu'on ne le dit sur les deux rives de la Loire.

Je ne m'explique pas la panique de Tours. Les renseignements que vous me donnez sont fort vagues. Tâchez de les vérifier ; ceci est de la dernière importance.

Signé : CHANZY.

25

Général Chanzy à guerre

Vendôme, 13 décembre 1870.

Mon mouvement de retraite sur Vendôme s'est achevé aujourd'hui sans avoir été inquiété. Je m'établis ici sur de bonnes positions. Je donne l'ordre au général Barry, qui s'est replié prématurément sur Saint-Amand, d'y rester et d'y tenir. On dit l'ennemi peu en forces à Chartres ; Dreux serait évacué ; personne à La Loupe et à Bretoncelles. Rien ne m'obligeant à hâter mon mouvement sur Le Mans, je reste ici, persuadé que tout en s'y reposant, mon armée sera encore une menace qui peut rendre l'ennemi hésitant pour ses opérations au-dessous de Blois. Je le crois peu en forces sur les deux rives. La démonstration sur Vierzon est de plus en plus nécessaire et facile.

La panique qui se produit à Tours, où l'administration du chemin de fer évacue son matériel, où les employés du télégraphe ont abandonné leur poste, est des plus intempestives et des plus regrettables. Aucun des renseignements que je reçois des préfets n'est contrôlé, tous sont exagérés. Je crains qu'on ne fasse sauter tous les ponts sur le reste de la Loire.

Signé : CHANZY.

26

Rapport du général Barry au général Chanzy

Château de la Noue, Saint-Amand,
15 décembre 1870.

Mon Général,

Les troupes ennemies, qui s'avançaient par la rive gauche de la Loire, ayant culbuté, le 9 décembre dans la soirée, à Chambord, les troupes de la division Morandy, 3e du 16e corps, il était évident que la ville de Blois allait devenir l'objet de leurs tentatives. Avant tout, il fallait empêcher de franchir la Loire sur les derrières de l'armée du Centre-Ouest, dont l'aile droite, appuyée à Mer et à Beaugency, tomberait infailliblement si l'ennemi passait sur la rive droite, amenant peut-être ainsi la perte de l'armée.

Les forces de l'ennemi, d'après plusieurs enseignements concordant ensemble, devaient, à ce moment, se composer d'un corps d'avant-garde de 4 régiments d'infanterie de Hesse, 32 escadrons de cavalerie légère ou uhlans, et 36 bouches à feu, dont le tiers du calibre de 6, et le reste du calibre de 4.

Ces forces, placées, dit-on, sous le commandement du grand-duc de Hesse-Darmstadt, flanquaient et éclairaient des masses plus considérables qu'on disait commandées par le prince Frédéric-Charles, et dont la direction présumée était Saint-Aignan, sur le Cher.

L'échec de Chambord jeta une telle panique dans la ville de Blois, où je n'étais point encore arrivé, que tous les convois, une grande partie des troupes d'artillerie et d'infanterie évacuèrent en désordre la ville, se dirigeant sur Château-Renault, et l'ennemi y serait entré, sans coup férir, si le général Peitavin, décidé à gagner Mer avec ses troupes, après qu'il eût été décidé que la ville ne se défendrait pas, n'avait pris la résolution, malgré la vive opposition des habitants et de l'autorité civile, de faire sauter le pont. J'arrivai à ce moment à Blois, seul de ma personne, et j'y ralliai quelques centaines d'hommes de ma division. D'un autre côté, j'approuvai la mesure que se proposait de faire exécuter le général Peitavin et, d'accord, nous décidâmes que le feu serait mis aux fourneaux de mine qui devaient faire sauter une arche du pont, le matin avant le jour.

Les préparatifs de l'opération exigèrent de 3 à 4 heures. Le feu fut mis vers 7 heures du matin, et l'arche minée s'écroula tout entière dans le lit de la Loire, interrompant ainsi les communications entre les deux rives sur un espace de 10 mètres.

La journée se passa à reconstituer, avec les éléments de toute nature qui composaient la garnison de la ville, quelques troupes à peu près organisées afin de pouvoir faire une défense vigoureuse contre toute tentative de rétablissement du pont. Effectivement, dès 2 heures de l'après-midi, tandis que de nombreux cavaliers ennemis se montraient dans les prairies entre Montlivault et Saint-Claude, une batterie échangeait des projectiles avec une de nos batteries installées à la Chaussée-Saint-Victor ; plusieurs obus atteignaient la ville de Blois. En même temps, les tirailleurs que j'avais placés le long du quai échangeaient une fusillade assez nourrie avec les tirailleurs ennemis, fusillade que je dirigeai moi-même (1). . . . .

. . . .

. . . . . Le drapeau parlementaire fut hissé à la mairie, malgré mes protestations et mes menaces ; le feu cessa.

Il était environ 4 heures lorsque je fus informé de la présence de M. Gambetta à l'hôtel de la préfecture ; je m'y rendis et, d'accord avec le ministre, dont je reçus les ordres, je me déterminai et m'engageai solennellement à opposer la plus vive résistance à l'ennemi

____

(1) Le passage qui suit n'a pas été reproduit par le général Chanzy qui donne ce document dans son ouvrage : *La Deuxième Armée de la Loire* (annexes).

s'il essayait de forcer le passage de la Loire à Blois, soit en rétablissant le pont, soit en lançant un pont de bateaux dans les environs. Sur ces entrefaites, l'ennemi m'ayant fait connaître qu'il commencerait le bombardement de la ville à 6 heures 25 minutes du soir, n'accordant que 25 minutes pour faire sortir les femmes et les enfants, je pris immédiatement toutes les mesures pour riposter à son attaque, avec les éléments dont je disposais.

Je fis garnir le quai, à droite et à gauche du pont, par une longue chaîne de tirailleurs embusqués derrière le parapet, en plaçant des réserves dans les rues parallèles au lit du fleuve et en occupant les maisons voisines du pont, de manière à résister à toute attaque de vive force ; en même temps, j'ordonnai la construction d'épaulements pour recevoir 4 pièces de 12 sur la terrasse de l'évêché. D'autres épaulements furent ordonnés sur la gauche des premiers.

Le bataillon et une batterie furent postés à la Chaussée-Saint-Victor.

Cependant l'ennemi, malgré ses menaces, n'ouvrit point le feu et me permit, pendant la nuit du 10 au 11, malgré un froid intense qui gelait la terre à une grande profondeur, d'exécuter mes travaux de défense. On parlementa le 11, sur la demande des Prussiens, au sujet des établissements à respecter, de la circulation des trains sur le chemin de fer ; je déclarai catégoriquement, en présence du préfet et du maire, que si la ville était attaquée, je me défendrais.

Les choses en étaient là lorsque, dans la nuit du 11 au 12, un télégramme du général Chanzy, daté du 11, à 8 heures du soir, vint m'annoncer que l'armée avait commencé son mouvement de retraite ce jour-là et que, par suite, Mer étant au pouvoir de l'ennemi, Blois pouvait s'attendre à être attaqué de ce côté, c'est-à-dire à la fois par la rive gauche et par la rive droite. Il m'était en même temps prescrit de défendre Menars, de tenir le plus longtemps possible dans Blois et, si j'y étais forcé, de me replier sur Amboise pour gagner de là Château-Renault, Montoire et Saint-Calais.

Cet événement renversait de fond en comble les conditions de la défense de Blois : l'ennemi étant maître de la rive droite, l'objet de ma mission à Blois se trouvait annulé. D'un autre côté, la défense de Menars était impossible parce que les batteries prussiennes, établies sur la rive gauche, prenaient cette position en écharpe et à revers ; Blois, ville ouverte, allait être cernée. Ma retraite sur Amboise n'était pas possible parce que la route, sur la rive droite, était complètement sous le feu des batteries prussiennes élevées de l'autre côté.

Dans cette situation, je crus devoir réunir un conseil de défense composé des généraux Peitavin, Michaud, de Landreville, des commandants du génie et de l'artillerie, du préfet et du sous-intendant militaire Guillemin. J'exposai l'état des choses, je donnai connaissance de la dépêche du général Chanzy, et j'invitai chacun à donner son avis sur les mesures à prendre.

Je joins ici le procès-verbal de la délibération et des conclusions adoptées par ce conseil :

Général Barry au général Chanzy, à Talcy, par Marchenoir

Blois, 12 décembre 1870, 1 h. du matin.

Voici ce qui vient d'être décidé au conseil composé des généraux Barry, Peitavin, Michaud, de Landreville, du colonel du 33e de marche, en présence du préfet et de l'intendant Guillemin :

Dès le moment où Blois est découvert du côté de Mer, sur la rive droite, et s'attend à chaque instant à une attaque par la rive gauche, vu la composition hétérogène des corps, fractions et détachements isolés qui constituent sa force armée, la position n'est plus défendable et il y a lieu de ne pas attendre, s'il est possible, l'attaque de l'ennem venant de Mer.

En conséquence, demain, de bonne heure, je fais partir tous mes *impedimenta*, en les dirigeant sur Saint-Amand ; j'écris au général Morandy de s'y rendre et je compte, avec le gros de mes forces, me mettre en marche, à la nuit tombante, pour gagner Herbault et Saint-Amand, la ligne d'Amboise ne pouvant être suivie parce qu'elle se trouve sous le feu des batteries ennemies de la rive gauche. Si Blois est attaqué demain par la rive gauche, comme je m'y attends, je résisterai énergiquement.

Signé : Barry.

J'adressai copie de ce procès-verbal au général Chanzy. Je joins également copie de la réponse que je reçus à cette notification :

Général Chanzy à général Barry, à Blois

J'ai reçu votre dépêche du 12, 2 heures du matin. J'approuve ce qui a été décidé en conseil de défense de Blois. Faites tous vos efforts pour tenir à Blois, *le plus tard possible*, comme vous me le dites, et dirigez-vous ensuite sur les points que vous m'indiquez. Prévenez le général Morandy, en lui donnant l'ordre de quitter Amboise, de manière à se joindre à vous, au point que vous lui aurez fixé.

Signé : Chanzy.

Je ne pouvais songer à attendre l'attaque de l'ennemi par la rive droite puisque la défense de ce côté était prise à revers par la rive gauche. L'attaque de front aurait lieu en même temps, la ville serait bombardée inutilement. Je serais cerné, et coupé de ma ligne de retraite, lors de ma défense, par l'ennemi se portant de Mer à Herbault par la Chapelle-Vendômoise, ce qu'il fit en effet le lendemain.

En conséquence, et ma conduite ayant reçu l'approbation du général Chanzy, je fractionnai tous les corps et débris de corps dont je disposais en deux brigades, l'une sous mon commandement, l'autre sous celui du général Peitavin, la brigade de Landreville devant protéger la retraite. Je rassemblai ces troupes en bon ordre à l'entrée de la forêt de Blois. Je laissais à Blois, vers le pont, une solide arrière-garde pour dissimuler mon mouvement à l'ennemi jusqu'à la nuit close, et s'opposer à toute tentative de passage. Je prévins le préfet de mon mouvement qu'il approuva, je lui fis admettre qu'il devait s'opposer à toute capitulation et passage sur la rive droite, au moins jusqu'à ce que ma retraite fût bien assurée, et je me mis en marche pour Herbault et Saint-Amand vers deux heures, sur deux colonnes, m'attendant à être attaqué sur mon flanc droit et sur mes derrières par des avant-gardes prussiennes, Mer étant ouvert à l'ennemi depuis le 11, et mon mouvement s'effectuant le 12, dans la soirée. J'arrivai à Saint-Amand dans la nuit du 12, et je m'y établis.

Telles sont, mon général, les circonstances qui ont précédé, accompagné et suivi l'évacuation de Blois. Je dois ajouter que pas un Prussien n'est passé de la rive gauche sur la rive droite en face de Blois, et que ce sont les troupes mêmes de Mer qui ont fait leur entrée dans la ville.

Le général de division,
Signé : Barry.

P. S. — En admettant que je fusse resté plus longtemps à Blois, je n'empêchais en aucune façon le corps ennemi venant de Mer de se porter vers Pontijou, sur les derrières de l'armée.

27

*Extrait de « la Deuxième Armée de la Loire », par le
général Chanzy, pages 196-198 :*

« Le général Barry, qui entendait depuis deux jours le canon dans
la direction de Vendôme, n'était pas sans inquiétude sur sa position
(à Saint-Amand), qui lui paraissait compromise, si l'ennemi venait à
dépasser la route de Tours, qu'il gardait, en se portant sur Montoire
et Château-Renault.

« Il télégraphiait successivement au général en chef :

Dans l'après-midi du 15 décembre :

Des renseignements certains m'annoncent qu'une colonne prussienne d'environ 20,000 hommes, précédée d'une avant-garde de
3,000 hommes, campée en avant d'Herbault, doit occuper aujourd'hui
les communes suivantes : Landes, Françay, Herbault ; ces déclarations sont affirmées par le maire de Françay.

A 7 heures du soir :

Je sais, de source certaine, que l'ennemi est maître de la route de
Tours à Vendôme, aux environs de cette dernière ville. D'un autre
côté, il opère en ce moment un mouvement tournant d'Herbault sur
Château-Renault, pour nous couper de Montoire. Si je ne puis me
replier ni sur Herbault, ni sur Montoire, je vous demande ce que je
dois faire.

Enfin, à 9 heures du soir :

L'ennemi a fait aujourd'hui une démonstration sur Saint-Amand, et
je crois être certain qu'il a fait filer une colonne d'infanterie, artillerie
et cavalerie d'Herbault sur Château-Renault..... Ma dépêche précédente vous annonçait déjà que les Prussiens interceptaient la route
entre Saint-Amand et Vendôme. Je suis donc tourné de ce côté ; je
vais l'être du côté de Château-Renault et ensuite de Montoire. Toute
ma défense à Saint-Amand repose sur la possession de la route de
Tours à Vendôme, et cette route ne m'appartient plus, puisqu'elle
est à l'ennemi sur mes deux flancs. Il est urgent de prendre un
parti et au plus vite. Je ne ferai rien sans vos ordres. Je m'attends à
être attaqué demain sur mon front et sur mon flanc. »

Signé : BARRY.

Le général en chef le rassurait en lui répondant successivement :

Le 15 décembre, au matin :

J'ai lieu de croire que vous n'avez pas grand monde devant vous ; exigez que tous vos avant-postes tiennent contre les uhláns. Votre mission est de couvrir le pays entre Vendôme et la Loire ; vous n'auriez à vous replier sur la rive droite du Loir que si l'armée se mettait en retraite sur Le Mans et quittait les positions qu'elle occupe actuellement.....

Un peu plus tard :

D'après le rapport des reconnaissances, il ne se dirigerait sur Saint-Amand que 7,000 ennemis et très peu d'artillerie ; l'effort principal paraît devoir être sur Vendôme, par la route de Blois. Exigez donc de tous vos postes qu'ils tiennent, sans admettre qu'ils puissent se replier. Quant à vous, n'abandonnez à aucun prix Saint-Amand, et tâchez, au contraire, de surprendre l'ennemi dans son mouvement, s'il accentue de votre côté une marche qui ne peut être qu'une démonstration.

A 8 heures du soir :

L'ennemi, à la fin de la journée, a effectivement accentué un mouvement en arrière de Sainte-Anne, dans la direction de Villerable. Faites-vous éclairer fortement sur votre gauche, je compte encore que nous pourrons tenir ici. Dans tous les cas, si vous appreniez, à n'en pas douter, que vous êtes coupé de Vendôme, il vous resterait toujours une retraite facile sur Montoire (que je fais garder) par Ambloy, Sasnières et un pays facile à défendre, entre les deux grands ravins qui sont à l'est et à l'ouest de la forêt de Prunay. Là, en vous retirant avec ordre, il vous serait toujours possible de maintenir l'ennemi sans être entouré. Vous auriez enfin, si vous étiez pressé de trop près, les routes qui aboutissent aux divers ponts du Loir, au-dessous de Montoire.

Enfin, dans la nuit du 15 au 16 :

Je maintiens les ordres que je vous ai donnés ; ne faites rien avant la certitude d'un danger qui ne peut vous être donné que par l'attaque de l'ennemi. Ne vous mettez en retraite que si vous êtes attaqué sérieusement. Il importe plus que jamais que vous résistiez le plus possible. En veillant bien, vous aurez toujours vos derrières libres et je vous ai indiqué vos lignes de retraite. L'ennemi a souffert de ce côté ; il se peut qu'il soit moins entreprenant demain.

Signé : CHANZY.

28

Général Bourbaki à général Chanzy, à Vendôme (faire suivre)

Mehun-sur-Yèvre, 16 décembre 1870, 11 h. 45 matin.

Vous exprimez le regret que je ne vous vienne pas en aide. Songez que mon secours ne saurait être immédiat, qu'il me faudrait huit jours au moins pour vous rejoindre ; marcher de Bourges sur Blois, alors que mes éclaireurs se rencontrent journellement avec l'ennemi à Theillay, à Neuvy-sur-Barangeon et à La Chapelle-d'Angillon, serait commettre une fausse manœuvre que le prince Charles me ferait expier sans profit pour vous. Je prêterais le flanc à l'ennemi, cheminant entre la Loire et le Cher et adossé à cette dernière rivière.

Vous pouvez, au contraire, en vous repliant, si c'est nécessaire, ne pas cesser d'avoir votre ligne de retraite assurée et réclamer le concours de l'armée du Mans.

Si un mouvement dans l'Ouest est jugé nécessaire, je l'exécuterai volontiers, mais en suivant la rive gauche du Cher ; ce sera le seul moyen de rendre votre position possible.

Signé : BOURBAKI.

Extraits du « Recueil complet des dépêches militaires allemandes pour servir à l'histoire de la guerre 1870-1871 »

(A. Lacroix, Verbœckhoven et Cie, éditeurs, 13, B^d Montmartre, 1871)

29

Versailles, 13 décembre 1870.

Blois a été occupé par nos troupes le 13.

Signé : De PODBIELSKI.

30

Versailles, 11 décembre 1870.

Des fractions du IX⁰ corps d'armée ont rencontré, le 9, à Montlivault, dans le voisinage de Blois, une division ennemie dont l'attaque a été vigoureusement repoussée.

L'aile gauche de notre corps a délogé l'ennemi de Chambord où un bataillon hessois a conquis cinq canons.

Le III⁰ corps d'armée poursuivait, le 8, l'ennemi qui, près de Nevoy, avait été battu, au delà de Briare.

Signé : De PODBIELSKI.

31

Versailles, 20 décembre 1870.

Sur la Loire, les colonnes de l'aile gauche ont continué, le 20, leur marche sur Tours, celles de l'aile droite leur marche sur Le Mans. Sur la route d'Orléans à Blois nous avons trouvé plus de 6,000 blessés français que leur armée a abandonnés sans aucun secours médical.

Signé : De PODBIELSKI.

32

Versailles, 30 janvier 1871.

A Blois, le colonel de Bulow a brûlé, le 28, le pont de la Loire, l'ennemi s'étant présenté sur la rive gauche pour attaquer la ville. Le 29, l'ennemi s'est retiré dans la direction du sud.

Signé : De PODBIELSKI.

ANNEXE

II

Circulaires, Dépêches, Avis
publiés à Blois
Août 1870 — Mars 1871

33

PRÉFECTURE DE LOIR-ET-CHER

Dépêche télégraphique officielle

Tours, 17 septembre, 1 h. matin.

*Le Ministre de l'Intérieur aux préfets, sous-préfets
et au gouverneur de l'Algérie*

. . . .

Le mouvement des corps prussiens autour de Paris semble se dessiner très nettement. Leur tête de colonne enveloppe tout le côté est de la capitale, depuis le chemin de fer du Nord qui est coupé à Pontoise, jusqu'au chemin de fer d'Orléans que l'ennemi a coupé à Juvisy.

La garde nationale mobile et l'armée se montrent pleines de confiance ; la résolution de la population parisienne est admirable.

Vous lirez demain, dans le *Journal Officiel* les lois suivantes :

1° Une loi qui appelle les électeurs à renouveler, le 25 de ce mois, les municipalités et qui donne aux conseils municipaux l'élection des maires et adjoints ;

2° Une loi qui fixe les élections pour l'assemblée constituante au 20 octobre ;

3° Une loi qui ordonne l'élection des officiers de la garde nationale mobile d'après les règles suivies pour l'élection des officiers de la garde nationale sédentaire de Paris.

Vous trouverez également dans le *Journal Officiel* une note qui établit nettement qu'il n'y a aucune sorte de relation officieuse ou semi-officieuse entre l'*Électeur libre* et aucun membre du gouvernement.

Pour copie conforme :

Le préfet de Loir-et-Cher,

Signé : Alph. Lecanu.

34

Derniers renseignements

Paris, 22 septembre 1870.

Le Ministre de l'Intérieur aux préfets

La garnison de Strasbourg a fait une sortie dans la nuit du 13 au 14. Les tranchées ont été surprises. Le 3e de ligne badois et un régiment wurtembergeois ont été abîmés. Dans la nuit du 17 au 18, assaut repoussé avec pertes énormes des assiégeants.

République proclamée à Strasbourg. Enthousiasme.

Pour copie conforme :

Le préfet de Loir-et-Cher,

Alph. Lecanu

35

Renseignements donnés ce matin (23 septembre) à 9 h. 45, par les employés de Pithiviers

Nous partions, quand Prussiens entraient par bout de rue opposée ; sauvés à Orléans, grâce vigueur de nos chevaux.

Douze à quinze mille Prussiens, cavalerie, 20 canons, cherchant à se diriger sur Orléans, descendant par route d'Étampes, par Toury, sur Orléans.

Partie du corps Frédéric-Charles coupé par Vinoy.

Ennemi entré à cinq heures et demie matin. Dragons 7, ligne 5. Le maire, après un long entretien, les a logés courtoisement. A 7 heures sont partis.

Colonel hussards français prévient aussi que l'ennemi était à quelques kilomètres de Toury avant-hier.

Pour copie conforme :

Le préfet de Loir-et-Cher,

Alph. Lecanu.

35 *bis*

COMITÉ DE DÉFENSE DE BLOIS

Renseignements fournis par la préfecture d'Orléans aux délégués de Blois (sous toutes réserves)

26 septembre 1870.

A Sougy, près Patay, on a vu cent uhlans vers 3 heures du soir.

M. Rivet, capitaine des sapeurs-pompiers de Patay, va aux informations à Sougy ; les Prussiens l'ont fait prisonnier et lui ont promis la liberté après un ordre du quartier-général.

Dépêche au prince Albert et à son état-major.

A sa lecture, tous les officiers éprouvent une impression fâcheuse ; le corps d'armée abandonne Thivernon et les environs, et se replie sur Toury.

M. Rivet, par suite du prompt départ des Prussiens, se trouve libre ; il dit avoir vu 40 ou 50 uhlans à Artenay.

Rentré chez lui, donne ordre à ses charretiers de suspendre tout départ de son matériel et de ne rien éloigner.

Dans l'affaire du 26 (1), entre Artenay, Chevilly, etc., quatre escadrons du 6ᵉ dragons ont été cernés par les Prussiens ; la garde mobile du Loiret est venue à leur secours et a obtenu un succès complet pour nos armes.

La conduite des mobiles dans cette affaire est digne d'éloges.

____

(1) Engagement de la Croix-Briquet.

Les turcos, surpris à leur tour, ont été dégagés par ces quatre escadrons de dragons qui avaient été secourus par les mobiles.

27 septembre 1870.

Conseil de guerre tenu à la préfecture, trois généraux y assistaient : décision prise de se retirer sur Beaugency.

36

RÉPUBLIQUE FRANÇAISE

PRÉFECTURE DE LOIR-ET-CHER

Dépêche télégraphique

Tours, 11 h. 52 soir.

Directeur général à préfet et général, à Blois

Renseignements transmis par Voves :

Voves, 27 septembre 1870.

Le prince Albert a quitté Thivernon et est actuellement à Toury. Son avant-garde de 600 hommes et 800 chevaux, annoncée ce matin par une dernière dépêche, est à Janville, au Puiset.

Vingt-cinq hommes et vingt-cinq chevaux sont venus. Trois officiers ont descendu jusqu'à Allaines, à 18 kilomètres de Voves. Je pense que le prince Albert suivra la route d'Allaines à Ablis pour rejoindre son armée sous Paris, sur la ligne de Paris-Vendôme.

Ennemi concentré à Souchamp, entre route d'Ablis, Saint-Arnoult, Rambouillet.

Vingt Prussiens parus à Ablis.

37

Tours, 27 septembre 1870.

Directeur général à général de Saint-Olhès (sic) (1) ou au général, à Blois

Avis de Voves :

Chef de gare de Toury apporte les renseignements suivants :
Prince Albert a couché nuit dernière dans la ferme d'Abouville, à

---

(1) de Polhès.

500 mètres de Thivernon ; son avant-garde s'est repliée de la Croix-Briquet, hameau entre Chevilly et Artenay, vers Toury.

Cinquante hommes de cette avant-garde se sont dirigés vers Janville, à 24 kilomètres de Voves, pour y préparer logements pour cinq à six cents hommes. Le prince Albert aurait avec lui de l'artillerie ; le prince Frédéric-Charles ne l'accompagnerait pas.

Pour copie conforme :

Le préfet de Loir-et-Cher,
Alph. Lecanu.

38

RÉPUBLIQUE FRANÇAISE

PRÉFECTURE DE LOIR-ET-CHER

Dépêche télégraphique

Orléans, 28 septembre 1870, 9 h. 55 soir.

Préfet du Loiret à préfet de Loir-et-Cher

Orléans très tranquille.

La panique d'hier est due à des renseignements accueillis avec précipitation par l'autorité militaire.

Affaires partielles sans importance, mais avec succès pour nos armes.

Les Prussiens paraissent remonter sur Paris.

Pour copie conforme :

Le préfet de Loir-et-Cher,
Alph. Lecanu.

39

RÉPUBLIQUE FRANÇAISE

COMITÉ DE DÉFENSE DE BLOIS

Renseignements fournis par la préfecture d'Orléans aux délégués de Blois (sous toutes réserves)

28 septembre 1870.

Un officier de la ligne fait connaître, à 7 heures 1/2 du matin, à M. le préfet d'Orléans, qu'il y avait encore dans la forêt de Cercottes 650 chasseurs de Vincennes.

Ces troupes, ainsi que 850 hommes de troupes de ligne, ont été prévenues par le préfet de rejoindre leurs corps.

Orléans tranquille, pas de Prussiens aux environs, chemin de fer reprenant son service.

40

RÉPUBLIQUE FRANÇAISE

PRÉFECTURE DE LOIR-ET-CHER

Dépêche télégraphique (sous toutes réserves)

28 septembre 1870.

De Tours :

Tous les jours, il passe à Manchecourt des charretiers et des détachements de cavalerie se dirigeant sur Pithiviers.

De La Ferté-Saint-Aubin :

On annonce que les Prussiens ont évacué Pithiviers ; cinq à six traînards seuls étaient encore à Chevilly ce soir ; le reste s'est replié sur Toury.

De Tours :

Le courrier de Bellegarde a pénétré aujourd'hui à Pithiviers ; la ville est évacuée par les Prussiens, qui sont actuellement sur la route d'Étampes. L'ennemi se replierait sur Paris.

De Beaugency :

Les communications télégraphiques pour Orléans sont reprises. La nouvelle de la retraite des Prussiens sur Paris paraît fondée.

De Chartres :

L'ennemi se montre en forces majeures à Voves, où ils ont brisé le télégraphe et imposé une réquisition. Un autre détachement s'est montré à Bonneval. Dreux est aussi menacé.

De Châteaudun (11 h. soir) :

120 Prussiens sont signalés à Bonneval, 150 autres viennent sur Châteaudun. La garde nationale va à la rencontre de l'ennemi, qui arrive par la route de Toury.

Pour copie conforme :

Le préfet de Loir-et-Cher,

Alph. Lecanu.

41

RÉPUBLIQUE FRANÇAISE

PRÉFECTURE DE LOIR-ET-CHER

—

Dépêche télégraphique (sous toutes réserves).

29 septembre 1870.

De Brou :

Arrivés à Brou, on nous annonce que les Prussiens, qui avaient paru à Voves et au Gault-Saint-Denis, se sont repliés aujourd'hui sur Artenay.

De Tours :

Rambouillet a été évacué par les Prussiens ; renseignement certain ; on croit qu'ils se dirigent sur Voves pour tourner Chartres.

D'Orléans :

On télégraphie de Beaune-la-Rolande que l'ennemi est rentré à Pithiviers. On signale 500 Prussiens à Garville. Les gardes nationaux des environs se portent à leur rencontre.

Pour copie conforme :

Le préfet de Loir-et-Cher,

Alph. LECANU.

—

42

RÉPUBLIQUE FRANÇAISE

—

PRÉFECTURE DE LOIR-ET-CHER

—

Dépêche télégraphique

Tours, le 1er octobre 1870, 1 h. 30 soir.

Nouvelles de la guerre.

De Nemours on annonce de nombreux corps prussiens remontant vers Châlons avec leur artillerie.

Du côté d'Orléans, l'ennemi n'avance pas. Le prince Albert est à Toury avec un millier d'hommes et canons. A Pithiviers de faibles corps prussiens. Le gros des forces ennemies de ce côté est entre Toury et Patay.....

Les éclaireurs du colonel Mocquart auraient (vers Rouen)..... mis hors de combat 300 Prussiens.

> Epernon, 1er octobre, 10 heures soir (sous réserves).

Au Phalanstère, avant d'arriver à Saint-Léger, des paysans de Bourdonnais, de Condé, d'Adamville embusqués ont foudroyé 14 Prussiens allant de Rambouillet à Saint-Léger, et une seconde fois 14 autres revenant du château de la Boissière.

La route est couverte de sang. Deux Prussiens ont été enterrés immédiatement. On affirme les faits.

. . . .

Pour copie conforme :

Le préfet de Loir-et-Cher, et par son ordre,

Le chef de cabinet,

Signé : Ernest CARTIER.

43

RÉPUBLIQUE FRANÇAISE

—

PRÉFECTURE DE LOIR-ET-CHER

—

Dépêche télégraphique (1)

> Tours, le 2 octobre 1870, 12 h. 20 soir.

Le Ministre de l'Intérieur à MM. les préfets

M. Tissendier, descendu avant-hier en ballon à Dreux, apporte nouvelles de Paris.

Pas d'affaires sérieuses jusqu'au 30 au matin.

Physionomie de Paris excellente ; troupes et gardes mobiles pleins de confiance. Garde nationale prête à tous les sacrifices et animée du plus courageux patriotisme.

---

(1) Cette dépêche produisit à Blois une profonde sensation.

Paris, qui sent sa force, compte sur la province pour harceler incessamment l'ennemi et peu à peu le prendre dans un cercle, afin de l'acculer sur les forts et fortifications où il trouvera bon accueil.

Beauvais est occupé par ennemi. On dit de Gournay qu'on se bat entre Saint-Gennes et route de Beauvais. Mantes envahi par 4.000 Prussiens avec artillerie.

On assure sous-préfet et maire de Rambouillet prisonniers. Quelques Prussiens à Epernon.

Le sous-préfet de Neufchâteau certifie qu'il y a trois jours, cercueil de plomb couvert de drap d'or venant du côté de Paris est arrivé à Toul, reçu par 3,000 Mecklembourgeois qui forment garnison. Prussiens semblaient consternés.

Deux autres cercueils venus depuis.

De Toul, on entendrait depuis trois jours canonnade dans la direction de Pont-à-Mousson.

Général Ulrich arrivé à Tours.

Pour copie conforme :

Le préfet de Loir-et-Cher, et par son ordre.

Le chef de cabinet,

Signé : Ernest CARTIER.

44

Blois, 4 octobre 1870.

On a affiché à Vierzon la dépêche suivante, qui nous est apportée par un voyageur (1).

Gare de Vierzon, 2 octobre.

Première sortie de Trochu : 12,000 Prussiens tués, 8.000 hors de combat, 30,000 Bavarois rendus.

Prince Frédéric-Charles disparu ; prince de Nassau tué par un franc-tireur.

Deuxième sortie : 30,000 Prussiens tués, 20.000 prisonniers, 12.000 Bavarois rendus (2).

Signé : Jules FAVRE.

---

(1) Cette dépêche, extraite de « *l'Impartial du Loiret* », fut imprimée chez M. J. Marchand, imprimeur à Blois, sur une feuille volante qui était distribuée et affichée en ville.

(2) Il s'agit probablement des sorties malheureuses de l'armée de Paris, les 22 et 30 septembre 1870.

45

RÉPUBLIQUE FRANÇAISE

—

PRÉFECTURE DE LOIR-ET-CHER

—

Dépêche télégraphique

Informations diverses données sous toutes réserves

Renseignements de Mer, 4 octobre 1870. — Deux mille Prussiens environ à Pithiviers, dont une partie se détache pour le pillage dans les communes environnantes ; 300 étaient à Boynes où ils ont pu enlever 120 vaches et 8 voitures de provisions de boucherie.

Des reconnaissances parties de nos localités indiquent qu'il n'y a plus de Prussiens à Saint-Péravy, Patay, Sougy, Therminières (1) *(sic)* et Orgères.

D'après les renseignements d'Orléans, Chilleurs et les communes environnantes auraient subi une réquisition de 650 vaches.

Dépêche du Mans, 5 octobre 1870. — La garde nationale levée en masse et les francs-tireurs ont repoussé les Prussiens du côté de Janville (sous toutes réserves).

Pour copie conforme :

Le préfet de Loir-et-Cher,

Alph. LECANU.

46

RÉPUBLIQUE FRANÇAISE

—

PRÉFECTURE DE LOIR-ET-CHER

—

Dépêche télégraphique officielle

Chevilly, 5 octobre 1870, 6 h. 20 soir.

Général Reyau au Ministre de la Guerre, à Tours

Parti aujourd'hui, 5, de Chevilly, à trois heures du matin, je me suis porté en avant, à Toury.

Arrivé, vers sept heures, à 3 ou 4 kilomètres de Toury, devant le

(1) Terminiers,

village de Chaussis, l'escadron du 6e hussards, qui était en avant-garde, a entouré le village, s'est jeté sur les avant-postes ennemis et leur a enlevé cinq prisonniers de régiment royal bavarois.

Les brigades se sont alors déployées pour se porter en avant.

Dans la brigade Resseyre, plusieurs obus sont tombés dans le 9e cuirassiers formé en colonne serrée, et ont atteint 3 hommes et 3 chevaux.

Malgré ces feux le mouvement en avant s'est continué, le village de Toury a été tourné sur la droite par la brigade Resseyre.

La cavalerie ennemie forte de 4 à 5,000 hommes, appuyée par 2,000 hommes d'infanterie, a été obligée de battre en retraite en prenant la route de Paris; nous l'avons poursuivie 3 ou 4 kilomètres en avant de Toury, échangeant encore quelques boulets avec l'ennemi qui se retirait avec beaucoup de rapidité.

J'ai connu à Toury la force exacte de l'ennemi et la présence, depuis 8 jours, du prince Albert, des princes de Saxe-Meiningen et de Saxe-Altenbourg, qui avaient quitté Toury à huit heures du matin, dès notre première attaque. J'ai fait saisir un parc de bestiaux : 148 vaches, 52 moutons réunis par l'ennemi.

Aussitôt que je le pourrai, je vous adresserai un rapport plus détaillé sur cette affaire où chacun a fait son devoir.

Pour copie conforme :

Le préfet de Loir-et-Cher,
Alph. LECANU.

———

47

RÉPUBLIQUE FRANÇAISE

PRÉFECTURE DE LOIR-ET-CHER

Dépêche télégraphique

Gien, 6 octobre 1870.

Général Nansouty au général Polhès, à Orléans

Copie du rapport de l'inspecteur principal de la ligne du chemin de fer : — L'ennemi a abandonné Pithiviers depuis hier soir, paraissant se diriger sur Toury et abandonnant à Manchecourt le bétail requis.

Je suis allé ce matin jusqu'au kilomètre 80,500, sur la ligne de Corbeil, c'est-à-dire à 2 kilomètres en avant de Puiseaux.

Communication de Malesherbes

Pas de renseignements certains sur le combat d'hier, entre Toury et Basoche. On dit Prussiens battus et refoulés sur Étampes avec grandes pertes.

Pithiviers et tout le pays libre.

Prussiens abandonnant grains, fourrages, bestiaux provenant des réquisitions faites.

Communication de Nemours

Renseignements que j'attendais n'arrivent pas. Une personne sûre, qui s'était dirigée sur le lieu du combat, n'est pas encore revenue. Le combat a eu lieu entre Toury et Thivernon et paraît être favorable à nos armes. Melun toujours occupé. Rien de nouveau sur Fontainebleau.

Communication de Malesherbes

6 octobre, 9 heures soir. — Voici renseignements qu'on nous apporte sur le combat d'hier :

Troupes ennemies engagées, 12,000 environ.

Prussiens auraient 2,500 hommes hors de combat.

Aurions fait 2,000 prisonniers.

Nos pertes faibles.

Tout le monde dit l'ennemi complètement battu (ces renseignements sous toutes réserves).

Pithiviers est complètement évacué par l'ennemi.

Communication de Bellegarde

Un voyageur dit qu'aux environs d'Artenay cinq ou six escadrons prussiens ont été battus. Leurs réquisitions très importantes auraient été reprises. Engagement aux environs de Pithiviers avec francs-tireurs et troupes de ligne qui auraient avantage. Estafette prussienne arrivée hier, 5 octobre, à 3 heures, à Pithiviers qui a été aussitôt complètement évacué. Par suite du départ précipité, l'ennemi a abandonné à Pithiviers une douzaine de vaches et toutes ses réquisitions.

A Manchecourt, on dit qu'à Toury les Prussiens auraient été rejetés sur Neuville. Je garantis l'exactitude de la nouvelle évacuation de Pithiviers.

Communication de Bonneval

D'après les renseignements recueillis à Voves, l'ennemi aurait évacué le pays jusqu'au delà de Toury, se repliant sur Étampes. — (Sous toutes réserves).

Pour copie conforme :

Le préfet de Loir-et-Cher,

Alph, LECANU,

48

RÉPUBLIQUE FRANÇAISE

—

PRÉFECTURE DE LOIR-ET-CHER

—

Dépêche télégraphique officielle

Vendôme, 6 octobre 1870, 9 h. 5 soir.

Employés à directeur général, à Tours

Les Prussiens ont été chassés de Janville, Toury et villages environnants. Une vingtaine de prisonniers, dont un courrier du prince Albert.

Enthousiasme croissant. La route de Toury est encombrée de gardes nationaux venus de 40 kilomètres à la ronde.

Dépêche télégraphique officielle

Montargis, 6 octobre 1870, 1 h. 25 soir.

Sous-préfet à préfet Orléans. — (Renseignements très sérieux)

L'ennemi a quitté précipitamment Pithiviers hier soir.

180 vaches abandonnées par lui à Manchecourt.

Poste de trente hommes tués à Bondarais par les turcos ; un seul ennemi a pu s'échapper.

Il n'y aurait plus d'ennemis dans le Loiret.

Dépêche télégraphique officielle

Orléans, 6 octobre 1870.

Préfet du Loiret à Glais-Bizoin, à Tours

A la suite de la déroute de Toury et de l'occupation de cette ville par nos troupes, l'ennemi a évacué Pithiviers en toute hâte, laissant derrière lui un convoi de bestiaux qui se dirige sur Étampes ; il serait urgent d'arrêter ce convoi et d'envoyer des troupes à Pithiviers.

Dépêche télégraphique

Général Polhès, à Orléans, à général Nansouty, à Gien

Le maire de Pithiviers assure que la ville est évacuée ; un parc de bestiaux est sous une faible garde aux environs.

Poussez des reconnaissances de Bellegarde à Montargis ; j'ai prévenu la force.

Pour copie conforme :

Le préfet de Loir-et-Cher,

Alph. LECANU.

49

RÉPUBLIQUE FRANÇAISE

—

Dépêche télégraphique officielle (sous toutes réserves)

Artenay, 7 octobre 1870, 8 h. 10 matin.

Le maire annonce que, d'après ses renseignements, l'ennemi battait en retraite par Étampes ; il se trouvait hier à Méréville. En outre, des personnes arrivant de Pithiviers, affirment que cette localité a été complètement évacuée.

Vendôme, 7 octobre 1870.

On télégraphie d'Auneau que les Prussiens sont allés à Ablis hier soir, à 6 heures ; ils ont coupé les fils télégraphiques et les disques du chemin de fer ; une maison de garde-barrière a été pillée ; ils sont au nombre de 300, campés entre la gare et le Beau, à 3 kilomètres d'Ablis.

Jouy, 7 octobre. 9 h. 21 matin.

On dit que nos francs-tireurs ont chassé les quelques Prussiens qui étaient à Épernon.

Communication d'Artenay

D'après des renseignements qui paraissent dignes de foi, l'ennemi, au nombre d'environ 10,000 hommes, se trouverait campé à 2 ou 3 kilomètres au-dessus d'Angerville.

Communication de Malesherbes, 4 h. soir

Les Prussiens qui campaient près de Malesherbes et ceux qui sont entrés en ville sont tous partis directement vers Étampes ; rien à signaler depuis midi.

Communication d'Artenay

Les renseignements que je vous ai transmis au sujet de l'occupation d'Angerville par l'ennemi se confirment ; on ajoute qu'Angerville et Monnerville sont au pillage. L'autorité militaire et civile envoie des courriers à Toury.

Communication de Bellegarde

D'après des renseignements, les Prussiens seraient à 16 kilomètres de Pithiviers, aux environs de Malesherbes et de Sermaise. Aucun engagement n'est signalé depuis le combat de Toury. Pithiviers est occupé par les troupes françaises.

Voves, 7 octobre, 2 h. 15 soir.

Les Prussiens sont allés hier à Ablis trois cents ; ils sont tous campés à 3 kilomètres du bourg ; fils télégraphiques coupés ; le maire de Germainonville, prisonnier depuis hier, a été relâché.

Auneau nous informe que des éclaireurs ennemis ont paru dans les bois d'Aunay, à 5 kilomètres.

Communication d'Artenay

Une dépêche du maire de Toury annonce que des éclaireurs prussiens ont été vus vers Boisseau.

On affirme de nouveau que le gros de l'armée doit se trouver dans la direction d'Angerville et d'Étampes.

Pour copie conforme :

Le préfet de Loir-et-Cher,

Alph. Lecanu.

50

RÉPUBLIQUE FRANÇAISE

Dépêche télégraphique officielle (sous réserves)

Corps prussien qui marchait sur Evreux paraît se replier sur Mantes...

D'après avis de Bellegarde, Prussiens seraient aux environs de Malesherbes et Sermaise, à 16 kilomètres de Pithiviers, qui est occupé par les Français.

Aucun engagement depuis celui de Toury.

De Montargis, on dit que 60 uhlans, entrés hier, quatre heures, à Malesherbes, s'informent de la position de nos troupes. Un vieillard inoffensif, conduisant sa voiture, aurait été tué par eux d'un coup de lance.

Communication de Bellegarde

Le maire de Boynes m'écrit que Prussiens qui occupent Pithiviers se sont repliés du côté d'Etampes et qu'ils feraient tranchées aux environs d'Etréchy : sa lettre est datée d'hier.

Communication de Tours

8 octobre 1870, 7 h. 55 soir.

Un médecin prussien s'est évadé aujourd'hui de Pithiviers. On pense qu'il est allé à Etampes, où réside l'ennemi.

Communication d'Artenay, par Tours

8 h. 45 soir.

Deux gardes nationaux d'Angerville arrivent de Denonville (Eure-et-Loir) ; ils ont vu aujourd'hui combats entre francs-tireurs parisiens et Prussiens ; 50 Prussiens pris et 60 chevaux ; francs-tireurs parisiens tous concentrés à Denonville ; 40 francs-tireurs du Gers les remplacent à Angerville.

Prussiens pillent Jaclas (Seine-et-Oise), au-dessus de Méréville, se retirant sur Etampes.

Communication de Voves, par Tours

8 octobre, 11 h. 40 soir.

Ce matin, 5 heures, premier bataillon francs-tireurs a attaqué à Ablis deux escadrons de hussards et deux compagnies bavaroises barricadées dans les rues. Après un feu très vif, positions emportées : pris 94 chevaux, 67 prisonniers ; pertes sérieuses.

Pour copie conforme :

Le préfet de Loir-et-Cher,

Alph. Lecanu.

51

RÉPUBLIQUE FRANÇAISE

—

PRÉFECTURE DE LOIR-ET-CHER

—

Dépêche télégraphique officielle

Tours, 9 octobre 1870, 3 h. soir.

Le Ministre de l'Intérieur à MM. les préfets

Garibaldi débarqué à Marseille le 7, à 10 heures du soir, reçu par les autorités. Foule immense, enthousiasme indescriptible.

Il est arrivé à Tours le 9, à 7 heures du matin. Marche triomphale sur tout le parcours ; des habitants des villes et des villages encombrent les gares. Vivats et acclamations unanimes.

Même accueil à son arrivée à Tours.

Le général est à la préfecture, entouré des membres du gouvernement ; il est acclamé par la foule qui a envahi le jardin.

Tours, dimanche 9 octobre 1870, 8 h. soir.

Garibaldi est arrivé à Tours, réception splendide, enthousiasme.

Gambetta arrivé peu après, cris enthousiastes, élan universel.

Les élections sont ajournées indéfiniment ; une seule préoccupation toutes affaires cessantes, la guerre !

Pour copie conforme :

Le préfet de Loir-et-Cher,

Signé : Alph. Lecanu.

21

52

—

PRÉFECTURE DE LOIR-ET-CHER

—

Dépêche télégraphique officielle (sous toutes réserves)

(1) Artenay, 10 octobre 1870.

Un engagement commence ; nos troupes se rangent en bataille à 3 kilomètres d'Artenay. Entrent en ligne dragons, hussards et cuirassiers. Les chasseurs à pied se portent en avant. Ennemi sans pouvoir évaluer sa force.

Orléans, 10 octobre.

On s'est battu toute la journée entre Artenay et Chevilly, mais l'ennemi n'a pas dépassé cette dernière localité.

La forêt est occupée ce soir par nos troupes.

Tours, 10 octobre 1870, 11 h. soir.

Circulaire

Par décret du Gouvernement de la Défense nationale, établi à Tours, rendu sur l'initiative de M. Crémieux, et vu les instructions du Gouvernement de Paris, M. Léon Gambetta, ministre de l'intérieur, a été chargé de l'administration de la guerre que M. Crémieux avait prise à la suite de la démission de l'amiral Fourichon.

Pour copie conforme :

Le préfet de Loir-et-Cher,

Signé : Alph. LECANU.

______

(1) La même dépêche reproduisait des communications de Chartres, Bonneval, Malesherbes, Bellegarde, signalant un mouvement des Prussiens dans la direction d'Orléans.

53

RÉPUBLIQUE FRANÇAISE

—

PRÉFECTURE DE LOIR-ET-CHER

—

Dépêche télégraphique officielle (sous toutes réserves)

Communication de Châteaudun

Escadrons et mobiles arrivés ce soir. Eclaireurs ennemis ont été signalés à 3 ou 4 kilomètres de Châteaudun. La nuit paraît devoir être tranquille.

L'ennemi a été repoussé à Dreux.

Beaugency, 11 octobre 1870, 6 h. 15 soir.

On ignore si Orléans est occupé par l'ennemi, mais on le suppose généralement ; nos troupes se sont repliées sur la rive gauche de la Loire ! La Compagnie d'Orléans a fait enlever tous les appareils télégraphiques dans les gares entre Orléans et Beaugency, mais, à 5 heures 1/2, l'ennemi n'avait pas encore été signalé à Saint-Ay.

Communication de Beaugency

Nous ne communiquons plus avec la Chapelle-Saint-Mesmin, et Meung vient de nous avertir qu'il enlevait son télégraphe.

Vendôme, 11 octobre, 5 h. 55 soir.

Ingénieur ordinaire à ingénieur en chef, Blois

Les Prussiens en avant-garde à Membrolles (Loir-et-Cher) aujourd'hui, à 8 heures du matin.

Beaugency, 11 octobre, 6 h. 30 soir.

Le chef de gare de Meung nous signale la présence de 500 Prussiens environ entre Baccon et Meung, à 2 kilomètres de cette dernière localité.

Il ajoute : Les troupes de la garde nationale de Meung partent à leur rencontre.

Vendôme, 11 octobre 1870, 9 h. 40 matin.

On signale quelques éclaireurs prussiens du côté de Jallans (Eure-et-Loir).

Pour copie conforme :

Le préfet de Loir-et-Cher,

Signé : Alph. Lecanu.

54

RÉPUBLIQUE FRANÇAISE

PRÉFECTURE DE LOIR-ET-CHER

Dépêche télégraphique officielle

Renseignements venant de Briare

On aurait, pendant toute la journée du 10 octobre, entendu le canon dans les environs d'Etampes ou de Pithiviers.

Un jeune homme employé au chemin de fer, à une lieue de Corbeil, dit que, dans la journée de vendredi dernier (1), le canon a commencé à tonner dans la direction de Charenton et d'Ivry. La canonnade n'a cessé que le lendemain samedi, à 6 heures du soir.

Les Prussiens auraient été repoussés au delà de Montgeron, à cinq lieues de Paris environ, et que *(sic)* la route était couverte de cadavres ; ce jeune homme disait tenir ces renseignements d'un boucher de Villeneuve-Saint-Georges, qui faisait le service des ambulances.

Pour copie conforme :

Le préfet de Loir-et-Cher,

Signé : Alph. LECANU.

55

RÉPUBLIQUE FRANÇAISE

PRÉFECTURE DE LOIR-ET-CHER

Dépêche télégraphique

.   .   .   .

Communication de Beaugency

Deux employés de la gare de Saint-Ay assurent que quelques cavaliers prussiens sont arrivés à Saint-Ay à 8 heures du matin. En se sauvant, ces deux hommes ont été arrêtés deux fois, entre Saint-Ay et Meung, par quelques uhlans se dirigeant sur cette dernière localité.

---

(1) 7 octobre 1870.

Beaugency, 12 octobre, 1 h. soir.

Renseignement certain : — Cinquante cavaliers prussiens sont entrés à Meung à 10 heures.

Beaugency, 12 octobre, 2 h. 55 soir.

Il y a uhlans à Meung ; vingt ont déjeuné à l'hôtel de France. On peut entrer dans Meung, mais on ne peut en sortir, car les voitures sont requises. Je suis allé jusqu'à Tournebride et à l'entrée de Meung, mais je n'ai pu exposer une voiture mise à ma disposition par une personne de Beaugency. Le chef de gare de Saint-Ay arrive, et dit que 15 cavaliers prussiens sont à Saint-Ay, où ils font réquisitions.

Beaugency, 12 octobre, 3 h. soir.

Les uhlans sont toujours à Meung. Vingt ont déjeuné à l'hôtel de France. Le chef de gare de Saint-Ay, qui a été un moment prisonnier des Prussiens, vient d'arriver, et dit que 1,500 cavaliers ennemis sont à Saint-Ay, où ils font réquisitions.

Tours, 12 octobre, 3 h. soir.

Le Ministre de l'Intérieur à préfets et sous-préfets

Circulaire

Hier, on se battait à Orléans ; quelques uhlans sont tombés entre les faubourgs. Communications régulières arrêtées à Beaugency. Détails manquent encore.

Dernières nouvelles

Tours, 12 octobre, 4 h. 30 soir.

Ennemi entré à Orléans, hier soir 7 heures, gare incendiée. Détails officiels manquent encore.

Reçu nouvelles d'un combat important, le 7, entre Saint-Cloud et Mont-Valérien. Général Ducrot a infligé un échec sérieux aux Prussiens, qui se sont repliés sur Versailles.

Pour copie conforme :

Le préfet de Loir-et-Cher,
Signé : Alph. LECANU.

56

RÉPUBLIQUE FRANÇAISE

—

PRÉFECTURE DE LOIR-ET-CHER

—

Dépêche télégraphique officielle

Mer, 13 octobre 1870, 10 h. 20 matin.

Un garde de nuit de la gare de Beaugency arrive à l'instant à Mer. Il a pu quitter Beaugency vers trois heures, et il fournit les renseignements suivants :

Les Prussiens, cavalerie et infanterie, sont arrivés ce matin à Beaugency, à 11 heures, en suivant la voie ferrée. Ils se sont d'abord emparés du bureau du télégraphe et du chef de gare, qu'ils gardaient à vue par deux cavaliers.

Puis, ils se sont rendus à la mairie, où ils ont demandé 1,500 pains et 20 sacs d'avoine. Cet homme avait entendu un cavalier prussien dire au maire qu'ils arriveraient 1,500 dans la soirée.

Ce dernier renseignement sous toutes réserves, mais il est sûr qu'ils ont coupé la voie ferrée et les fils télégraphiques en deçà de Beaugency.

Romorantin, 13 octobre 1870.

On assure l'armée prussienne ayant passé la Loire, se dirigeant par quatre points : Cléry, Saint-Hilaire, Saint-Cyr-en-Val et Sandillon.

Des coureurs ennemis ont paru, dit-on, à la Ferté-Saint-Aubin (sous toutes réserves).

Romorantin, 13 octobre, 4 h. 15 soir.

Le sous-préfet à M. le préfet, à Blois

Les troupes françaises occupent la Ferté et les hauteurs de Saint-Aubin où l'artillerie et la cavalerie ont pris position.

On assure que l'armée prussienne, ayant passé la Loire, se dirigerait par quatre points : Cléry, Saint-Hilaire, Saint-Cyr-en-Val et Sandillon (sous toutes réserves).

On s'attend à une bataille, sinon ce soir, probablement demain.

Des troupes occupent Lamotte et la Ferté. Nos positions sont admirables. (Renseignements du sous-comité de défense de Romorantin).

Tours, 13 octobre 1870, 1 heure soir.

Le Ministre de l'Intérieur à MM. les préfets et sous-préfets

Circulaire

Le rapport sur la journée du 11 constate que les troupes se trouvant sur la route de Paris, ayant combattu la veille à Artenay, n'ont pu tenir.

Une brigade de la 3ᵉ division, à Saran, les Ormes, débordée par l'artillerie, a disputé le terrain pied à pied. Trois bataillons de la réserve ont ensuite contenu l'ennemi pendant 3 heures ; après un combat très vif, obligés de céder à profusion de projectiles ; général Lamotterouge prit le parti de se retirer sur la rive gauche de la Loire.

Retraite non inquiétée se fit avec calme et ordre. Le général Lamotterouge a été remplacé par le général d'Aurelly.

Cinquante cavaliers ennemis ont paru à Meung ; 1,500 réquisitionnent à Saint-Ay.

Pour copie conforme :

Le préfet de Loir-et-Cher,

Pour le préfet,

Le Secrétaire général,

Signé : De Besson.

57

RÉPUBLIQUE FRANÇAISE

PRÉFECTURE DE LOIR-ET-CHER

Dépêche télégraphique officielle

Tours, 14 octobre 1870, 11 h. 30 matin.

Le Ministre de l'Intérieur à MM. les préfets et sous-préfets

Aucun nouvel engagement n'est signalé du côté d'Orléans ; 400 Prussiens entrés à Beaugency hier n'y seraient pas restés la nuit. On les dit en forces à Meung.

A Châteaudun, hier matin, 5 uhlans suivis de près par 20 autres ont paru à la gare. Les francs-tireurs ont tiré dessus sans les atteindre ; ils ont fui vers Toury.

Les bruits répandus de l'approche de 30,000 ennemis ont produit une fausse alerte. Ce matin, tout est tranquille.

Les gardes nationaux en armes ont poussé des reconnaissances sans résultats jusqu'à Tournoisis.

. . . .

Une lettre particulière, de source honorable. communiquée sous réserves, annonce que l'ennemi a subi de grandes pertes sous Metz.

Bazaine paraît être libre de ses mouvements sur Thionville.

Pour copie conforme :

Le préfet de Loir-et-Cher.

Pour le préfet,

Le chef de cabinet,

Signé : Ernest CARTIER.

58

RÉPUBLIQUE FRANÇAISE

—

PRÉFECTURE DE LOIR-ET-CHER

—

Dépêche télégraphique

Le Ministre de l'Intérieur à MM. les préfets et les sous-préfets

Circulaire

Tours, 15 octobre 1870, 4 h. soir.

... La garde nationale (de Paris), sur sa demande, a fait des sorties et délogé l'ennemi de toutes les positions occupées depuis trois semaines ; tout le périmètre se trouve ainsi dégagé.

. . . .

Hier, à la Ferté-Saint-Aubin, fortes reconnaissances ennemies ont été repoussées après engagements sans gravité.

. . . .

Très beau combat le 13, jeudi, à Bagneux et à Châtillon d'où l'ennemi, délogé pendant notre reconnaissance, a subi des pertes considérables (1).....

. Nos troupes sont rentrées dans les lignes, le soir, dans un ordre magnifique, selon plan concerté.....

Paris aussi patriote et plus résolu que jamais. Revue enthousiaste de la garde nationale par le gouverneur acclamé (2).

Signé : Léon GAMBETTA.

Pour copie conforme :

Le préfet de Loir-et-Cher,

Signé : Alph. LECANU.

59

RÉPUBLIQUE FRANÇAISE

—

PRÉFECTURE DE LOIR-ET-CHER

—

Informations diverses

Blois, 17 octobre 1870.

Hier, quelques Prussiens n'ont paru à Beaugency que pour faire sauter une arche du viaduc du chemin de fer.

Sur la rive gauche de la Loire, un corps de uhlans tâchent de piller et rançonner toutes les communes autour de Cléry.

Une trentaine de uhlans se sont avancés hier jusqu'au village de Mocque-Baril ; salués par les coups de feu des francs-tireurs de Tours et de la Dordogne postés dans les bois et les vignes, ils ont pris la fuite dans la direction de Lailly.

Leur commandant et uhlans faits prisonniers : quelques-uns tués, d'autres blessés : des chevaux démontés. Les gardes nationaux de

---

(1) Il s'agit ici de la tentative de reprise de la redoute et du plateau de Châtillon par la division du général Blanchard, le 13 octobre.

Dans cette affaire, les Allemands perdirent 19 hommes.

(2) La même dépêche relatait des succès remportés par les Français à Rouen et à Fontainebleau.

Saint-Claude, Montlivault et Saint-Dyé se sont portés au secours des francs-tireurs.

. . . .

On annonce un ballon apportant six sacs énormes de dépêches de Paris.

Le préfet de Loir-et-Cher invite les habitants à n'accepter qu'avec la plus grande réserve les bruits qui ne portent pas un cachet officiel.

Le préfet de Loir-et-Cher,

Signé : Alph. Lecanu.

60

—

PRÉFECTURE DE LOIR-ET-CHER

—

Dépêche télégraphique officielle

Tours, 18 octobre 1870.

Ministre de l'Intérieur à préfets et sous-préfets

Il n'est pas signalé d'engagement important. L'ennemi paraît avoir fait hier un mouvement évacuant en grande partie Orléans.....
Éclaireurs ennemis continuent à incendier les villages de Beauce.

Mer, 18 octobre 1870, 6 h. 40 matin.

Hier, dans la soirée, trois à quatre mille Prussiens sont entrés à Meung, ont pris la direction de Huisseau-sur-Mauve, Coulmiers et Charsonville.

Mer, 18 octobre 1870, 11 h. 50 matin.

Les Prussiens arrivent à Lorges.

Mer, 18 octobre 1870, 11 h. 58 matin.

Huit cents cavaliers prussiens sont à Coulmiers et à Charsonville.

Salbris, 18 octobre, 1 h. 45 soir.

La nouvelle de l'évacuation de la rive gauche de la Loire par les Prussiens est confirmée.

Les troupes occupant Orléans se seraient mises en route dans la direction de Paris, tandis que celles qui occupaient la rive gauche se seraient repliées au delà de la Loire.

Ce matin, les dernières troupes restant encore sur la rive gauche remontaient vers Orléans.

On dit que les troupes ennemies qui ont occupé cette ville et les environs n'ont pas dépassé 20,000 hommes, appuyés par 120 pièces de canon.

On raconte que pour faire croire à des forces supérieures, l'ennemi faisait des exercices continuels et faisait changer d'uniforme à ses soldats jusqu'à trois fois par jour.

Nos craintes sur Bourges et sur Blois paraissent donc moins fondées que par le passé ; cependant, point de fausse sécurité, veillons toujours.

Vendôme, 19 octobre, 7 h. 15 matin.

Sous-préfet à préfet, à Blois

Le médecin des francs-tireurs de Nantes arrive à l'instant et m'apporte nouvelles reçues prise de Châteaudun.

Hier, ville était défendue par 900 francs-tireurs de Paris, Nantes, Loir-et-Cher, et garde nationale.

Résistance héroïque de 1 heure à 7 heures du soir contre six à huit mille Prussiens avec 2 batteries artillerie, une mitrailleuse et obusiers à pétrole.

La perte des Prussiens doit être énorme ; le terrain a été disputé pied à pied, de barricade en barricade, mais les défenseurs sont décimés. Conduite de tous admirable.

La veille, des Prussiens auraient incendié Menainville et plusieurs villages de la plaine.

Pour copie conforme :

Le préfet de Loir-et-Cher,

Signé : Alph. LECANU.

61

RÉPUBLIQUE FRANÇAISE

—

PRÉFECTURE DE LOIR-ET-CHER

—

Arrêté

En vertu du décret du 14 octobre 1870 par suite duquel le département de Loir-et-Cher se trouve constitué en état de guerre,

Toutes les commissions et tous les pouvoirs qui ont été constitués antérieurement à ce décret aux commissaires de la défense, sont et demeurent nuls et sans effets à partir de ce jour.

Le préfet remercie, au nom du département, les commissaires dont le zèle patriotique est venu lui apporter un si utile concours.

Blois, le 18 octobre 1870.

Le préfet de Loir-et-Cher,

Signé : Alph. Lecanu.

62

RÉPUBLIQUE FRANÇAISE

—

PRÉFECTURE DE LOIR-ET-CHER

—

Renseignements sous toutes réserves

Blois, 19 octobre 1870.

De toutes parts la résistance s'organise, les habitants des contrées envahies se relèvent et sont les premiers à prendre les armes.

On signale un grand mouvement de retraite des Prussiens vers Paris. Une rencontre de cavalerie a eu lieu du côté de Lailly ; l'ennemi a pris la fuite après avoir perdu plusieurs hommes et laissé plusieurs prisonniers.

On annonce qu'une attaque sur Paris aurait été tentée par les Prussiens le 18 octobre, anniversaire pour eux de la bataille de

Leipsick. Repoussés vigoureusement, ils auraient subi un échec considérable et des pertes nombreuses.

Pour copie conforme :

Le préfet de Loir-et-Cher,

Signé : Alph. Lecanu.

63

RÉPUBLIQUE FRANÇAISE

PRÉFECTURE DE LOIR-ET-CHER

Dépêche télégraphique officielle

Tours, 20 octobre 1870.

Le Ministre de l'Intérieur à MM. les préfets et sous-préfets

2963. — Journaux officiels de Paris, 15 et 16 octobre, confirment pleinement importance du combat du 13 sous Paris.

Renseignements certains font connaître que l'ennemi eut plus de 1,200 tués ou blessés. Le 14, armistice de 11 heures à 5 heures fut accordé aux Prussiens, sur leur demande, pour enlever leurs morts.

Dans la nuit du 13 au 14, bataillon éclaireurs garde nationale a surpris, à Rueil, Prussiens en train de brûler deux maisons, et leur tua 20 hommes.

Châteaudun est en cendres. Les faubourgs non défendus ont été canonnés.

Une reconnaissance du 16ᵉ corps culbuta, près de Lailly, un détachement de hussards rouges avec artillerie et poursuivit vivement l'ennemi.

Pour copie conforme :

Le préfet de Loir-et-Cher.

Pour le préfet,

Le Secrétaire général,

Signé : De Besson.

64

—

PRÉFECTURE DE LOIR-ET-CHER

—

Dépêche télégraphique officielle

Tours, 22 octobre, 12 h. 15 soir.

Le Ministre de l'Intérieur à MM. les préfets et sous-préfets

. . . . , ; . . . . .

Les Prussiens ont fait sauter hier le pont sur la Loire entre Meung et Cléry. Ils étaient hier soir un millier autour de Beaugency.

. . . . ; . . . .

Pour copie conforme :

Le préfet de Loir-et-Cher.

Signé : Alph. Lecanu.

65

—

PRÉFECTURE DE LOIR-ET-CHER

—

A Ourcelles, près Josnes, deux cavaliers prussiens ayant été tués lundi (1) par la garde nationale sédentaire, des renforts furent envoyés hier (2) à Josnes, dans la crainte de représailles.

Le général Tripart écrit, à 5 heures du soir, qu'on lui annonçait que l'ennemi brûlait Ourcelles et que l'on entendait le canon ; il a renforcé les troupes qui étaient à Josnes.

A 8 heures, apprenant que les troupes de Josnes se repliaient, le général Tripart leur a ordonné de prendre position, de résister, et leur a envoyé de nouveaux renforts en se préparant à s'y rendre lui-même avec ses forces.

(1) 24 octobre 1870.
(2) 25 octobre 1870.

Mais, peu après, il apprit que l'ennemi avait battu en retraite, se retirant sur Aunay.

L'ennemi a eu 5 à 6 hommes tués, un blessé et un prisonnier ; de notre côté, un seul homme blessé.

Parmi les ennemis tués se trouvait un officier auquel le général de Stolberg, commandant une division prussienne de cavalerie, était très attaché.

L'ennemi avait amené devant Ourcelles 2 escadrons, 300 fantassins et 3 pièces d'artillerie.

Blois, le 26 octobre 1870.

Le préfet de Loir-et-Cher,
Signé : Alph. Lecanu.

66

RÉPUBLIQUE FRANÇAISE

PRÉFECTURE DE LOIR-ET-CHER

Dépêche télégraphique officielle

Tours, 26 octobre 1870.

Le Ministre de l'Intérieur à MM. les préfets et sous-préfets

. . . . — . . . .

Communication d'Autainville

Le 25 (octobre), vers 3 heures de l'après-midi, les Prussiens ont attaqué le bourg de Binas, occupé par les francs-tireurs. Ils étaient 200, avec 2 ou 3 canons et une mitrailleuse. Toute résistance était impossible, et l'ennemi s'empara du bourg ; une compagnie de mobiles, qui se trouvait à Autainville, se porta en avant ; sa marche se fit rapidement jusqu'à 400 mètres de Binas, et elle ouvrit le feu sur deux groupes de cavaliers placés à droite et à gauche du bourg, qui disparurent aux premiers coups.

L'ennemi riposta par un feu de mousqueterie assez vif partant des divers étages des maisons et des jardins. Cette fusillade, mal dirigée, passa au-dessus des têtes, mais une pièce masquée derrière une maison isolée ouvrait en échange un feu de mitraille et, pour ne pas être tourné ni laisser massacrer ses hommes, le commandant des mobiles fit retirer sa compagnie.

Les francs-tireurs ont souffert ; quant aux mobiles, ils ont eu un homme tué et trois blessés.

Les pertes de l'ennemi ont été assez considérables ; les habitants de Binas disent qu'ils ont chargé 4 voitures de leurs morts et de leurs blessés.

Communication de Mer

Hier matin, une colonne d'infanterie et une nombreuse cavalerie prussiennes ont attaqué une reconnaissance poussée au loin, en avant de Saint-Laurent (1) ; une section de chasseurs, commandée par un officier, a eu un engagement avec la cavalerie, et a fait un feu de peloton, à 100 mètres, sur la troupe ennemie, qui s'est repliée immédiatement, laissant plusieurs chevaux tués et plusieurs blessés.

. . . .

Pour copie conforme :

Le préfet de Loir-et-Cher,

Signé : Alph. LECANU.

67

RÉPUBLIQUE FRANÇAISE

—

PRÉFECTURE DE LOIR-ET-CHER

—

Dépêche télégraphique officielle

. . . .

Tours, 28 octobre 1870.

. . . . . Nouvel engagement, le 26 au soir, près Saint-Laurent-des-Eaux, entre éclaireurs et uhlans, dont quinze, dit-on, tués et plusieurs blessés.

---

(1) Saint-Laurent-des-Eaux, sur la rive gauche de la Loire.

A Clémont, hier matin, reconnaissance captura un Prussien et 3 chevaux ; 300 Prussiens passèrent à Bonneval, mais retour d'un fort détachement d'ennemis à Châteaudun ne paraît pas confirmé.

Tours, 28 octobre 1870.

Quinze cents fantassins, cent cavaliers, deux canons ont traversé Châteauneuf hier soir, marchant sur Sully ; ils sont campés entre Saint-Martin-d'Abbat, Tigy, Cerdon et Argent ; engagements sérieux à Tigy, nos chasseurs ont fait subir à l'ennemi des pertes considérables.

Troupes françaises occupent Sully en masse, et campent à Saint-Père et Dampierre ; ce matin, tout était tranquille.

Châteauroux, 28 octobre 1870.

Cent Prussiens sont venus hier à la Ferté-Saint-Aubin faire des réquisitions, et sont retournés à Orléans ; quelques uhlans signalés hier à la Ferté-Saint-Cyr, pas reparus aujourd'hui ; aucun ennemi n'a été vu dans l'arrondissement.

Communication particulière

Arrive de Boisseau ; vu 50 Bavarois rejoignant Toury ; état pitoyable, quelques-uns sans chaussures, plaintes amères.

Angerville plus de troupes ; des malades, — typhus. Étampes, 1,000 hommes, 50 canons remontés sur Paris après combat d'Orléans (chiffres exacts).

Pour copie conforme :

Le préfet de Loir-et-Cher,
Pour le préfet,
Le secrétaire général,
Signé : DE BESSON.

68

RÉPUBLIQUE FRANÇAISE

—

PRÉFECTURE DE LOIR-ET-CHER

—

Dépêche télégraphique officielle

Romorantin, 1er novembre 1870.

Rien de nouveau de Lamotte (1). Hier, engagement près de Dry entre volontaires de la Vendée et 40 dragons prussiens. Trois Prussiens tués. Aucun ennemi dans l'arrondissement.

Romorantin, 2 novembre.

Aucun Prussien n'est signalé dans les cantons de Neung-sur-Beuvron et de Lamotte (2). Francs-tireurs occupent Ligny, Dhuizon, La Ferté-Saint-Cyr et Lamotte (3).

Tours, 2 novembre 1870.

Le Ministre de l'Intérieur à MM. les préfets et sous-préfets

Circulaire

. . . . , . . .

La capitulation de Metz se serait faite aux mêmes conditions que celle de Sedan.

Le nombre des officiers français prisonniers serait de 4,000.

Les Prussiens auraient trouvé 400 pièces de canon et 100 mitrailleuses.

On aurait trouvé à Metz également 3,000 canons de siège et 40,000,000 de francs. Tels sont les fruits de la trahison.

Pour copie conforme :

Le préfet de Loir-et-Cher,

Signé : Alph. LECANU.

—————

(1) Lamotte-Beuvron.
(2)   *Ibid.*
(3)   *Ibid.*

69

PRÉFECTURE DE LOIR-ET-CHER

Dépêche télégraphique

Renseignements venant de Marchenoir (sous réserves).

Hier, 7 novembre, à Saint-Laurent-des-Bois, les Prussiens se sont avancés pour s'emparer de Marchenoir.

Le combat s'est engagé vers onze heures avec les francs-tireurs de Seine-et-Marne, qui ont été bientôt soutenus par des chasseurs de Vincennes ; l'ennemi avait de l'artillerie.

Cinq mille hommes environ de chaque côté y ont pris part.

Notre artillerie venue sur le champ de bataille à 1 heure. Le combat a duré jusqu'à 3 heures.

Les Prussiens ont été poursuivis pendant 6 kilomètres dans la direction d'Ouzouer-le-Marché.

On estime les pertes ennemies à 60 hommes tués, 54 blessés restés sur place, sans compter ceux qui ont été enlevés ; 64 prisonniers ramenés à Marchenoir.

Nos pertes estimées à 5 morts et 12 blessés.

Pour copie conforme :

Le Préfet de Loir-et-Cher,
Signé : Alph. LECANU.

70

PRÉFECTURE DE LOIR-ET-CHER

Dépêche télégraphique officielle

Gendarmerie de Loir-et-Cher, rapport du 10 novembre 1870.

Le chef de brigade de Mer rend compte que les Prussiens ont perdu toutes les positions qu'ils occupaient aux environs d'Orléans.

Des personnes venant du côté de Beaugency ont entendu le canon.

On s'est battu du côté de Bacon, mais on n'a pas encore de nouvelles certaines au sujet de l'engagement qui a eu lieu.

Le chef de brigade d'Oucques rend compte qu'il a appris cette nuit qu'une bataille avait eu lieu hier, 9 courant, dans les environs de Bacon (Loiret) ; on ne connaît pas le résultat des pertes de l'ennemi, ni des nôtres, mais on assure que les troupes françaises ont remporté un avantage. Rien autre chose à signaler par les autres brigades.

Le chef d'escadrons, commandant la gendarmerie
de Loir-et-Cher,

Signé : Sangline.

D'après une dépêche adressée de Jouy-le-Pothier à M. le maire de La Ferté-Saint-Cyr, les Bavarois auraient quitté le camp d'Olivet, et se seraient retirés de l'autre côté d'Orléans.

La patrouille de La Ferté-Saint-Cyr assure qu'on s'est battu du côté d'Ingré.

Les Prussiens auraient levé leur camp et l'auraient, dit-on, brûlé.

Ils auraient évacué Olivet, et se seraient repliés sur Orléans.

Romorantin, 9 novembre, 9 h. 45 soir.

Sous-préfet à préfet, à Blois

Hier, un détachement de mobiles a pris, près de Cléry, huit voitures de fourrages aux Prussiens.

On a entendu le canon dans la direction de Saint-Ay une partie de la journée.

Pas d'ennemis dans le canton de Lamotte-Beuvron.

Signé : De Champeaux.

Tours, 9 novembre, 4 h. 4 soir.

Le Ministre de l'Intérieur à MM. les préfets et sous-préfets

Aucun nouvel engagement notable.

Pour copie conforme :

Le préfet de Loir-et-Cher,

Signé : Alph. Lecanu.

71

RÉPUBLIQUE FRANÇAISE

—

PRÉFECTURE DE LOIR-ET-CHER

—

Dépêche télégraphique

10 novembre 1870, 8 h. matin.

Dernière nouvelle

On dit que des dépêches annoncent qu'Orléans est évacué.
On s'occupe de rétablir la voie et les lignes télégraphiques.

Sous-préfet de Romorantin à préfet, à Blois

Les Prussiens auraient été battus hier complètement à Baçon par la division du général Martineau. Combat meurtrier de part et d'autre ; abandonné en désordre son camp retranché et près de 100 voitures de vivres et de fourrages.

Il aurait évacué Orléans sans avoir le temps de faire sauter les ponts minés par lui. — Sous toutes réserves.

Signé : O. DE CHAMPEAUX.

Les troupes françaises seraient entrées dans Orléans.

Elles auraient fait prisonniers des Bavarois qui se trouvaient à la garde du chemin de fer.

Les Prussiens auraient évacué Orléans sans avoir le temps de faire sauter les ponts, et en laissant l'artillerie qui gardait la tête de ce pont.

Ce serait le corps de Cathelineau qui aurait pénétré par la rive gauche.

Pour copie conforme :

Le préfet de Loir-et-Cher,
Signé : Alph. LECANU.

72

PRÉFECTURE DE LOIR-ET-CHER

Dépêche télégraphique officielle

Tours, 11 novembre, 11 h. 40 matin.

Le Ministre de l'Intérieur à MM. les préfets et sous-préfets

L'Armée de la Loire, sous les ordres du général d'Aurelle de Paladines, s'est emparée hier, 10 novembre, d'Orléans, après une lutte de deux jours.

Nos pertes, tant en tués qu'en blessés, n'atteignent pas 2,000 hommes ; celles de l'ennemi sont plus considérables.

Nous avons fait plus d'un millier de prisonniers, et le nombre augmente par la poursuite. Nous nous sommes emparés de deux canons, modèle prussien, de 20 caissons chargés de munitions, tous attelés, et d'une grande quantité de voitures, de fourgons et d'approvisionnements.

La principale action s'est concentrée autour de Coulmiers dans la journée du 9.

L'élan des troupes a été remarquable, malgré le mauvais temps.

Il y a lieu d'espérer que cette première opération ouvre une ère nouvelle pour la France. Nos ressources en hommes sont immenses, le patriotisme est partout réveillé, et le pays doit se montrer prêt aux plus grands sacrifices.

Nous avons été trop éprouvés par la fortune pour nous laisser égarer par des illusions nouvelles.

Nous avons repris l'offensive, c'est un grand point.

Cette offensive signifie qu'au lieu de déplacer notre base d'opération pour la mettre en arrière, nous la reportons en avant.

Avec de la prudence, de la résolution, de l'énergie, et surtout en restant unis sur le terrain de la lutte à outrance contre l'envahisseur, la République sauvera la France !

Pour copie conforme :

Le préfet de Loir-et-Cher,
Signé : Alph. LECANU.

73

Aux gardes nationales sédentaires de Loir-et-Cher

AVIS

Au moment où la résistance nationale doit se livrer à un immense et suprême effort sur toute l'étendue du territoire, le Gouvernement de la République invite les gardes nationaux sédentaires de toutes les communes appelés à prendre part à des combats contre l'ennemi, de quelqu'importance qu'ils soient, à se considérer comme soldats et à s'inspirer de tous les devoirs de la vie militaire.

Le premier service que les gardes nationaux doivent rendre, c'est de se montrer prévoyants pour eux-mêmes. Ils ne devront quitter leurs foyers qu'avec leurs armes en bon état, leurs munitions soigneusement à l'abri, et pourvus de chaussures de chasse ou de route susceptibles de résister à de longues marches, et d'un sac contenant des provisions de vivres.

Ceux de nos concitoyens qui voudront faire de leur fortune ou de leur aisance un noble et patriotique usage penseront à leurs voisins plus pauvres, en les aidant de leur bourse et de leurs conseils. Il s'établira ainsi entre tous les habitants d'une même commune une confiance militaire qui contribuera puissamment à la bonne attitude des troupes, et ces précautions qui ne sauraient coûter à l'initiative individuelle aucun effort, seront pour l'administration de l'intendance un concours et un soulagement précieux.

Blois, 3 décembre 1870.

Le préfet de Loir-et-Cher,

Signé : Alph. Lecanu.

74

RÉPUBLIQUE FRANÇAISE

—

PRÉFECTURE DE LOIR-ET-CHER

—

Le Ministre de l'Intérieur et de la Guerre aux préfets et sous-préfets

Tours, 8 décembre, 1 h. 40 soir.

Hier, les troupes commandées par le général Chanzy ont été attaquées sur la ligne de Meung à Saint-Laurent-des-Bois.

Contre nous étaient engagées deux divisions bavaroises, une

prussienne avec 2,000 chevaux et 86 pièces d'artillerie, avec des forces considérables en réserve sous les ordres du prince Frédéric-Charles.

L'ennemi a été repoussé au delà du Grand-Châtre. Nos troupes ont couché sur leurs positions du matin. Les prisonniers avouent des pertes considérables chez l'ennemi.

Le général bavarois Stephan a reçu deux blessures. En avant de Saint-Laurent-des-Bois, l'ennemi a été repoussé à Marolles.

Le préfet engage le public à n'accepter, qu'avec la plus grande réserve, les bruits qui circulent en ville, et, pour la plupart, répandus par des traînards, qui espèrent justifier leur conduite en exagérant la situation du pays.

Nous recevons, de différents côtés, les nouvelles suivantes :

1° Un engagement a eu lieu hier, 7 décembre, en avant de Beaugency, l'avantage est resté à nos armes.

2° Nous avons reçu, à midi, du sous-préfet de Romorantin, une dépêche ainsi conçue :

Un huissier de Salbris arrive à l'instant, on s'est battu hier jusqu'à la nuit près de Salbris ; mais les Prussiens auraient été repoussés. Ce matin, à 7 heures, pas un Prussien n'avait paru à Salbris. Le brigadier de gendarmerie de Neung-sur-Beuvron fait dire qu'il n'y a pas un Prussien dans le canton, et qu'il reste à son poste. Je crois ces nouvelles très exactes.

Sous toutes réserves.

Blois, 9 décembre 1870.

Pour copie conforme :

Le préfet de Loir-et-Cher,

Signé : Alph. Lecanu.

75

Proclamation

Sa Majesté le Roi de Prusse, général en chef des armées allemandes, du consentement de Sa Majesté le Roi de Saxe, mon auguste maître, a daigné me nommer Gouverneur général du département de Seine-et-Oise, ainsi que des départements du Nord de la France, occupés récemment par les troupes alliées et ne faisant pas partie du Gouvernement général de Reims, savoir : les départements de la Somme, de l'Oise, de la Seine-Inférieure, d'Eure-et-Loir et du Loiret.

En portant cette nomination Royale à la connaissance des départements sus-nommés, je suis en droit d'attendre de la part de leurs populations, ce qui est d'ailleurs dans leur propre intérêt, une conduite calme et prévenante. J'ai aussi le ferme espoir que chacun s'abstiendra, soit directement, soit indirectement, de tout acte hostile ou contraire aux intérêts des armées allemandes.

J'ordonne principalement aux autorités gouvernementales et municipales de suivre strictement les ordres que le Gouvernement général leur fera parvenir par ses organes, et je les invite à me prêter leur concours pour subvenir, sans trop de difficultés, aux exigences de la situation actuelle.

Résolu de maintenir et de protéger, autant que possible, chacun dans sa propriété, de répartir équitablement les charges, et de veiller à la sécurité publique, j'espère que je ne serai pas contraint d'user des sévérités résultant des droits de la guerre.

Versailles, ce 6 janvier 1871.

Le gouverneur général, en résidence à Versailles,

Signé : lieutenant-général DE FABRICE,

Ministre d'État.

—————

76

*Décret concernant la responsabilité des communes
en cas d'attaque contre des soldats allemands ou des transports*

Toutes les fois que des individus, ne faisant pas partie de l'armée française, causeront des dégâts sur les routes, les chemins de fer, aux télégraphes et dans les rues, ou bien attaqueront des troupes, des détachements ou des convois, ces malfaiteurs passeront par un conseil de guerre, et les communes dans les districts desquelles les dégâts auront été commis en seront responsables.

Si une commune est condamnée à des dommages et intérêts, l'amende sera proportionnée au nombre des habitants, à leurs moyens, et à la gravité du crime.

Chaque dégât commis sur un chemin de fer entraînera une amende de 2,000 francs, et chaque dégât commis sur un télégraphe, une amende de 300 francs, au moins.

D'ordinaire, c'est le commandant général qui fixe la peine portée par la loi ; mais, en cas d'urgence, chaque commandant a le droit d'en connaître et de mettre la sentence à exécution.

Versailles, le 16 janvier 1871.

Le gouverneur général,
Signé : DE FABRICE.

77

Avis concernant le tarif des monnaies allemandes

Suivant l'ordre de Sa Majesté le Roi de Prusse, commandant en chef des armées allemandes, le cours des monnaies allemandes est fixé suivant le tarif suivant :

1 thaler prussien vaut 3 fr. 75 c.
1 florin bavarois vaut 2 fr. 15 c.
1 florin autrichien vaut 2 fr. 50 c.
8 gros (groschen allemand) valent 1 fr.
Les billets de banque ont la même valeur.

Tous les Français recevront ces valeurs dans les transactions individuelles avec les troupes et les citoyens allemands au taux ci-dessus indiqué, sous peine d'amende de 100 francs ou d'un emprisonnement en cas de refus.

Versailles, le 16 janvier 1871.

Le gouverneur général,
Signé : DE FABRICE.

78

Circulaire

Sa Majesté le Roi de Prusse, commandant en chef des armées allemandes, ayant daigné me nommer commissaire civil auprès du Gouvernement général du Nord de la France, je viens de prendre possession de mon poste.

Appelé à diriger l'administration civile des départements de Seine-et-Oise, de l'Oise, de la Somme, de la Seine-Inférieure, d'Eure-et-Loir et du Loiret, en tant qu'ils sont et seront occupés par les troupes allemandes, je prendrai à tâche de rétablir l'ordre troublé par les événements des derniers mois, et de répartir d'une manière équitable les charges imposées aux habitants pour l'entretien des troupes et le rétablissement du matériel de guerre.

J'espère que les autorités communales, dans l'intérêt de leurs communes, me seconderont dans mes efforts en se soumettant de bonne volonté aux mesures que prendra le Gouvernement général pour arriver au but proposé.

Je m'attends à ce que mes ordres soient respectés et dûment exécutés, autant de la part des autorités que des habitants des contrées dont l'administration m'est confiée, et que, pour sauvegarder mon autorité, je ne me verrai point forcé de recourir à des moyens que je n'emploierais qu'à regret.

Versailles, le 16 janvier 1871.

Signé : DE NOSTITZ-WALLWITZ,

Conseiller intime des finances de Sa Majesté
le Roi de Saxe.

79

Décret

Défense est faite à tout habitant des départements dont est formé le Gouvernement général du Nord de la France, de payer ou de déléguer d'une manière directe ou indirecte, au Gouvernement français, à l'armée, à des détachements de troupes ou à des administrations autres que les nôtres, des sommes quelconques provenant des recettes publiques, sous quelque prétexte que ce soit.

Les receveurs et percepteurs des contributions, les administrateurs des caisses publiques, toutes personnes autorisées à recevoir des sommes revenant à l'État ou à des caisses publiques quelconques, toute autre personne enfin contrevenant à la présente défense seront mis à l'amende, laquelle pourra monter au double des sommes soustraites, et devront en outre s'attendre à être poursuivis, le cas échéant, selon les lois de la guerre.

La perception des contributions et autres droits d'après les lois françaises étant suspendue par la guerre, le Gouvernement général en règlera le mode de perception d'après les circonstances actuelles, et se réserve de porter à la connaissance du public les mesures prises à ce sujet.

Versailles, le 17 janvier 1871.

Le gouverneur général,

Signé : De Fabrice.

80

Décret

Le Gouvernement général du Nord de la France arrêté, au sujet de la presse périodique, ce qui suit :

1° Les rédactions des journaux qui paraissent dans les départements faisant partie du Gouvernement général du Nord de la France, sont tenues d'insérer textuellement et gratis les ordonnances et communiqués des autorités allemandes dans la prochaine édition du journal.

2° L'insertion de nouvelles relatives aux mouvements de troupes allemandes, à l'exception des nouvelles contenues dans le *Moniteur officiel du Gouvernement général du Nord de la France*, ou communiqués directement par les autorités allemandes, est interdite.

3° Il est défendu de publier des écrits d'une tendance hostile à l'armée allemande, ou des critiques contre les mesures des autorités allemandes.

En cas de contravention, la continuation du journal sera prohibée, et le rédacteur, aussi bien que l'éditeur, sera mis à l'amende ou puni d'emprisonnement.

Versailles, le 18 janvier 1871.

Le gouverneur général,

Signé : De Fabrice.

81

Avis

Vu l'ordonnance de M. le Gouverneur général du Nord de la France, en date du 16 janvier 1871, qui déclare les communes responsables des dégâts causés aux chemins de fer et aux télégraphes dans les limites de leurs territoires, il est dans l'intérêt des communes d'organiser elles-mêmes un service de surveillance qui s'occuperait, nuit et jour, de protéger lesdites voies de communication contre toute attaque et, le cas échéant, à arrêter les coupables. Il sera utile surtout de surveiller les fonctionnaires et autres personnes qui sont ou ont été attachées au service des compagnies de chemins de fer. Les préfets étant autorisés à augmenter les amendes selon la gravité des cas, ou en cas de réitération, les communes feront bien de prévenir par les mesures indiquées les conséquences fâcheuses que pourrait entraîner pour elles le crime de quelques malfaiteurs.

Versailles, le 18 janvier 1871.

Le Commissaire civil,

Signé : De Nostitz-Wallwitz.

82

Le Ministre des Affaires étrangères au Ministre de l'Intérieur et de la Guerre, à Bordeaux

Versailles, 1er février 1871, 9 h. 30 soir.

Quand j'ai signé la convention d'armistice, j'ai été forcé de subir une exception pour le siège de Belfort, dont je n'ai pu obtenir la discontinuation ; l'application de l'armistice a été légalement suspendue pour les armées de l'Est jusqu'au tracé de la ligne de démarcation, qu'on ne pouvait arrêter, dans l'ignorance qu'on était de la position respective des armées. Les généraux ont dû s'entendre à cet effet.

J'insiste auprès de l'Etat-Major prussien pour que de pleins pouvoirs soient envoyés. Télégraphiez aux généraux français de concourir de suite à cette démarcation. Dans le Nord, j'ai dû abandonner le département de la Somme.....

J'ai télégraphié au général Faidherbe, qui me demande si la convention doit être interprétée dans ce sens ; confirmez-lui cet ordre.....

Quant aux élections, il est entendu que, dans les pays occupés, les maires feront fonctions de préfets.

Les gouverneurs laisseront toute liberté pour les élections.

En Alsace, l'autorité allemande ignore ce qui se fait.

Signé : Jules FAVRE.

Post-scriptum. — Les fonctions de préfets, pour les élections dans les départements occupés par l'armée allemande, seront exercées par les maires du chef-lieu du département.

Signé : Cte de BISMARCK.

Pour copie conforme,

Signé : LAURIER.

83

Par ordre de Sa Majesté l'Empereur et roi, les départements de l'Eure, de la Sarthe, d'Indre-et-Loire, de Loir-et-Cher, de l'Yonne, ainsi que la partie du département de l'Orne, actuellement occupée par les troupes allemandes, sont placés sous l'administration du Gouvernement général du Nord de la France.

Versailles, le 7 février 1871.

Le Gouverneur général du Nord de la France,

Signé : De FABRICE.

84

Avis

Sa Majesté l'Empereur d'Allemagne vient de nommer préfet de Loir-et-Cher M. Adolphe Schoen.

Sa Majesté l'Empereur d'Allemagne vient de nommer secrétaire général auprès de la préfecture du susdit département M. Edouard Langhans.

Le préfet de Loir-et-Cher porte à la connaissance des habitants du département que les bureaux de la Préfecture se trouvent dans la maison n° 2, rue Porte-Clos-Haut. et qu'il y donnera des audiences tous les jours de 3 à 5 heures de l'après-midi.

Blois, le 17 février 1871.

Le préfet de Loir-et-Cher,

Signé : Adolphe SCHOEN.

85

Avis

Le préfet de Loir-et-Cher porte à la connaissance du public que dès demain (1) la poste française recommencera à fonctionner dans le département de Loir-et-Cher, et que la correspondance du département avec les autres départements occupés par les troupes allemandes peut être effectuée sans restriction aucune. Aucune réquisition ne frappera les chevaux de poste dans le département.

Blois, le 19 février 1871.

Le préfet de Loir-et-Cher,

Signé : Adolphe SCHOEN.

86

Avis

Les gardes forestiers sont autorisés, pendant les tournées de leur service, à porter leurs plaques et autres insignes, ainsi que leurs sabres.

Blois, le 22 février 1871.

Le préfet de Loir-et-Cher,

Signé : Adolphe SCHOEN.

87

Avis

L'échange des correspondances entre les départements occupés et les départements non occupés est rétabli à partir de ce jour.

Les lettres chargées sont toutefois encore exclues de cet échange.

(1) 20 février 1871.

Les correspondances dont il s'agit seront centralisées, selon leur provenance, soit à Amiens. soit au Mans, soit à Orléans.

Il en résultera nécessairement, pour la plupart des correspondances, un retard considérable, qu'il n'est pas possible à l'administration des postes françaises d'éviter en ce moment et dont elle ne doit pas être rendue responsable.

Les lettres des départements occupés pour les départements non occupés, et vice-versâ, supporteront une surtaxe de 20 centimes par lettre simple, qui devra toujours être payée par le destinataire.

Quant aux journaux et imprimés, ils auront également à supporter une surtaxe de 4 centimes par 40 grammes.

Bordeaux, le 25 février 1871.

L'administrateur des postes délégué,

Signé : A LIBON.

88

Blois, 27 février 1871.

Monsieur (1).

D'après dépêche officielle de Versailles, vous pouvez livrer à la publicité la nouvelle que les préliminaires de la paix sont signés.

Recevez, Monsieur, l'assurance de ma considération distinguée.

Le secrétaire général,

Signé : LANGHANS.

89

Avis

Le public est prévenu que la perception des droits sur les objets assujettis au tarif de l'octroi, reprend son cours, conformément au tarif et au règlement.

Blois, le 27 février 1871.

Pour le maire de Blois,

Signé : POULAIN, adjoint.

---

(1) Adressé aux gérants des journaux et à diverses autorités.

90

Avis

M. le maire de la ville de Blois invite les cultivateurs à amener leurs grains et denrées aux marchés de ladite ville, et les avertit que la perception des droits de halle et de place sera faite comme par le passé, à partir du 1er mars prochain.

Blois, le 27 février 1871.

Pour le maire de Blois,

Signé : POULAIN, adjoint.

91

Avis

Le soussigné porte à la connaissance publique que l'administration civile allemande, dans le département de Loir-et-Cher, cesse dès ce jour.

En partant de Blois, il tient à remercier tous ceux qui ont bien voulu lui donner leur concours dans l'accomplissement de la tâche difficile dont il était chargé

Blois, 1er mars 1871.

Le préfet de Loir-et-Cher,

Signé : Adolphe SCHOEN.

ANNEXE III

92

Liste des officiers
de la garde mobile de Loir-et-Cher
tués, blessés, ou faits
prisonniers pendant la campagne de 1870-1871.(1)

OFFICIERS TUÉS

MM.

Morin,	capitaine	1er décembre 1870
Schneider,	—	2 décembre 1870
D'Espinay-Saint-Luc,	—	4 décembre 1870
De Meckenheim (Odon),	—	10 janvier 1871
Dubois,	sous-lieutenant	2 décembre 1870
Quentin,	—	—
Delagrange,	—	—

OFFICIERS BLESSÉS

MM.

De Montlaur, lieutenant-colonel.	2 décembre 1870
Clauzel, chef de bataillon.	—
De Terras, —	—
De Maricourt, capitaine	—
De Foucault, —	—

(1) D'après l'ouvrage du général Chanzy : *La Deuxième Armée de la Loire* (annexes).

De Thiville,	capitaine.........	2 décembre 1870
Jallot,	—	—
De Beaucorps (Robert),	—	11 décembre 1870
De Gallard,	—	—
De Beaucorps (Geoffroy), lieutenant.......		2 décembre 1870
De Flers,	—	—
De Meckenheim,	—	—
De la Paumelière,	—	10 décembre 1870
Chauvin,	—	2 décembre 1870
Deville,	—	—
Richou,	—	—
De Saint-Venant (R.),	—	—
Allain-Targé,	—	—
De Trédern (Christian),	—	—
Marut de l'Ombre,	—	1er décembre 1870
Breton (Paul),	—	9 janvier 1871
Pille,	—	4 décembre 1870
De Saint-Venant (J.), sous-lieutenant......		2 décembre 1870
De Brisoult,	—	—
Buineau,	—	10 janvier 1871

OFFICIERS FAITS PRISONNIERS

MM.

Derousseau, capitaine..............		2 décembre 1870
Anthoine, sous-lieutenant...........		—
Bathaille,	—	—
Besnard,	—	—

Index alphabétique

Buineau (sous-lieutenant).
Bulow (colonel de).
Burat (E.).

C

Cadet-Devaux.
Camô (général).
Cantagrel.
Carré (colonel).
Carron.
Cartier (Ernest).
Castanet (F.).
Castanier (lieutenant-colonel).
Cathelineau (commandant de).
Cecilia (commandant La).
Chabron (général de).
Chaffin.
Chambellan.
Champeaux (de).
Champion.
Chanzy (général).
Chappe (colonel).
Charrier.
Charanton-Biguet.
Chaulan (colonel).
Chauvin (lieutenant).
Chavigny.
Chevreau (Léon).
Cholet (comte).
Choppin-Mérey (lieut.-colonel).
Chosson.
Choulot (lieutenant-colonel de).
Clauzel (commandant).
Cléret (général).
Cochery.
Cohan.
Collet (commandant).
Collet (général).
Colomb (général de).

Contant.
Cordemann (colonel).
Costa de Beauregard (comman¹).
Coulombier (général du).
Courtinat.
Courtois d'Urbal (général).
Couton-Marmel.
Cranach (commandant de).
Cremer (général).
Crémieux.
Crome (lieutenant).
Crouzat (général).
Curten (général de).

D

Damar.
Damenez.
Daridan.
Dariès (général).
Dauge.
Debanne.
Delagrange (père).
Delagrange (fils).
Delagrange (sous-lieutenant).
Delalande.
Delcros.
Delhorme (général).
Deloynes.
Deniau.
Deplanque (général).
Derousseau (capitaine).
Desmaisons (général).
Desprez (intendant).
Dessaignes.
Deville (lieutenant).
Digeard (général).
Douin.
Dubois (commandant).
Dubois (sous-lieutenant).

Duchalais-Goûté.
Duclos.
Ducrot (général).
Dufay.
Dulin.
Durant (P.).
Durrieu (général).
Dutertre.
Duval (capitaine de vaisseau).
Duval (lieutenant-colonel).

E

Ehrenberg (colonel d').
Espinay-Saint-Luc (capitaine d').
Estribaud.

F

Fabrice (lieutenant-général de).
Faidherbe (général).
Favre (Jules).
Faye (général).
Ferri-Pisani (général).
Ferry (Jules).
Firmin-Duchesne.
Flavigny (comte de).
Flers (lieutenant de).
Foucault.
Foudras (commandant de).
Fourcault (capitaine de).
Fourchault (colonel).
Fourichon (amiral).
Frédéric-Charles (prince).
Freycinet (de).

G

Gallard (capitaine de).
Gambetta.
Garibaldi (général).
Garnier-Pagès.

Garret.
Garrier.
Gaubert (lieutenant-colonel).
Gauville (vicomte de).
Gillet.
Glais-Bizoin.
Gobert.
Gougeard (capitaine de vaisseau).
Goulet.
Goursaud (colonel).
Goûté.
Guépratte (général).
Guéritte.
Guignard.
Guillaume 1er.
Guillemin (sous-intendant).
Guillon (colonel).
Grèllier.
Grenier (colonel).
Groeben (colonel comte de).

H

Haberland (colonel).
Haenlein (major de).
Hartmann (général de).
Henry.
Hessberg (commandant).
Horay.
Hugon (colonel).

J

Jallot (capitaine).
Jauréguiberry (vice-amiral).
Jaurès (contre-amiral).
Jobey (colonel).
Jollois.
Jolly-Barbot.
Jouffroy (général de).

K

Knobelsdorf (comm¹ Schmidt de).
Koerber (major).
Kraatz-Koschlau (major-gén. de).

L

Labiche (E.).
Lacaille.
Lacombe (colonel).
Laduye (Lafon de).
Lambilly (lieutenant-colonel de).
Landreville (général de).
Langhans (Édouard).
Laurent (commandant).
Laurier.
Lecanu (Alphonse).
Leclaire (colonel).
Leclerc.
Lecomte (Victor).
Leduc.
Lefort (général).
Lehalle.
Lehman (colonel).
Lemaignen (Henri).
Lenormant.
Lesguillon.
Lévy.
Libon (A).
Liénart (commandant).
Lipouski (commandant).
Lizot (abbé A.).
Longuerue (général de).
Louet (intendant).
Louis de Hesse (prince).
Luderitz (colonel de).
Lutier (Auguste).

M

Mac-Mahon (maréchal de).
Maigne.
Mandart.
Manstein (général de).
Marchand (J.).
Maricourt (capitaine de).
Martellière.
Martin (Émile).
Martin des Pallières (général).
Martin-Lemaistre.
Martin-Monestier.
Martineau des Chesnez (général).
Martinet.
Martinez (général).
Marty (colonel).
Massé.
Masson (lieutenant-colonel).
Maurice (A.).
Mazure (général)
Meckenheim (capitaine Odon de).
Meckenheim (lieutenant de).
Mecklembourg-Schwerin (grand-
    duc de).
Meurville.
Michaud (lieutenant-colonel).
Michaux (général).
Michel (général).
Michou.
Mocquart (colonel).
Moltke (comte de).
Montlaur (lieutenant-colonel de).
Morandière (de la).
Morandy (général).
Morin (capitaine).
Motterouge (général de la).

N

Nansouty (général).
Nassau (prince de).
Normant (Aristide).

Normant (C.).
Nostitz-Wallwitz (de).

O

Ombre (lieutenant Marut de l').
Oudine.

P

Palikao (Cousin-Montauban duc
  de).
Palu (colonel).
Paris (général).
Paulmier.
Paumelière (lieutenant de la).
Pécantin.
Peitavin (général).
Pelletan.
Pelletier.
Pernet.
Perrinelle-Dumay (de).
Perruche.
Pestel.
Petit.
Petitpied.
Picard.
Pigé (abbé).
Pignol (commandant).
Pille (lieutenant).
Podbielski (de).
Poinsignon (capitaine).
Polhès (général de).
Pornay.
Postole.
Poulain.
Pousset-Péan.
Pourcet (général).
Poyon.
Prince Royal (le).
Prudhomme (commandant).
Prychowsky (major Dumin de).

Q

Quentin (sous-lieutenant).

R

Rantzau (général).
Raucourt (commandant de).
Raymond.
Razouer.
Rébilliard (général).
Refoulé.
Rentz (de).
Ressayre (général).
Reyau (général).
Rheinbaben (général de).
Richou (lieutenant).
Riffault.
Rivet.
Robert.
Robin.
Rocan.
Rochambeau (marquis de).
Roche.
Rochefort (Henri).
Roquebrune (général).
Rosenberg (capitaine de).
Rosenberg (général de).
Rousseau (général).

S

Saint-Julien (sous-lieutenant de).
Saint-Venant (s.-lieutenant J. de).
Saint-Venant (lieutenant R.).
Saint-Vincent (de).
Saugline (commandant).
Sarrut (Germain).
Saxe-Altenbourg (prince de).
Saxe-Meiningen (prince de).
Schmidt (général von).
Schneider (capitaine).
Schoen (Adolphe).

Schwartzkoppen (lieutenant-général de).
Schwenck (capitaine).
Seatelli (général).
Seigneurens (général de Bernard de).
Serres (de).
Simon (Jules).
Sonis (général de).
Sonnier (de).
Souchon (capitaine).
Soulez.
Steinmetz (général).
Stephan (général).
Stolberg - Vernigerode (général comte de).
Sureau (Jean).
Suzanne.

T

Tann (général von der).
Tassin.
Tattet.
Temple (général du).
Terras (commandant de).
Testanière (de).
Thévard.
Thiers.
Thiéry (colonel).
Thiville (capitaine de).
Thomas.
Thoré (abbé).
Tillon (colonel).
Tissendier.

Touchefeu.
Trédern (lieutenant Christian de).
Tricoche (commandant).
Tripart (général).
Trochu (général).

U

Ulrich (général).

V

Vallet.
Venot (abbé).
Vermeil (lieutenant-colonel).
Voights-Rhetz (général de).
Vibraye (marquis de).
Vibraye (marquise de).
Villebois-Mareuil (capitaine de).
Vingtrie (commandant Bayard de la).
Vinoy (général).

W

Wedell (colonel de).
Werder (général de).
Werthern (lieutenant de).
Wimpfen (général de).
Wittich (général de).
Woyna (général de).
Wrangel (lieutenant-général baron de).

Y

Yvon.
Yvonneau.

Index alphabétique

Cerdon.
Cérelles.
César (camp de).
Chagny.
Chahaignes.
Chailles.
Chaise (château de la).
Châlons-sur-Marne.
Chambon.
Chambord.
Champigny.
Chanteloup.
Chantigny.
Chapelle-d'Angillon (La).
Chapelle-St-Martin (La).
Chapelle-St-Mesmin (La).
Chapelle-Vendômoise (La).
Chapelle-Vicomtesse (La).
Charenton.
Charsonville.
Chartre-s-le-Loir (la).
Chartres.
Châteaudun.
Château-du-Loir.
Châteauneuf-s-Loire.
Château-Renault.
Château-la-Vallière.
Châtillon.
Chaumont-sur-Loire.
Chaussée-Saint-Victor (La).
Chaussis.
Chémery.
Cher (le).

Cherbourg.
Cherbourg (camp de).
Cheverny (chât. de).
Chevilly.
Chilleurs-aux-Bois.
Chouzy.
Clamecy.
Clémont.
Clénor.
Cléry.
Clos-Moussu.
Cloyes.
Coinces.
Colombe (La).
Conflans.
Conie (La).
Contres.
Corbeil.
Cormeilles.
Cormeray.
Cosson (le).
Couddes.
Coulmiers.
Cour-Cheverny.
Courdemanche.
Courtiras.
Courville.
Croix-Briquet (La).
Crouy.
Crucheray.

D

Dampierre.
Danzé.
Denonville.
Dhuizon.
Dijon.
Diziers (château de).
Donchéry.

Doncourt.
Dreux.
Droué.
Droué (Le).
Dry.
Dublin.

E

Écoman.
Écorpain.
Épernon.
Épiais.
Épuisay.
Espéreuse.
Étampes.
Étrechy.
Évreux.

F

Feings.
Ferrières.
Ferté-Beauharnais (La).
Ferté-Bernard (La).
Ferté-St-Aubin (La).
Ferté-Saint-Cyr (La).
Fontainebleau.
Fontaine-en-Beauce.
Forbach.
Fortan.
Françay.
Fresnes.
Fréteval.
Fringale (La).
Frouville.

G

Galette (La).
Garville.
Gault-St-Denis (Le).

Gémigny.
Gennevilliers.
Germainonville.
Germigny.
Gidy.
Gien.
Gilbert (ferme).
Gommiers.
Gournay.
Grand-Châtre (Le).
Grouëts (Les).
Gué-du-Loir (Le).
Gy.

H

Haut-Fontenay.
Haute-Maison.
Henrichemont.
Herbault.
Hermitage (L').
Homme (L').
Houdan.
Houzée (La).
Huchepie.
Huisne (L').
Huisseau-en-Beauce.
Huisseau-sur-Cosson.
Huisseau-sur-Mauve.

I

Illiers.
Ingré.
Ivry.

J

Jaclas.
Janville.
Jargeau.
Jaumont.
Josnes.
Jouy-le-Pothier.

Jupilles.
Juvisy.

L

Lagny.
Lailly.
Lamotte-Beuvron.
Lancé.
Lande.
Langeais.
Lanthenay.
Lassay.
Lavardin.
Lavenay.
Ligny.
Limoges.
Lion-en-Beauce.
Lisle.
Loigny.
Loing (le).
Loir (le).
Loiret (le).
Longpré.
Lorges.
Loupe (La).
Loynes.
Luçay.
Lude (Le).
Lunay.
Lyon.

M

Madeleine (La).
Malesherbes.
Malignas.
Manchecourt.
Mans (Le).
Mantes.
Marchenoir.
Marchenoir (forêt de).
Mareau-au-Bois.

Marolles.
Maves.
Mayence.
Mayenne (la).
Mazangé.
Mazière (La).
Mazières-les-Metz.
Mée (Le).
Mehers.
Mehun-sur-Yèvre.
Melun.
Membrolles.
Menainville.
Menars.
Mennetou-sur-Cher.
Mer.
Méréville.
Meslay.
Mettray.
Metz.
Meung-sur-Loire
Meuse (la).
Mézières.
Moncé (château de).
Mondoubleau.
Monnaie.
Monnerville.
Mont.
Montargis.
Montgeron.
Monthadon.
Montils (Les).
Montjoie.
Montlivault.
Montmédy.
Montmirail.
Montoire.
Montpipeau.
Montrée (La).

Montreuil-le-Henri.
Montrichard.
Montrichard (forêt de)
Montrieux.
Mont-Valérien (le).
Moque-Baril.
Morée.
Moret.
Morvilliers.
Moselle (la).
Mosnes.
Motte-Potain (La).
Muides.
Mur-de-Sologne.

N

Nemours.
Neufchâteau.
Neuillé-Pont-Pierre.
Neuilly.
Neung-sur-Beuvron.
Neuville-aux-Bois.
Neuvy-le-Roi.
Neuvy-sur-Baranjon.
Nevers.
Nevoy.
Nogent-le-Rotrou.
Nogent-sur-Seine.
Notre-Dame-d'Oé.
Nouan-le-Fuzelier.
Noyers.
Noyers (château des).
Nuisement.

O

Oisly.
Olivet.
Onzain.
Orgères.
Orléans.

Orme (château de l').
Ormes (Les).
Ouchamps.
Oucques.
Ourcelles.
Ouzouér-le-Marché.
Ouzouer-sur-Loire.

P

Paris.
Patay.
Patte-d'Oie-de-l'Au-
 bépin (La)
Périgny.
Pézery (bois de).
Pezou.
Pierrefitte.
Pithiviers.
Plessis (Le).
Point-du-Jour (Le).
Poirier (Le).
Poisly.
Poitiers.
Pont-à-Mousson.
Pont-de-Braye.
Pontijou.
Pontlevoy.
Pontoise.
Poupry.
Préméry.
Prunay.
Pruniers.
Puiseaux.
Puiset (Le)

R

Rambouillet.
Reuilly.
Rezonville.

Rilly.
Rocé.
Roches (Les).
Romorantin.
Rouen.
Rougeou.
Rougeou (château de).
Rouillis (Le).
Rueil.
Russy (forêt de).

S

Saint-Agil.
Saint-Aignan.
Saint-Amand.
Saint-Amand-Mon-
 trond.
Sainte-Anne.
Saint-Antoine-du-
 Rocher.
Saint-Arnoult.
Saint-Ay.
Saint-Bohaire.
Saint-Calais.
St-Claude-de-Diray.
Saint-Cloud.
Saint-Cyr-du-Gault.
Saint-Cyr-en-Val.
Saint-Denis.
Saint-Dyé-sur-Loire.
Sainte-Gemmes.
Saint-Gervais.
Saint-Gervais-de-Vic
Saint-Hilaire.
Saint-Hilaire-la-Gra-
 velle.
St-Laurent-des-Bois.
St-Laurent-des-Eaux.
Saint-Léger.

Saint-Léonard.
Saint-Martin-d'Abbat
Saint-Martin- d'Auxi-
gny.
Sainte-Montaine.
Saint - Nicolas - des -
Motêts.
Saint-Ouen.
Saint-Péravy-la- Co-
lombe.
Saint-Père.
St-Pierre-des-Corps.
Saint-Privat.
Saint-Quentin.
Saint-Rimay.
Saint-Sigismond.
Saint-Viâtre.
Salbris.
Sambin.
Sancergues.
Sandillon.
Saran.
Sargé-sur-Braye.
Sarthe (la).
Sasnières.
Sauldre (la).
Savigny.
Sedan.
Seillac.
Selles-sur-Cher.
Selommes.
Séris.
Sermaise.
Seur.
Soings.
Souchamp.

Sougé.
Sougy.
Strasbourg.
Suèvres.
Sully-sur-Loire.

T

Talcy.
Tanon.
Tavers.
Temple (Le).
Terminiers.
Theillay-le-Pailleux.
Thenay.
Thézée.
Thionville.
Thivernon.
Thoury.
Tigy.
Touche (La).
Touche-Belle (La).
Toul.
Tour-en-Sologne.
Tournoisis.
Tours.
Toury.
Tresson.
Troô.
Tuileries (Les).

V

Vallières.
Varennes.
Varize.
Vendôme.
Vendôme (forêt de).
Verdun.

Vernon.
Vibraye.
Vienne (faubourg de).
Vierzon.
Vierzon (forêt de).
Viévy-le-Rayé.
Villaria.
Villavard.
Ville-aux-Clercs (La).
Villebarou.
Villechauve.
Villedomer.
Villefranche-s-Cher.
Villejoint.
Villeneuve-St-Geor-
ges.
Villeny.
Villepion.
Villeporcher.
Villerable.
Villeromain.
Villethiou.
Villetrun.
Villexanton.
Villiers.
Vineuil.
Vouzon.
Voves.
Vrigny.

W

Wissembourg.
Wœrth.

Y

Yonne (l').

Table des Matières

APPENDICE I

Notes sur la guerre franco-allemande dans le Vendômois

APPENDICE II

Notes sur la guerre franco-allemande dans la région de

ANNEXES

FIN

Blois, imp. C. Migault et Cⁱᵉ, rue Pierre-de-Blois, 14.

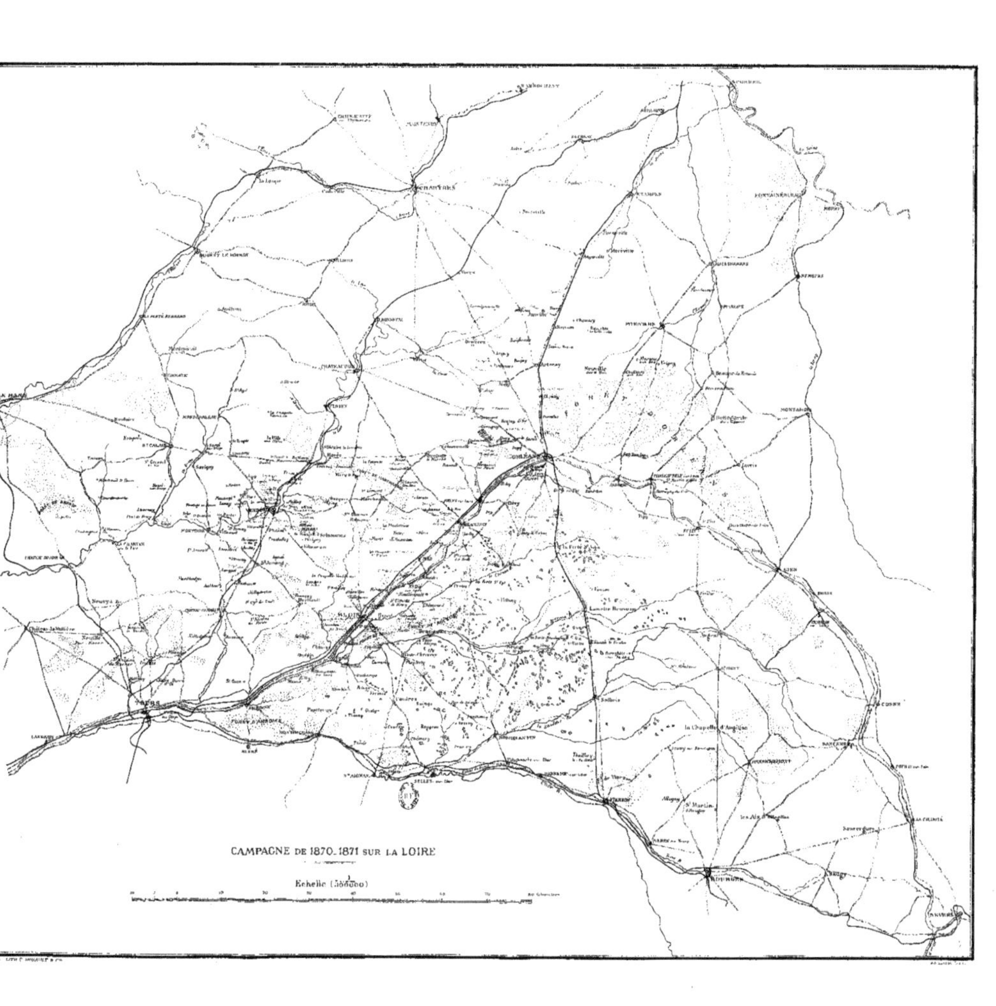

CAMPAGNE DE 1870_1871 SUR LA LOIRE
Echelle (1/1000000)

www.ingramcontent.com/pod-product-compliance
Ingram Content Group UK Ltd.
Pitfield, Milton Keynes, MK11 3LW, UK
UKHW021505090726
13657UKWH00001B/37